A Lógica dos Verdadeiros Argumentos

A Lógica dos Verdadeiros Argumentos

Alec Fisher

Tradução: Rodrigo Castro

Editora Novo Conceito

1ª impressão – fevereiro de 2008

Editora: Bete Abreu
Assistentes Editoriais: Marília Mendes e Sonnini Ruiz
Produtor Gráfico: Samuel Leal
Tradução: Rodrigo Castro
Revisão Técnica: Desidério Murcho (Instituto de Filosofia, Artes e Cultura da Universidade Federal de Ouro Preto, MG).
Revisão de Texto: Josias Andrade e Felice Morabito
Capa: Ana Solt e Bianca Grassetti
Diagramação: Triall

Dados Internacionais de Catalogação na Publicação (CIP)
(Câmara Brasileira do Livro, SP, Brasil)

Fisher, Alec
A lógica dos verdadeiros argumentos / Alec Fisher ; [tradução Rodrigo Castro]. – São Paulo : Novo Conceito Editora, 2008.

Título original: The logic of real arguments.

Bibliografia.
ISBN 978-85-99560-29-7

1. Argumentação 2. Hipótese 3. Lógica 4. Raciocínio I. Título.

08-00989 CDD-168

Índices para catálogo sistemático:
1. Argumentação : Lógica : Filosofia 168

Editora Novo Conceito

Rua Sansão Alves dos Santos, 102 – 2º and. – Cj. 21 – Brooklin Novo
04571-090 – São Paulo – SP
www.editoranovoconceito.com.br

Sumário

Prefácio da primeira edição

Este livro surgiu a partir da minha experiência como professor de lógica. Como muitos, esperava que o ensino da lógica ajudasse meus alunos a argumentar melhor e mais logicamente. Como muitos, fiquei decepcionado. Os estudantes que conseguiam dominar bem as técnicas da lógica pareciam convencidos de que essas não os ajudariam muito ao lidar com verdadeiros argumentos. Esses instrumentos da lógica clássica – formalizações, tabelas de verdade, diagramas de Venn, tabelas semânticas etc. – pareciam simplesmente não ter aplicação óbvia nos raciocínios que os alunos tinham de ler em outros cursos que não os de lógica. Ao mesmo tempo, senti que deveria ser possível proporcionar aos estudantes alguma orientação – algum método – capaz de ajudá-los a isolar e avaliar argumentos de textos escritos e capaz de ajudá-los a elaborar, eles próprios, bons argumentos. Quis fazer com que o método não fosse formal, mas que partisse de conhecimentos da lógica tradicional; este livro é uma tentativa de alcançar esse objetivo.

Muitos outros professores de lógica e de filosofia depararam com mais ou menos a mesma experiência nas últimas duas décadas, e o resultado foi o surgimento, na América do Norte, do que hoje vem sendo descrito como "o movimento da lógica informal e do pensamento crítico". Um dos primeiros livros dessa linha foi *Practical Logic* (Lógica Prática), de Monroe Beardsley, uma obra que, mesmo depois de 30 anos, ainda vale a pena ler. *Os Usos do Argumento*, de Stephen Toulmin, é outro esforço clássico para oferecer um modelo alternativo à elaboração de argumentos. No entanto, *Reasoning* (Raciocinando), de Michael Scriven, tem sido, provavelmente, a contribuição mais influente para essa área: o livro representa um divisor de águas, já que, desde então, o interesse no assunto aumentou de forma bastante rápida. Para uma bibliografia muito útil, sugiro consultar *Informal Logic: The First International Symposium* (Lógica Informal: Primeiro Simpósio Internacional), editado por J. Anthony Blair e Ralph H. Johnson.

A Lógica dos Verdadeiros Argumentos é uma contribuição para os escritos de um campo já bastante vasto e não pretende ser abrangente. No entanto, é única em vários aspectos. Por exemplo, o foco principal não é tanto o raciocínio do dia-a-dia, mas a argumentação teórica do tipo com que estudantes de faculdade deparam ao longo de suas jornadas. O livro analisa principalmente elaborados argumentos teóricos sobre o mundo natural, sobre política e sobre filosofia – um tipo de argumento que é *complexo*, *relevante* e *difícil de enfrentar*.

O método geral de análise de argumentos apresentado aqui (ver principalmente o Capítulo 2) pretende aplicar-se a uma diversificada gama de argumentos escritos desse tipo – apresentados em uma linguagem comum. O método emprega técnicas diagramáticas para representar a estrutura dos argumentos e uma representação alternativa, linear, para atender aos que odeiam diagramas. No entanto, a característica única do método apresentado aqui é seu uso da Pergunta da Asseribilidade:

> Que argumento ou indício justificaria a minha asserção da conclusão C?

Essa pergunta é usada tanto para descobrir o argumento visado pelo autor quanto para avaliá-lo. É utilizada e discutida exaustivamente ao longo de todo o livro, e as pressuposições filosóficas subjacentes ao seu uso são explicadas no Capítulo 11.

Outro traço característico deste livro é a forma como lida com o "raciocínio hipotético". A maior parte dos manuais do pensamento crítico/lógica informal não lhe faz nenhuma menção (apesar de Stephen Thomas, em *Practical Reasoning in Natural Language* [Raciocínio Prático em Linguagem Natural], 3ª ed., ser uma exceção notável). O raciocínio considerado na maior parte dos textos emprega apenas *assertivas*, isto é, proposições apresentadas como verdadeiras. No entanto, muitos argumentos (em especial nos contextos teóricos) chegam a suas conclusões não por meio da asserção de seus pontos iniciais, mas admitindo ou supondo algo "por hipótese" – como quando um ateu afirma: "Suponha que Deus existe...". No Capítulo 8, explicamos como lidar com tais raciocínios e como diagramá-los, usando idéias apresentadas originalmente por Gottlob Frege. Para isso, será necessário rever o que é dito normalmente sobre os indicadores de razão e conclusão; esses são sistematicamente ambíguos de um modo que a maior parte dos manuais não nota.

Já que, como ficará claro, muitos dos contextos teóricos nos quais estamos interessados são científicos ou pseudocientíficos, apresentamos um capítulo sobre argumentos científicos. Isso envolve dar conta das idéias de Hume sobre o papel da observação e da indução, do conceito de Popper sobre o método científico em termos de conjecturas e refutações e do trabalho de Thomas Kuhn sobre paradigmas, ciência tradicional e revoluções científicas. Já que a mensagem deste livro é a de que ninguém consegue escapar da epistemologia (ao avaliar o raciocínio), o professor que desejar empregar as sugestões desta obra em outras áreas, como por exemplo na história, talvez deseje fornecer um capítulo semelhante sobre o método histórico.

Grande parte do livro dedica-se a discutir exemplos específicos de raciocínio: as fontes vão de Thomas Malthus a Karl Marx, e de Caspar Weinberger a Charles Darwin. Há também um Apêndice, no qual se delineiam algumas das idéias básicas sobre a lógica formal clássica. Esse capítulo contém uma explicação demorada sobre a noção da validade (dedutiva) em termos da noção da "forma lógica" (estrutura lógica). Além disso, a notação da lógica proposicional e da lógica predicativa, as tabelas de verdade e as tabelas semânticas são apresentadas até o ponto em que são relevantes para o que se expõe. O livro chega ao seu final propondo um grande número de exercícios selecionados cuidadosamente. Os que duvidam do valor de métodos como os explanados nesta obra tendem a subestimar a dificuldade que os estudantes enfrentam ao tentar compreender e avaliar argumentos. Uma forma de perceber isso é escolher um exercício do livro e ver com que destreza os alunos conseguem encará-lo com e sem os métodos descritos aqui. Sem dúvida, há espaço para ampliar e melhorar esses métodos, mas a experiência prática sugere de forma veemente que são de grande ajuda.

Gostei de escrever este livro. Muitas pessoas me ajudaram e me encorajaram ao longo da sua composição e é um prazer agradecer-lhes agora. A Fundação Nuffield e a Universidade de East Anglia (UEA) apoiaram generosamente a elaboração de uma primeira versão deste texto, e isso permitiu que a doutora Anne Thomson me auxiliasse em grande parte do trabalho inicial. Assim, o projeto começou de forma auspiciosa. Nos últimos anos, ao discorrer sobre essas idéias na UEA, muitos colegas e estudantes forneceram-me exemplos e me ajudaram a esclarecer dúvidas. Gostaria de agradecer a todos e especialmente a Martin Hollis por me encorajar de forma incansável. Muriel Parke, Pat Earl e Val Striker produziram uma bela versão datilografada de meu confuso manuscrito. Ao longo de todo o processo, minha universidade e a Cambridge University Press sempre me deram apoio e ajuda. Mais recentemente, aprendi muito com a excelente conferência do professor John Hoaglund na Christopher Newport College, de Newport News, Virgínia, com o vasto trabalho de Frans van Eemeren em Amsterdã e com o trabalho pioneiro de Richard Paul sobre o "pensamento crítico rigoroso". Nesse campo, as idéias estão avançando de forma muito rápida e estou ciente do quanto devo às várias e valiosas conversas mantidas com todos.

Finalmente, gostaria de expressar carinhosa gratidão a minha mulher, Sarah, e a meus filhos, Daniel, Max e Susannah, por me permitirem praticar exaustivamente a argumentação dessas idéias.

Prefácio da segunda edição

A segunda edição diferencia-se da primeira principalmente devido à adição de dois novos capítulos. Estes tratam de alguns argumentos fascinantes sobre a existência de Deus e sobre como nossa mente interage com nosso corpo. Apesar de essa maneira de ensinar os alunos sobre como analisar e avaliar argumentos ter sido publicada pela primeira vez em 1988, muitos professores e estudantes ainda a consideram útil e instrutiva, especialmente nos departamentos de filosofia, o que justifica a adição dos novos tópicos. O método geral não foi alterado aqui, mas os novos exemplos ilustram aplicações de meu método em contextos específicos – alguns especialmente filosóficos e um deles que é contundente do ponto de vista retórico. Foi um prazer preparar esta segunda edição, e quero agradecer, em especial, a Nicholas Everitt por ter lido os novos capítulos e ter feito sugestões bastante úteis; aceitei quase todas, mas, não seria preciso dizer, o trabalho final é de minha inteira responsabilidade. Gostaria, mais uma vez, de agradecer à Cambridge University Press a ajuda e paciência, e à minha mulher e minha família a ajuda e paciência deles também.

Prefácio da segunda edição

Agradecimentos

Agradecemos sinceramente aos autores e editores que autorizaram a reprodução dos textos usados neste livro:

p. 97, de um discurso proferido em Bristol, em 1982, por Enoch Powell; p. 147, do texto "The Physical Basis of Mind", de A. J. Ayer, tirado do livro *The Physical Basis of Mind: A Series of Broadcast Talks*, editado por Peter Laslett, publicado pela Basil Blackwell, 1957; p. 122, do texto "The more you understand evolution, the more you move towards atheism", uma versão modificada de um discurso proferido pelo Dr. Richard Dawkins para o Festival Internacional de Ciências de Edimburgo, no dia 15 de abril de 1992, e publicado pelo jornal The Independent; p. 218, do livro de Karl Popper *Conjectures and Refutations* (pp. 36-37), publicado no Reino Unido pela Routledge e por Kegan Paul e, nos EUA, pela Basic Books, 1963; pp. 226 e seguintes, do livro de T. S. Kuhn *The Structure of Scientific Revolutions*, publicado em 1970 pela Universtity Chicago Press; p. 250, do texto de M. A. E. Dummett "Truth", constante dos *Proceedings of the Aristotelian Society*, vol. 59 (1958-9, pp. 141-62), © The Austrialian Society 1959, republicado por cortesia do editor; p. 251, do livro de A. J. Ayer *Language, Truth and Logic* (pp. 35, 37), publicado pela Victor Gollancz Ltd.; p. 253, do livro de M. A. E. Dummett *Frege: Philosophy of Language* (p. 590), publicado no Reino Unido pela Gerald Duckworth and Co. Ltd. e, nos EUA, pela Harvard University Press; p. 286, de uma carta escrita ao *The Guardian* por Ken Booth (2 de setembro de 1982); p. 288, do texto "How to think sceptically about the bomb", de Bernard Williams, publicado na *New Society* (18 de setembro de 1982); p. 292, do livro de Hugh Trevor-Roper *The Last Days of Hitler*. Copyright de 1947 de Hugh Trevor-Roper, atualizado em 1975 por H. R. Trevor-Roper. Republicado com a autorização da Macmillan Publishing Company; p. 294, do texto "Riddles of Public Choice", de M. Hollis, R. Sugden e A. Weale, publicado na *The Times Higher Education Suplement* (25 de outubro de 1985); p. 296, do livro de C. S. Lewis *Miracles: A Preliminary Study* (p. 27), publicado em 1947 por Geoffrey Bles, © William Collins, Sons & Co. Ltd.; p. 316, do livro de Wesley C. Salmon *The Foundations of Scientific Inference*, publicado pela University of Pittsburgh Press; p. 318, do livro de A. Moorehead *Darwin and the Beagle* (pp. 236-240), publicado por Hamish Hamilton, republicado por cortesia da The Rainbird Publishing Group Limited.

Outros fragmentos:

p. 6, de um ensaio "On the Balance of Trade", por David Hume, publicado em *David Hume: The Philosophical Works*, editado por T. H. Green e T. H. Grose, volume 3, publicado por Scienta Verlag Aalen, 1964 (p. 333); p. 44, extraído de *An Essay on the Principle of Population* de Thomas Malthus, editado com uma introdução de Anthony Flew, publicado pela Penguin, 1970 (capítulo 10); pp. 66, 67, 68, 69, extraído de *Outlines of a Critique of Political Economy*, de Friedrich Engels, extraído de *Marx and Engels on Malthus*, editado por Ronald L. Meek, publicado por Lawrence e Wishart, 1953 (pp. 59,63); p. 103, extraído de *Autobiography*, de John Stuart Mill, editado com uma introdução de Jack Stillinger, publicado pela Oxford University Press (capítulo 1); p. 104, extraído de *Principles of Political Economy*, de John Stuart Mill, editado com uma introdução de Sir J. W. Ashley, publicada por Longmans Green & Co., 1920 (pp. 963-5); p.140, extraído de *Language, Truth and Logic*, de A. J. Ayer, publicado por Gollancz, segunda edição, 1960, pp. 115-16; p. 183, p. 298, extraído de *Dialogues Concerning Two New Sciences*, de Galileo Galilei, traduzido por Henry Crew e Alfonso de Sálvio com uma introdução de Antonio Favaro, publicada pela Dover Publications 1914 (pp. 62ss, 168); p. 196, extraído de *Value, Price and Pro-*

fit, de Karl Marx, editado por Eleanor Marx Aveling, publicado por George Allen e Unwin Ltd; pp. 305-307, extraído de *Dialogues Concerning Natural Religion*, de David Hume, editado com uma introdução de Henry D. Aiken, publicada pela Hafner Press, 1948 (pp. 17, 57-8, 66); p. 321, extraído de *An Anatomical Disquisition on the Motion of the Heart and Blood in Animals*, de William Harvey, publicado pela Everyman 1907 (capítulo 13).

1
Introdução

Aprendemos quase tudo o que sabemos de professores e especialistas de um tipo ou outro, e isso não é um fato surpreendente na moderna sociedade altamente especializada. No entanto, há a possibilidade de se confiar excessivamente nos especialistas, e essa forma de aprendizado e conhecimento tende a encorajar uma postura de passividade e receptividade, em vez de uma postura de inventividade e imaginação. Tendemos a acreditar que, como os professores e especialistas *sabem mais* sobre um assunto do que nós, precisamos recorrer à opinião deles e confiar nessa opinião. Um dos objetivos deste livro é combater essa atitude e convencer o leitor de que pode ser muito bem-sucedido ao compreender um assunto pensando detidamente por si mesmo, sendo imaginativo e inventivo, em vez de aceitar simplesmente a opinião de um especialista. Faremos isso concentrando-nos nos argumentos produzidos por especialistas para nos convencer de idéias a respeito de uma ampla gama de assuntos e mostrando como é preciso ter apenas um conhecimento relativamente pequeno sobre esses assuntos a fim de avaliar por si mesmo os argumentos. (Quando falamos de um argumento neste livro, referimo-nos a uma cadeia de raciocínio, e não a desavenças!*) A confiança que temos no nosso próprio juízo é outra chave para a compreensão, e um objetivo secundário deste livro é dar ao leitor essa confiança. Isso não é muito diferente do processo de aprender

---

* Em inglês o termo *argument* significa, além de "argumento", "briga", "desavença", "contenda". Daí a observação do autor (N. do T.).

a andar de bicicleta – será preciso cair algumas vezes ao longo do processo, mas, uma vez dominada a técnica, percebe-se ser possível realizar muita coisa por si próprio.

É surpreendente quão longe se pode ir pensando detidamente em algo. Eis um exemplo (trata-se de um argumento sobre como os corpos de massa/peso diferentes caem sob a influência da gravidade).

> Suponha (como acreditava Aristóteles) que quanto mais pesado for um corpo mais rapidamente ele cairá até o chão, e suponha que haja dois corpos, um pesado chamado $\boxed{M}$ e outro leve chamado $\boxed{m}$. Segundo nossa pressuposição inicial, $\boxed{M}$ cairá mais rapidamente do que $\boxed{m}$. Agora suponha que $\boxed{M}$ e $\boxed{m}$ foram unidos, formando $\boxed{\frac{m}{M}}$. O que acontece? Bem, $\boxed{\frac{m}{M}}$ é mais pesado do que $\boxed{M}$. Sendo assim, segundo nossa pressuposição inicial, esse corpo deveria cair *mais rapidamente* do que $\boxed{M}$ sozinho. Mas no corpo conjunto $\boxed{\frac{m}{M}}$, $\boxed{m}$ e $\boxed{M}$ tenderão a cair como caíam antes de se unir, ou seja, $\boxed{m}$ agirá como um "freio" sobre $\boxed{M}$ e $\boxed{\frac{m}{M}}$ cairá *mais lentamente* do que $\boxed{M}$ sozinho. De forma que nossa pressuposição inicial levará à conclusão de que $\boxed{\frac{m}{M}}$ cairá, ao mesmo tempo, *mais rapidamente* e *mais lentamente* do que $\boxed{M}$ sozinho. Já que isso é um absurdo, nossa pressuposição inicial tem de ser *falsa*.

Esse belo trecho argumentativo mostra – *se estiver correto* – que, sob a força da gravidade, os corpos mais pesados *não podem* cair mais rapidamente do que os mais leves. Isso ilustra o que se pode descobrir ao *pensar detidamente nas coisas* (se o argumento estiver correto). É claro que a grande pergunta é saber se o argumento está correto, e vamos considerar mais tarde como responder a essa pergunta. Citamos esse trecho agora porque é um exemplo admirável do tipo de raciocínio – pensar detidamente nas coisas – ao qual se refere este livro. Esse é também um caso de raciocínio razoavelmente *complexo*; não é muito fácil identificar exatamente qual a sua estrutura e não é muito fácil saber se está correto. Mas também é um argumento *importante* porque, se for correto, estabelece uma conclusão científica substancial com implicações notáveis (como mostraremos no Capítulo 8). Por fim, mas não menos importante, esse é o tipo de raciocínio *complexo* e *importante* que a maior parte das pessoas tem dificuldade de enfrentar. A tendência é para desistir da argumentação e perguntar a alguém que consideram um especialista: "No final das contas, está correto?". O objetivo deste livro é *mostrar* ao leitor como extrair e avaliar tais argumentos complexos e importantes, além de demonstrar que uma pessoa não precisa ser especialista em uma determinada área para realizar avanços significativos ao envolver-se com essas tarefas.

Veja outro exemplo, bastante diferente do anterior.

> Ou há um Deus cristão ou não há um Deus cristão. Suponha que você acredita na existência dEle e que observa uma vida cristã. Então, *se Ele realmente existir*, você gozará da felicidade eterna. Se Ele não existir, você perderá muito pouco. Mas suponha que você não acredita na existência dEle e que não observa uma vida cristã. Se Ele não existir, você nada perderá; mas, *se Ele existir*, você será condenado por toda a eternidade! Então é racional e prudente acreditar na existência de Deus e observar uma vida cristã.

Novamente, esse é um trecho de raciocínio fascinante, um trecho complexo e importante, difícil de ser enfrentado. Nesse caso, diga-se ainda, trata-se de um tipo de argumento que tende a embasbacar os descrentes: *se estiver correto*, o argumento parece fornecer um motivo deveras convincente para que se mude de postura, já que as conseqüências de estar errado são por demais assustadoras. No entanto, ainda assim, não se pode deixar de intuir que as crenças de alguém resistem a ser alteradas simplesmente para evitar uma determinada conseqüência, ainda que horrível. Mais uma vez, este livro tentará ajudar.

Por coincidência, os dois exemplos citados até agora são de grande importância histórica. O primeiro deve-se a Galileu e o segundo é conhecido como a Aposta de Pascal, um filósofo e matemático francês. Muitos dos exemplos de raciocínio a ser avaliados neste livro são também clássicos históricos. Nós os escolhemos porque, sendo clássicos, tendem a ser interessantes por si mesmos (ou seja, além, de serem interessantes do ponto de vista da análise de argumentos). Também tendem a conter uma história e uma relevância contemporânea que é instrutiva. Mas também contam geralmente com o suporte de alguma "autoridade", por exemplo Galileu ou Pascal, e é precisamente essa tendência de apoiar-se na autoridade do especialista que desejamos combater – até um determinado ponto!

Vejamos outro exemplo. A maior parte das pessoas que depara com a prova do Teorema de Pitágoras na escola nunca chega nem mesmo perto de compreendê-la, mas aqui apresentamos uma prova muito mais simples (*se estiver correta*). O Teorema de

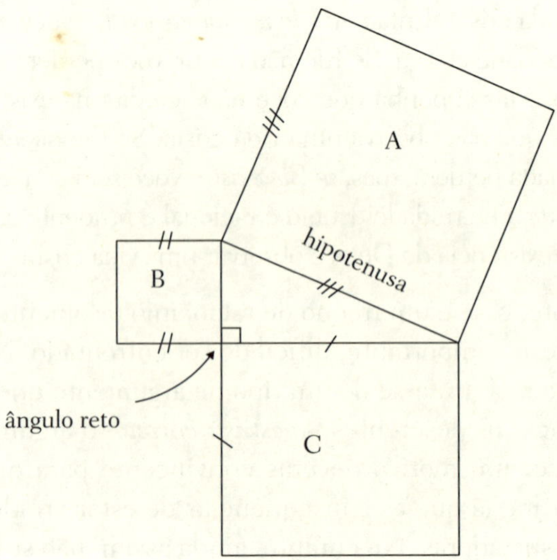

Pitágoras aplica-se a qualquer triângulo retângulo colocado sobre um plano euclidiano (i.e., uma superfície plana como esta página). A "hipotenusa" de tal triângulo é o lado oposto ao ângulo reto, e o Teorema de Pitágoras afirma que, para qualquer triângulo retângulo, o quadrado da hipotenusa é igual à soma do quadrado dos outros dois lados, i.e., a área A = a área B + a área C.

Poucas pessoas compreendem a prova euclidiana tradicional, mas abaixo apresentamos uma prova muito mais simples. O mesmo quadrado grande pode ser formado colocando-se juntas quatro cópias de um dado triângulo com B e C ou com A, conforme demonstrado abaixo:

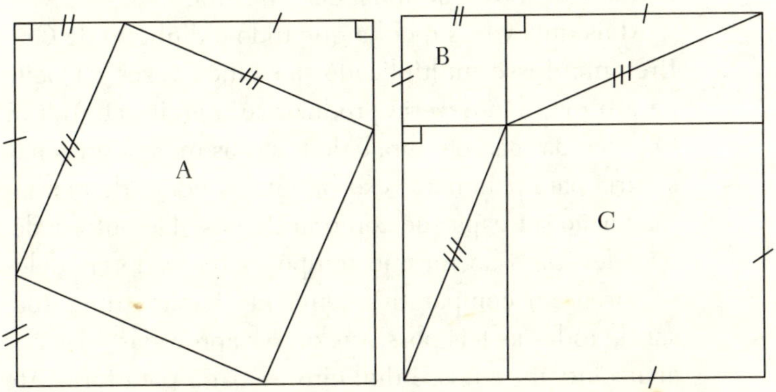

Esses diagramas comprovam o Teorema de Pitágoras? Ou há uma pegadinha? Basta pensar um pouco sobre isso para se concluir que qualquer leitor consegue avaliar isso – ainda assim, a maior parte não terá autoconfiança suficiente para fazê-lo.

Vejamos aqui um último exemplo, por enquanto.

> Suponha que quatro quintos de todo o dinheiro existente na Grã-Bretanha fossem destruídos da noite para o dia e que o país fosse reduzido, em termos de dinheiro vivo, à mesma situação existente nos reinados dos Harrys e Edwards. Qual seria a conseqüência disso? O preço da mão-de-obra e de todas as mercadorias não deveria diminuir proporcionalmente, e tudo não deveria

ser vendido a preços tão baixos quanto os verificados naquela época? Que país conseguiria então concorrer conosco nos mercados estrangeiros ou pretender transportar e vender mercadorias a um preço que para nós renderia lucros suficientes? Em quão pouco tempo, então, esse cenário não traria de volta o dinheiro que tínhamos perdido e não nos elevaria ao nível de todas as nações vizinhas? Isso significaria que, depois de termos chegado ali, perderíamos imediatamente a vantagem dos preços baixos da mão-de-obra e das mercadorias; e o subseqüente ingresso de dinheiro seria barrado por nossa abundância e fartura.

Mais uma vez, suponha que todo o dinheiro da Grã-Bretanha fosse multiplicado por cinco vezes da noite para o dia; não deveria produzir-se o efeito contrário? O preço da mão-de-obra e de todas as mercadorias não subiria para patamares exorbitantes a ponto de nenhuma nação ser capaz de comprar de nós? De outro lado, não deveriam ao mesmo tempo as mercadorias deles se tornarem comparativamente tão baratas que, apesar de todas as leis possíveis de ser aprovadas, elas nos abarrotariam, e nosso dinheiro escoaria para fora? Até cairmos para um nível semelhante ao dos estrangeiros, perdendo aquela superioridade dos ricos que nos havia colocado sob tais desvantagens?

Neste ponto fica evidente que as mesmas causas responsáveis por corrigir essas desigualdades gritantes, caso milagrosamente ocorressem, devem evitar a ocorrência delas no curso normal da natureza e devem, para sempre, e em todas as nações vizinhas, manter o dinheiro quase proporcional às habilidades e à indústria de cada nação.

Esse argumento é, também, bastante complexo, bastante difícil de ser decifrado e de considerável importância histórica e teórica. Seu autor foi David Hume, o filósofo, e fez-se publicar pela primeira vez mais de dois séculos atrás. No entanto, a sua importância não é meramente histórica: para ser direto, trata-se de uma apresentação clássica dos argumentos favoráveis ao que hoje chamamos de "monetarismo". Se o raciocínio estiver correto, esse texto tem implicações importantes para as políticas governamentais. Se estiver incorreto, muitos governos do Ocidente basearam suas políticas econômicas, nos últimos anos, em uma falácia! Mas, diga-se novamente, esse é o tipo de argumento diante do qual a maior parte das pessoas se retrai; acreditam que essa é uma questão para especialistas – no caso específico, economistas. Mas, já que os economistas discordam ferozmente a respeito dessa e de outras questões, por que deveríamos confiar neles e não em nós mesmos?

Neste livro, tentaremos mostrar que é possível ir longe na avaliação de argumentos como os expostos acima limitando-nos a pensar detidamente. Para isso, necessita-se apenas de um aparato intelectual bastante simples com o qual se possam organizar os pensamentos, aparato esse que se somará à confiança para ser imaginativo e inventivo em vez de ficar esperando pela opinião do especialista. Um pouco de prática no esforço de andar com essa bicicleta específica mostrará o que você pode fazer e quais são suas limitações; e a maior parte das pessoas consegue chegar mais longe do que imagina.

Os métodos que funcionam com esses argumentos relativamente difíceis vão, claro, funcionar com argumentos mais fáceis, mas o *teste* para qualquer método que tenha por objetivo ajudar as pessoas a raciocinar é a forma como esse método se sai nos casos difíceis – esse o motivo pelo qual, neste livro, tendemos a nos concentrar em casos desse tipo. Não podemos, obviamente, começar com os casos difíceis. Então, partimos de alguns elementos básicos do aparato intelectual de que necessitamos e de alguns exemplos mais simples que nos conduzirão na direção correta.

Primeiramente, algumas idéias básicas. Apesar de grande parte do que será dito neste livro poder ser aplicada a áreas que ultrapassam o tipo de "pedaço" de raciocínio arrolado acima, vamos, em nome da simplicidade, restringir nossa atenção a tal tipo de raciocínio. Ao final do livro, o leitor deverá ser capaz de perceber como generalizar de várias maneiras o método explanado aqui – especialmente em vista do que será apresentado no último capítulo.

Assim, observaremos, basicamente, trechos semelhantes aos apresentados até agora (apesar de serem, com freqüência, mais longos). As idéias centrais que precisamos apresentar neste momento são as de "*conclusão*", "*razão*" e "*estabelecer*". Todos os trechos de texto nos quais estamos interessados contêm raciocínios, todos estão argumentando a favor de uma tese. Argumentamos a favor de uma tese apresentando os fundamentos ou as *razões* para aceitar uma determinada *conclusão* (que não precisa ser apresentada no "final" do trecho, claro!), e as razões são expostas a fim de *estabelecer* a conclusão, para *justificá-la*, *comprová-la*, *sustentá-la*, *demonstrá-la* – ou qualquer termo do tipo. Para os fins almejados neste ponto, não é necessário definir cada um desses termos. O leitor se acostumará a utilizar tais termos e, por enquanto, desejamos nos apoiar nas intuições lógicas do leitor e trazê-las à superfície.

Obviamente, a questão mais interessante será sempre descobrir se as razões apresentadas justificam *realmente* a conclusão, mas é impossível responder a essa pergunta enquanto não tivermos identificado a conclusão e as razões apresentadas a seu favor. Assim, passemos a alguns exercícios por meio dos quais faremos isso. Os exercícios ajudarão o leitor a perceber quais são os problemas e a perceber por que o "maquinário" apresentado mais à frente neste livro (em especial nos Capítulos 2 e 8) é necessário para ele escrever cuidadosamente as respostas a cada uma das perguntas feitas abaixo antes de ler as respostas citadas logo depois.

A forma genérica desse exercício é a mesma em todos os casos. Para cada um dos trechos seguintes, o leitor deverá dizer primeiramente se se trata de um argumento (se contém um raciocínio a favor de uma conclusão). Para os que são argumentos, ele deverá dizer, em seguida, qual é a sua conclusão e, então, que razões foram oferecidas a favor dessa conclusão. Por fim, deverá tentar decidir se o raciocínio fundamenta a sua conclusão em cada um dos casos. É importante, obviamente, deixar claro o *porquê* de cada uma das decisões.

> Exemplo (1)
> Se a base monetária crescer menos de 5%, a taxa de inflação diminuirá. Já que a base monetária vem crescendo cerca de 10%, a inflação não diminuirá.

Esse é obviamente um trecho de raciocínio. É o tipo de argumento bastante familiar para os britânicos nos últimos anos, mas, fora isso, o uso da expressão "já que" mostra que estamos diante de um raciocínio. A conclusão é:

> a inflação não diminuirá

E as razões oferecidas para isso são:

> Se a base monetária crescer menos de 5%, a taxa de inflação diminuirá

e:

> a base monetária vem crescendo cerca de 10%.

Esse raciocínio *não* estabelece a sua conclusão: as razões poderiam ser ambas verdadeiras e a conclusão, falsa. Outra coisa qualquer poderia diminuir a inflação – por exemplo, uma queda no preço dos produtos importados. Nada há no argumento *tal como apresentado aqui* sugerindo que *apenas* uma redução na taxa de ampliação da base monetária diminuirá a inflação. Muitas pessoas, talvez sob a influência do monetarismo, interpretam-no como um *bom* argumento (nos últimos anos, tem sido usado freqüentemente por políticos britânicos), mas não é. Na verdade, trata-se de um exemplo clássico de falácia lógica: isso ficará óbvio mais à frente, se é que já não ficou.

> Exemplo (2)
> Se a Rússia estivesse insegura sobre a reação dos EUA a um ataque contra a Europa Ocidental e se a sua intenção fosse conquistar a Europa Ocidental, ela criaria um *casus belli* (motivos para a guerra) na região. Mas, já que não fez isso, não pretende conquistar a Europa Ocidental.

Novamente, trata-se evidentemente de um trecho de raciocínio que leva a uma conclusão; novamente, a expressão "já que" é a pista lingüística para o fato de estarmos perante um argumento. A conclusão nesse caso é:

> [a Rússia] não pretende conquistar a Europa Ocidental

e as razões oferecidas para essa conclusão são:

> Se a Rússia estivesse insegura sobre a reação dos EUA a um ataque contra a Europa Ocidental e se a sua intenção fosse conquistar a Europa Ocidental, ela criaria um *casus belli* (motivos para a guerra) na região [...] ela não fez isso.

Mais uma vez, esse raciocínio *não* estabelece a sua conclusão: as razões poderiam ser verdadeiras e a conclusão, falsa. Suponhamos que as razões *são verdadeiras*. Nesse caso, segue-se que *ou*:

> a Rússia não pretende conquistar a Europa Ocidental

ou:

> a Rússia *não* tem certeza sobre a reação dos EUA a um ataque contra a Europa.

Mas pode ser que a Rússia tenha a certeza sobre a reação dos EUA a um ataque desse tipo, que a Rússia não tenha dúvida de que os EUA estão prontos a travar uma guerra européia caso os russos sejam suficientemente tolos para provocar esse conflito. Então, pode ser que os russos desejem realmente conquistar a Europa Ocidental, mas evitem cuidadosamente provocar um *casus belli*, já que conhecem bastante bem qual seria a reação norte-americana. Assim, as razões poderiam ser verdadeiras e a conclusão, falsa – logo, o raciocínio não estabelece a sua conclusão. Esse exemplo é muito semelhante a um que será analisado mais à frente neste livro e que foi elaborado por Enoch Powell, um político britânico. Ele considera-o um bom argumento. É provável que Powell dissesse, respondendo às críticas apresentadas, que o argumento tem uma pressuposição *implícita* de que:

> os russos estão possivelmente inseguros sobre a reação dos EUA a um ataque contra a Europa Ocidental.

Com esse acréscimo ao raciocínio, a conclusão estaria de fato estabelecida caso todas as razões fossem verdadeiras: ou seja, não haveria maneira alguma de todas as justificativas serem verdadeiras e a conclusão, falsa. Quando as pessoas elaboram verdadeiros argumentos com a intenção de convencer outras, há quase sempre *algumas* pressuposições relevantes *implícitas* – como Powell, sem dúvida, observaria neste caso. A única forma de enfrentar argumentos desse tipo é começar por analisá-los *do jeito como foram apresentados*, a fim de extrair e avaliar os argumentos com base no que foi de fato dito ou escrito. Esse processo pode revelar pressuposições implícitas e, quando avaliarmos exemplos ao longo deste livro, ensinaremos como lidar com isso. No caso acima, a solidez do argumento depende de saber se é ou não razoável pressupor que:

> os russos estão possivelmente inseguros sobre a reação dos EUA a um ataque contra a Europa Ocidental

e nós deixaremos essa questão em aberto.

> Exemplo (3)
>
> Se a população civil não pode ser defendida no caso de uma guerra nuclear, não precisamos de uma política de defesa civil. Mas precisamos, *sim*, de uma política de

> defesa civil para que a "dissuasão" seja uma estratégia convincente. Portanto, a dissuasão *não* é uma estratégia convincente.

Esse é claramente um trecho de raciocínio: a palavra "portanto" é a pista lingüística. A conclusão afirma:

a dissuasão não é uma estratégia convincente

e as razões apresentadas são:

> Se a população civil não pode ser defendida no caso de uma guerra nuclear, não precisamos de uma política de defesa civil

e (mas):

> precisamos, *sim,* de uma política de defesa civil para que a "dissuasão" seja uma estratégia convincente.

Nesse exemplo, o raciocínio é um pouco mais complexo. Contém duas afirmações hipotéticas distintas (hipotética é uma frase da forma: *se* isto, *então* aquilo) e pode não ser muito fácil juntá-las. (A notação da lógica clássica formal torna esse processo mais fácil; para saber mais sobre isso, veja o Apêndice.) Novamente, no entanto, o raciocínio (conforme apresentado) *não* estabelece sua conclusão: as razões podem ser verdadeiras e a conclusão, falsa. Poderia ser verdade que:

> Se a população civil não pode ser defendida no caso de uma guerra nuclear, não precisamos de uma política de defesa civil

ao mesmo tempo que, *factualmente,* a população civil *pode* ser defendida no caso de uma guerra nuclear (por exemplo, fornecendo abrigo para todos, como acontece na Suíça). Nesse caso, as razões oferecidas neste argumento podem ser verdadeiras ao mesmo tempo que a conclusão seria falsa.

Esse exemplo é uma adaptação de um panfleto da CDN (Campanha para o Desarmamento Nuclear). Não há dúvida de que a CDN responderia às objeções acima afirmando que o argumento se apóia na pressuposição implícita de que:

> a população civil não pode ser defendida no caso de uma guerra nuclear.

Sem dúvida, a CDN também ressaltaria o fato de que, como essa é a política oficial do governo (da Grã-Bretanha), a pressuposição seria razoável. Diante dessa razão adicional, o argumento torna-se inexpugnável caso as razões sejam todas verdadeiras.

Suponha ser verdade que:

> Se a população civil não pode ser defendida no caso de uma guerra nuclear, não precisamos de uma política de defesa civil

e suponha que também seja verdade que:

> a população civil não pode ser defendida no caso de uma guerra nuclear

então, realmente se segue que:

> não precisamos de uma política de defesa civil.

Mas, a partir dessa conclusão e da verdade da segunda razão (reescrita de uma forma um pouco alterada por uma questão de conveniência):

> para que a dissuasão seja uma estratégia convincente precisamos, *sim,* de uma política de defesa civil

segue-se imediatamente que:

> a dissuasão *não* é uma estratégia convincente.

Seria possível fazer outros comentários sobre esse pequeno argumento, mas, para nossos objetivos momentâneos, é suficiente dizer que *conforme se apresenta, não* prova a sua conclusão, mas com o motivo adicional prova-o, caso todas as razões sejam verdadeiras. Se alguém realmente desejar estabelecer a conclusão por meio desse argumento, será preciso também estabelecer a verdade de suas razões e seria um exercício útil considerar como isso poderia se realizar. Por exemplo, para mostrar que:

> Se a população civil não pode ser defendida no caso de uma guerra nuclear, não precisamos de uma política de defesa civil

é verdadeiro, seria preciso, talvez, mostrar que nenhum objetivo útil seria alcançado por meio da manutenção de uma política de defesa civil – a população civil não seria defendida, não seria tranqüilizada, o inimigo não seria enganado, e assim por diante.

> Exemplo (4)
> Os elementos da natureza (terra, ar, água) que se mantiverem intocados pela ação humana não pertencem a ninguém e não são propriedade de ninguém. Segue-se que algo só pode se tornar propriedade de alguém se esse alguém trabalhá-lo e se mudar seu estado natural. A partir disso, concluo que qualquer elemento melhorado pelo trabalho das mãos e da mente de alguém pertence apenas e exclusivamente a esse alguém.

Esse é claramente um trecho argumentativo. As pistas lingüísticas são "segue-se que" e "a partir disso concluo": na verdade, é um conhecido argumento do livro *Segundo Tratado sobre o Governo Civil*, de John Locke. O autor parte de uma razão básica:

> Os elementos da natureza (terra, ar, água) que se mantiverem intocados pela ação humana não pertencem a ninguém e não são propriedade de ninguém

e, com base nisso, infere a conclusão (ele diz "segue-se que") de que:

> algo só pode se tornar propriedade privada de alguém se esse alguém trabalhá-lo e se mudar seu estado natural.

Podemos chamar essa de uma conclusão *intermédia* do argumento de Locke, porque ele a usa seguidamente como razão a favor de uma nova conclusão – aquela que poderíamos chamar de conclusão *principal*, ou seja:

> Qualquer elemento melhorado pelo trabalho das mãos e da mente de alguém pertence apenas e exclusivamente a esse alguém.

De fato, essa é uma "cadeia" de raciocínio. Apresenta-se uma razão básica e dela se infere uma conclusão: essa conclusão é, então, a razão a favor de uma nova conclusão, de forma que o raciocínio tem uma estrutura que podemos apresentar da seguinte forma:

> Razão básica
> ↓
> Conclusão intermédia
> ↓
> Conclusão principal.

Tais cadeias de razão são bastante comuns nos argumentos e podem ser muito mais longas.

Mais uma vez, o raciocínio *não* fundamenta sua conclusão principal. A razão básica pode ser verdadeira e a conclusão principal, falsa. A fim de enxergar isso, suponhamos que a razão básica é verdadeira:

> Os elementos da natureza (terra, ar, água) que se mantiverem intocados pela ação humana não pertencem a ninguém e não são propriedade de ninguém.

Suponhamos que disso se segue realmente que:

> algo só pode se tornar propriedade privada de alguém se esse alguém trabalhá-lo e se mudar seu estado natural.

(Alguns podem criticar essa jogada no argumento observando que algo pode se tornar propriedade de alguém se for *dado* por outra pessoa que era proprietária, desse objeto. Mas vamos ignorar essa objeção por enquanto e pressupor que a conclusão intermédia de Locke é verdadeira.) Mesmo assim, a conclusão principal do autor, a conclusão de que:

> qualquer elemento melhorado pelo trabalho das mãos e da mente de alguém pertence apenas e exclusivamente a esse alguém

não se segue. Do fato de que "algo *só* pode se tornar propriedade privada de alguém *se* esse alguém trabalhá-lo e se mudar seu estado natural" *não* se segue que "*se* ele trabalhar algo, isso se transformará em propriedade dele". Do fato de que "você *só* conseguirá um bom diploma se for inteligente" não se segue que "*se* você for inteligente, conseguirá um bom diploma" – você terá de se esforçar também! Em geral, não se pode inferir de "A acontecerá apenas se B acontecer" que "se B acontecer, A também acontecerá" – talvez seja necessário satisfazer outras condições. (Pode-se descrever essa situação assim: B pode ser uma condição *necessária* – de A sem ser uma condição *suficiente*.)

> Exemplo (5)
> A única liberdade digna desse nome é a de zelar por seu próprio bem em seus próprios termos, contanto que não tentemos privar os outros do seu bem e contanto que não tentemos impedir os seus esforços para obtê-lo. Cada um é o guardião legítimo de sua própria saúde, seja ela física, mental ou espiritual. A humanidade ganha mais permitindo que cada qual viva conforme lhe convém em vez de obrigar cada qual a viver conforme parece bom aos demais.

Esse texto integra o maravilhoso livro *Sobre a Liberdade*, de John Stuart Mill. Trata-se de um argumento? Não é fácil decidir. Qual é a conclusão e quais são as razões? Não há palavras indicativas de conclusão e de razões, como "portanto" e "já que", mas, ainda assim, é impossível não sentir que Mill tenta nos convencer de algo! Na forma como o texto se apresenta, não há como decidir o que são razões e o que é a conclusão. Contudo, talvez pudéssemos fazê-lo se analisássemos esse trecho em seu contexto mais amplo.

> Exemplo (6)
>
> Os elementos radiativos desintegram-se e terminam por se transformar em chumbo. Se a matéria sempre existiu, não deveria mais haver elementos radiativos. A presença do urânio etc. é prova científica de que nem sempre existiu matéria.

Esse trecho é, certamente, um argumento: a pista lingüística está na expressão "é prova científica de que". (Esse texto foi extraído de um panfleto publicado pela Igreja Mundial de Deus.) A conclusão é que:

> nem sempre existiu matéria

e as razões são:

(1) Os elementos radiativos desintegram-se e terminam por se transformar em chumbo.
(2) Se a matéria sempre existiu, não deveria mais haver elementos radiativos.
(3) O urânio [e outros elementos radiativos] ainda se fazem presentes.

Não é muito fácil determinar qual a "estrutura" desse raciocínio, mas, refletindo um pouco, percebe-se que, apesar de o texto não *dizer* "se (1) logo (2)", é muito natural interpretá-lo assim: se é verdade que:

> Os elementos radiativos desintegram-se e terminam por se transformar em chumbo

então:

> se toda matéria que existe hoje sempre existiu, não deveria mais haver elementos radiativos

parece seguir-se por meio de uma lógica irrepreensível (por mais longa que seja a meia-vida de um material radiativo, acabará por desaparecer num período de tempo *infinito*). O resto do argumento é igualmente irresistível neste momento:

> se sempre existiu matéria, não deveria mais haver elementos radiativos

mas:

> há alguns desses elementos

logo:

> nem sempre existiu matéria.

Essa é uma jogada de raciocínio bastante comum. Em termos genéricos, pode-se descrevê-la assim:

> se A então B; mas se B é falso

logo:

> A é falso

e quem compreender a linguagem saberá que é sólida.

Esse é um belo trecho de raciocínio. É difícil ver como poderiam as razões ser verdadeiras e a conclusão, falsa. Portanto, a partir de um indício bastante simples, parece que a matéria teve de ser *criada* ou em algum momento particular ou continuamente!

> Exemplo (7)
> Se as previsões sobre o "inverno nuclear" estão corretas, a população da Grã-Bretanha seria virtualmente eliminada em uma guerra nuclear entre as superpotências *mesmo que a Grã-Bretanha não fosse alvo direto de nenhum ataque nuclear*. Distantes dos efeitos da radiatividade, os britânicos enfrentariam a escuridão, as temperaturas congelantes e a grave falta de alimentos provocadas pelo inverno nuclear.

Esse é um exemplo interessante: apesar de não haver palavras-chave como "logo", "desde que", "comprova" etc., a segunda frase fornece, de forma clara, uma razão para que aceitemos a primeira. Não haveria quebra de fluência no trecho se alguém acrescentasse um "porque" entre as duas frases. Há, no entanto, outro teste possível (além da impressão de alguém sobre a fluência) que pode ser usado para decidir se se trata de um argumento. O teste consiste em perguntar: "O que mostraria que a conclusão (aparente) é verdadeira?" ou "O que poderia justificar a minha crença na conclusão (aparente)?". Nesse caso, "o que mostraria que:

> * Se as previsões sobre o 'inverno nuclear' estão corretas, a população da Grã-Bretanha seria virtualmente eliminada em uma guerra nuclear entre as superpotências mesmo que a Grã-Bretanha não fosse alvo direto de nenhum ataque nuclear

é verdade?"

A resposta óbvia é que alguma outra coisa aconteceria como resultado de uma guerra nuclear entre as superpotências, coisa essa que eliminaria a maior parte da população da Grã-Bretanha mesmo que nenhuma bomba nuclear caísse no território britânico. Já que é exatamente isso o que a segunda frase do exemplo (7) descreve:

> Distantes dos efeitos da radiatividade, os britânicos enfrentariam a escuridão, as temperaturas congelantes e a grave falta de alimentos provocadas pelo inverno nuclear

é razoável considerar essa uma razão para * no exemplo (7) e uma *boa* razão, já que afirma exatamente o que seria exigido para mostrar que * é verdadeira.

> Exemplo (8)
>
> Algumas pessoas resolveram seu problema de desemprego procurando trabalho de forma criativa ou

> dispondo-se a trabalhar por um salário menor. Sendo assim, todos os desempregados poderiam fazer isso.

Esse é, certamente, um trecho de raciocínio. A pista lingüística é a expressão "sendo assim". A razão é:

> Algumas pessoas resolveram seu problema de desemprego procurando trabalho de forma criativa ou dispondo-se a trabalhar por um salário menor,

e a conclusão é:

> todos os desempregados poderiam resolver seu problema de desemprego dispondo-se a (etc.).

Nos últimos anos, esse argumento tem sido bastante utilizado por políticos britânicos; mas é um bom argumento? Sem dúvida que a razão fornecida para a conclusão é *verdadeira*, mas a conclusão se segue dela? Ou poderia a razão ser verdadeira e a conclusão, falsa? Sem dúvida que não se pode inferir do fato de que "algumas pessoas fizeram x" que "todos poderiam fazer x": algumas pessoas correram 1,5 quilômetro em menos de quatro minutos, mas não se segue que todos conseguiriam fazê-lo. Para saber se esse argumento análogo mostra que o argumento original é mau será preciso saber se os dois são realmente análogos – se este último apresenta a mesma lógica daquele. Será que o argumento original parte do princípio de que "Alguns As são Bs, logo todos os As poderiam ser Bs" (um princípio claramente errado em termos genéricos) ou pressupõe que "Algumas pessoas fizeram x, logo todos *poderiam* fazer x" (um princípio claramente errado também), ou é o argumento especificamente sobre o desemprego e sobre como encontrar trabalho, de forma que a sua justificação é uma verdade econômica qualquer ou um princípio que se aceita sem questionar (implícito)? Mais uma vez, a forma de avançar é perguntar "O que *mostraria* que:

todos *poderiam* solucionar seu problema de desemprego procurando trabalho de forma criativa ou dispondo-se a trabalhar por um salário menor?"

Presumivelmente, a forma de demonstrá-lo seria recorrer a argumentos econômicos sólidos, baseados em verdades econômicas bem estabelecidas. Já que o argumento não faz isso – não faz o que é *requerido* a fim de estabelecer sua conclusão –, *não* é um bom argumento e sua conclusão (que pode ser verdadeira) não se segue da premissa dada. O exemplo (8) ainda assim é um argumento, e o uso da expressão "sendo assim" deixa isso bastante claro. Mas sua razão poderia ser verdadeira e sua conclusão, falsa – o argumento não estabelece sua conclusão. É interessante notar que Paul Samuelson, em seu influente e amplamente usado livro *Introdução à Análise Econômica*, discute esse argumento, incluindo-o em uma lista de *falácias* econômicas clássicas.

Esses exemplos bastam para dar início a nossos esforços. A seguir, apresentaremos uma abordagem mais geral.

2

Um método geral para a análise de argumentos

No Capítulo 1, analisamos diversos *exemplos*; a maior parte argumentava a favor de uma idéia e nós os usamos para expor várias lições sobre o raciocínio. Tendo oferecido ao leitor uma amostra da análise de argumentos, apresentaremos agora um método *geral* de análise e avaliação de argumentos. O método é subjacente ao que ficou dito no Capítulo 1, e o leitor que tentou realizar aqueles exercícios deve agora estar pronto para, deixando de lado o enfoque fragmentado, deparar com uma lição teórica.

O método a ser descrito aplica-se a qualquer raciocínio, ou argumento, na forma como ocorre na linguagem natural – no nosso caso, o português. Começaremos descrevendo como reconhecer contextos nos quais ocorre raciocínio (i.e., vamos dizer quais são as "pistas lingüísticas"). Depois, descreveremos como descobrir e apresentar a *estrutura* de um pedaço de raciocínio (saber se estamos ou não diante de uma "cadeia" de razões etc.). Ao final, explicaremos, na medida do possível, como decidir se o raciocínio é ou não correto.

Por enquanto, não faremos nada mais que *esboçar* o método. Faremos isso de forma a permitir que suas linhas gerais sejam traçadas com clareza, podendo assim ser apreendidas facilmente. Introduzir um número excessivo de qualificações neste momento poderia tornar obscura a simplicidade básica do método: se ele estiver correto, o lugar adequado para desenvolvê-lo e refiná-lo é onde surgem os problemas – na sua aplicação aos exemplos específicos – e é isso que pretendemos fazer. Nos capítulos subseqüentes, o esqueleto básico será expandido e preenchido à medida que surgir a necessidade. Pretendemos fazer isso à medida que mostrarmos como aplicar o método em vários exemplos instrutivos.

Quase todos os argumentos estudados neste livro foram *realmente usados* por alguém que pretendia convencer outrem a respeito de um determinado assunto. São todos argumentos verdadeiros – não se trata dos argumentos "inventados" com os quais operam geralmente os pesquisadores de lógica. Foram retirados de várias fontes, desde textos clássicos até jornais. E vêm de várias áreas, apesar de, em sua maioria, terem relação com questões das ciências sociais, de algumas ciências naturais e da filosofia.

I A linguagem do raciocínio

Algumas pistas

É claro que utilizamos a linguagem para muitos outros fins que não o raciocínio. Usamo-la para relatar eventos, contar piadas, realizar convites, narrar histórias, fazer promessas, dar ordens, fazer perguntas, comunicar instruções, evocar emoções, descrever coisas, entreter, e mil coisas mais. (Cabe notar já neste ponto inicial do livro que limitamos nossa atenção a uma área bastante específica da atividade humana, apesar de essa ser uma área de importância muito geral.) Cada uma das atividades mencionadas acima emprega a sua linguagem própria – uma linguagem que nos ajuda a entender o que está acontecendo. Por exemplo, a expressão "Você já ouviu aquela do...?" costuma ser usada para assinalar que se segue uma piada (e não um relato verídico etc.). "Você gostaria de me acompanhar no...?" é uma forma bastante usada de fazer um convite. A expressão "Não faça isso, senão...!" costuma ser usada para comunicar uma ameaça, e assim por diante. Obviamente, essas mesmas expressões podem ser usadas para fins bastante diferentes, e conhecer o contexto no qual são proferidas é um fator geralmente essencial para que se possa compreendê-las. Seria algo muito complicado determinar como, em termos genéricos, se pode reconhecer uma piada, uma ameaça ou o que quer que seja (cf. *Quando Dizer e Fazer: Palavras e Ação*, de J. L. Austin). E ninguém deveria ficar surpreso com o fato de a linguagem do raciocínio ser também complexa. Mas há várias coisas úteis que se podem dizer.

Para concentrar nossa atenção no raciocínio, será preciso descrever como identificar os contextos nos quais há raciocínio. Lembre-se, raciocinar ou argumentar a favor de algo consiste em oferecer fundamentos ou *razões* a favor de *conclusões*, e as razões são apresentadas a fim de *sustentar*, *justificar*, *estabelecer*, *provar* ou *demonstrar* a conclusão. (O autor tenta *convencer* seu público por meio do raciocínio.) Nas linguagens naturais nem sempre é fácil dizer quando se apresenta um argumento (lembre-se de alguns dos exemplos do Capítulo 1), mas todos os argumentos têm uma conclusão, e em português ela vem freqüentemente assinalada pela presença de uma das seguintes palavras ou expressões, a que chamamos "indicadores de conclusão":

Indicadores de conclusão

logo...	concluo que...
portanto...	segue-se que...
dessa forma...	...o que implica que...
assim...	...o que nos permite inferir que...
conseqüentemente...	...deduz-se disso que...
o que prova que...	...estabelece o fato de que...
justifica a crença de que...	...demonstra que...

Não estamos dizendo que, *independentemente* do contexto em que apareçam essas palavras ou expressões, segue-se uma conclusão, mas que elas costumam *indicar* a presença de uma conclusão. Essas palavras e expressões são pistas lingüísticas sobre o que se pretende fazer num determinado texto. Algumas vezes, é claro, contam com um uso bastante diferente do esperado. Exemplos: "Ele jantou e *logo* saiu para passear", "Você não vai ficar bravo *dessa forma,* vai?", "Um carro *assim* eu nunca vi". Os indicadores de conclusão listados acima, e outros semelhantes a eles, são apenas marcadores. Não se pode olhá-los de forma mecânica em busca de conclusões: geralmente, é preciso discernimento para decidir se um dado indicador assinala realmente a presença de uma conclusão. Obviamente, as conclusões são apresentadas algumas vezes sem indicadores de conclusão. Nesse caso, o contexto mostrará que se trata de uma conclusão.

Todos os argumentos também incluem a apresentação de fundamentos ou *razões* a favor da sua conclusão. Uma razão é geralmente apresentada como *verdadeira* e como *uma razão* a favor de uma conclusão. (Para fins de simplicidade, começamos com exemplos nos quais as razões são *apresentadas como verdadeiras* e restringimos o uso do termo "razão" para tais casos. No entanto, no Capítulo 8 pretendemos ampliar o sentido do termo para incluir razões que *não* são apresentadas como verdadeiras, mas que "se admitem para fins de argumentação".) Entre as palavras e expressões usadas em português para assinalar a presença de razões – e que chamaremos de "indicadores de razões" –, incluem-se as seguintes:

Indicadores de razões

porque...	a razão é que...
pois...	em primeiro lugar..., em segundo lugar... (etc.)
já que...	
uma vez que...	pode ser inferido do fato de que...
segue-se do fato de que...	

Repita-se: não estamos dizendo que, *independentemente* do contexto em que essas palavras e expressões forem usadas, haverá uma razão, mas que costumam *indicar* a presença de uma razão. E servem como marcadores capazes de nos permitir, com a ajuda de um pouco de discernimento, localizar as razões. Mais uma vez, há a possibilidade de que as razões sejam apresentadas sem os indicadores de razões, mas o contexto indicará a presença de uma razão.

É conveniente ter uma expressão para nos referirmos tanto aos indicadores de razões quanto aos de conclusão. Em vista disso, chamaremos ambos de "indicadores de inferência", ou "indicadores de argumento".

Alguns fatores complicadores

(i) Os contextos pelos quais nos interessamos são aqueles em que um autor ou falante expõe alguma asserção, a conclusão, como algo fundamentado ou justificado por outras asserções, as razões. Então, para decidir se uma dada asserção é uma conclusão ou uma razão, será preciso recorrer exclusivamente às intenções aparentes do autor – a forma como esse autor as expressou. Não interessa saber se as asserções são *verdadeiras* ou *falsas*, nem importa saber se as razões *conseguem* justificar a conclusão: tudo o que nos interessa nesta fase – em que tentamos identificar o argumento – é saber se o texto apresenta algumas asserções como *razões* a favor de *conclusões*.

(ii) Algumas vezes, ocorrem raciocínios sem o uso de indicadores de inferência para assinalar a presença de razões e conclusões. Nesses casos, por vezes, é difícil decidir se há raciocínio. Pretendemos explicar em breve (pp. 33 e seguinte) como tomar uma decisão do tipo. Em termos genéricos, quando se tenta decidir sobre se um trecho de texto contém ou não raciocínio, é aconselhável a adoção do Princípio da Caridade. Esse princípio determina o seguinte: ao considerar como raciocínio um texto que não é um raciocínio *óbvio*, –1 se obtivermos apenas argumentos ruins, então se presume que *não* é um raciocínio. (A lógica por trás dessa abordagem é a de que estamos interessados em descobrir a verdade sobre as coisas e não em vencer embates contra esta ou aquela pessoa.) A omissão de indicadores de inferência pode servir, algumas vezes, como instrumento retórico para fins de ênfase, instrumento esse usado reiteradamente por políticos e por oradores públicos (ver a carta de Weinberger no Capítulo 4).

(iii) Há um importante fator complicador que resulta dos diferentes usos que se podem dar aos indicadores de inferência. Pode-se explicar isso com clareza recorrendo à ambigüidade da palavra "porque", que algumas vezes assinala a presença da razão a favor de uma conclusão, mas em vezes assinala a presença de uma *afirmação causal* ou, falando em termos menos técnicos, algum tipo de *explicação*. Veja estes exemplos:

(1) João quebrou a janela porque tropeçou.
(2) João quebrou a janela porque esqueceu sua chave.
(3) João deve ter quebrado a janela porque era a única pessoa dentro da casa.

Pressupondo o contexto natural em cada caso, resta saber como compreender o que está sendo dito. É claro que nem no caso (1) nem no caso (2) o uso do "porque" assinala uma razão a favor de uma conclusão. Em (1), toda a afirmação é *causal*: o que fez João quebrar a janela foi o fato de ter tropeçado. O enunciado todo poderia ser a conclusão de algum outro raciocínio, mas em si mesmo não expressa, de forma nenhuma, um argumento. Em (2), a frase *explica* a *razão* pela qual João quebrou a janela – explica por que o fez. Mais uma vez, todo o enunciado poderia ser a conclusão de um raciocínio mais amplo, mas, por si só, não expressa um argumento. Em (3), por outro lado, a forma natural de interpretar a frase exige que consideremos o "porque" um indicador de razão. (O "deve" é outra pista, conforme explicado mais à frente.)

(iv) As chamadas palavras e expressões "modais", como "deve", "tem de", "não pode", "impossível", "necessariamente", e assim por diante, são algumas vezes usadas para assinalar raciocínio. Exemplo:

O motor não pega. O carburador deve estar entupido.

Partindo do pressuposto de que se trata do contexto mais óbvio, a palavra "deve" é usada pelo falante para indicar o fato de estar apresentando uma conclusão. Ele poderia ter dito: "Já que o motor não pega, concluo que o carburador está entupido". E isso teria comunicado mais ou menos a mesma mensagem (apenas de maneira um tanto formal!). Um outro exemplo:

Há muito sofrimento no mundo. Não pode existir um Deus.

(v) A conclusão, algumas vezes, não consta do argumento. Exemplo:

Todos os boxeadores sofrem danos cerebrais, e Smith passou vários anos lutando boxe. (Preciso dizer mais alguma coisa?)

O contexto costuma deixar clara a conclusão almejada. De forma semelhante, as razões acabam por vezes não aparecendo em um argumento apesar de se pressupor que essas razões fazem parte do argumento. Discutimos vários casos desse tipo no Capítulo 1 e pretendemos voltar a esse assunto mais adiante.

Pode-se concluir a partir dos parágrafos (i) e (v) que a linha divisória entre o que é e o que não é argumento não é nítida. Muitas vezes, não há dúvida de que um determinado excerto contém um argumento. De forma semelhante, muitas vezes não há dúvida de que um determinado excerto *não* contém um argumento. Mas, de forma semelhante, muitas vezes não se pode dizer com certeza se um excerto contém ou não um argumento.

II A estrutura do raciocínio

Explicamos parte do que é necessário para decidir sobre se um texto em português contém raciocínio, mas na vida real, com freqüência, pode ser surpreendentemente difícil dizer com precisão qual o argumento almejado. Por isso, vamos descrever um método sistemático e abrangente para extrair um argumento de seu texto. Antes de fazermos isso, no entanto, é aconselhável apresentar algumas convenções usadas na representação de argumentos, alguma terminologia e algumas idéias básicas sobre a *estrutura* de um argumento.

Convenções e terminologia

Comecemos enfrentando o *mais simples* dos casos de raciocínio, no qual as razões são apresentadas como *verdadeiras* e como razões a favor de uma conclusão. (No Capítulo 8 ampliamos o nosso método para lidar com argumentos "suposicionais".) A notação que estamos prestes a expor não é *essencial* para a análise de argumentos. Os que odeiam os símbolos podem ficar apenas com as palavras como "portanto" etc., mas precisam compreender a idéia que está por trás da notação.

Se uma afirmação R é apresentada como uma razão para aceitar uma conclusão C, então escrevemos:

$$R \longrightarrow C$$

expressão essa em que a seta deve ser lida como "logo" ou como algum sinônimo idiomático apropriado.

Se várias razões são apresentadas para sustentar uma conclusão, há duas possibilidades: as razões podem ser apresentadas apoiando, conjuntamente, a conclusão (lidas *como um todo*, sustentam a conclusão; *separadamente*, não) ou apoiando, independentemente, a conclusão (se o leitor aceitar *uma* das razões, terá, assim espera o autor, de aceitar a conclusão). Analisemos este exemplo:

> A Rússia não ocupará a Grã-Bretanha porque não deseja fazê-lo. De qualquer maneira, os norte-americanos não deixariam isso acontecer.

Um outro exemplo:

> As universidades precisam estar preparadas para novos cortes porque sofreram menos que outros setores educacionais, mas, mesmo que esse não fosse o caso, deveriam estar preparadas para novos cortes porque não estão suficientemente focadas em cursos profissionalizantes.

Exemplos em que as razões são apresentadas dando apoio conjuntamente à conclusão foram vistos mais de uma vez no Capítulo 1: os casos (1), (2), (3) e (6) incluem-se nessa categoria.

Suponhamos que duas razões (R_1 e R_2) sejam fornecidas para uma determinada conclusão C. Nesse caso, podemos representar os casos descritos acima conforme o gráfico mostrado a seguir. Se R_1 e R_2 são razões *conjuntas* para C, escrevemos:

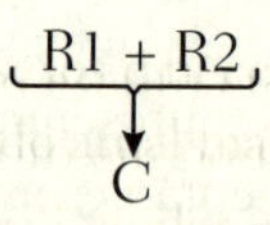

mas, se R_1 e R_2 são razões *independentes* para C, escrevemos:

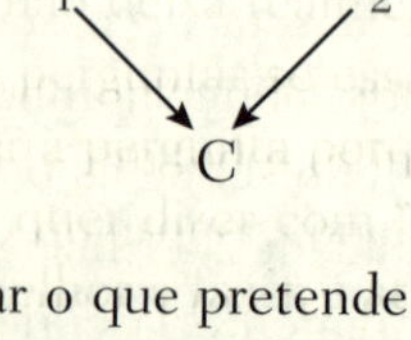

(Se não for fácil avaliar o que pretende o autor, então se deve escolher a interpretação responsável por produzir o *melhor* argumento, i.e., o mais difícil de contestar.)

Essa é a notação de que precisaremos por enquanto. Pretendemos ampliar esse rol na medida do necessário. Evidentemente, argumentos complexos podem combinar os casos descritos acima das formas mais variadas. Em especial, há casos nos quais a conclusão de uma parte do argumento pode ser usada como razão a favor de uma conclusão posterior (como no exemplo (4) do Capítulo 1). Chamaremos *conclusão intermédia* a esse tipo de conclusão: ela se apresenta tanto na qualidade de conclusão de razões anteriores como na qualidade de razão de uma conclusão subseqüente. Ao ser dada uma razão R para uma conclusão C, então chamaremos R de uma *razão intermédia* em relação a C. As razões apresentadas sem terem sido sustentadas por outras razões serão chamadas de *razões* ou *premissas básicas* do argumento. A conclusão que não é usada no argumento para sustentar uma nova conclusão será chamada de *conclusão final* ou *conclusão principal*.

Assim, em resumo, pode-se ter um argumento cuja estrutura é representada pelo seguinte *diagrama argumentativo* (como passaremos a chamar esse tipo de notação):

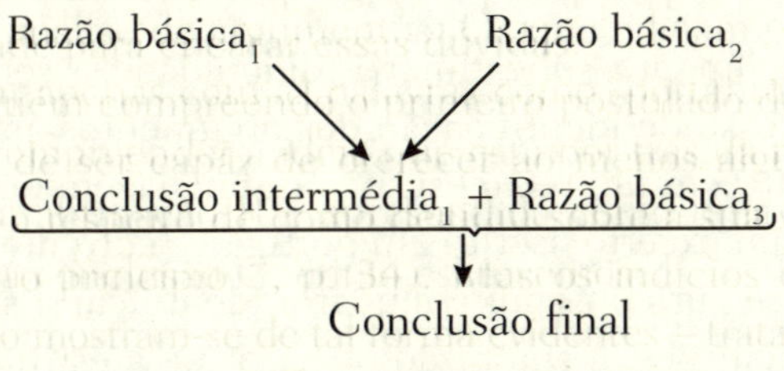

A razão básica$_1$ e a razão básica$_2$ não são razões intermédias a favor da conclusão final, mas a conclusão intermédia$_1$ e a razão básica$_3$ o *são*.

Os que odeiam as notações e os diagramas podem fazer tudo isso usando palavras e escrever o raciocínio de forma linear, de forma que o exemplo diagramado acima ficaria assim:

(1) Razão básica$_1$.
(2) Razão básica$_2$.
Tanto (1) quanto (2) são suficientes para justificar (3), logo
(3) Conclusão intermédia$_1$.
(3) é verdadeiro e
(4) Razão básica$_3$.
Logo
(5) Conclusão final.

Diante de um pedaço de raciocínio escrito em português corrente, aconselha-se ou desenhar um *diagrama argumentativo* ou escrever esse trecho em sua forma linear equivalente. Ao fazer isso, obrigamo-nos a identificar com clareza qual é o argumento – e esse é o principal objetivo. No entanto, não se pode deixar de notar que a estrutura revelada por meio desse processo pode ser importante para alguém decidir se determinado argumento é ou não sólido. Pretendemos abordar essa questão novamente, mas já avançamos o suficiente para esboçar um método para extração de argumentos de seus contextos. Apresentemos esse método então.

Esboçando o método para extração de argumentos

Pode-se facilmente subestimar a dificuldade a ser encontrada no processo de identificação dos argumentos apresentados por um autor em um texto escrito em linguagem natural, mas, diante de um excerto escrito em português corrente, o método descrito a seguir conseguirá ajudar a identificar a sua conclusão ou conclusões, a sua razão ou razões e a estrutura do seu argumento ou argumentos, caso esses elementos não sejam apresentados de forma clara.

(1) Leia todo o texto para apreender seu sentido geral, fazendo um círculo – [assim] – em todos os indicadores de inferência.
(2) Sublinhe – assim – quaisquer conclusões indicadas de forma evidente e coloque entre chaves – {assim} – quaisquer razões indicadas de forma evidente. (Caso seja útil, pode-se, neste ponto, tentar elaborar um resumo do argumento.)

(3) Identifique aquela que considera a conclusão principal e marque-a com a letra C. (Pode haver mais de uma conclusão principal.)

(4) A partir de C, pergunte-se: "Que razões imediatas são apresentadas no texto para que se aceite C?" ou "Por que (no texto) sou instado a acreditar em C?". Use os indicadores de inferência para ajudá-lo na busca por respostas a essas perguntas. Se a pergunta for difícil de ser respondida porque as intenções do autor não são evidentes (i.e., não são identificadas explicitamente por indicadores de argumento nem podem ser inferidas claramente a partir do contexto), faça então a Pergunta de Asseribilidade (PA):

(PA): Que argumento ou indício me daria justificação para asserir a conclusão C? (O que teria eu de saber ou acreditar para ter justificação para aceitar C?)

Tendo feito isso, veja se o autor assere ou admite claramente essas mesmas afirmações (razões). Se for esse o caso, é razoável (e condizente com o Princípio da Caridade) a interpretação segundo a qual ele pretende usar esse mesmo argumento. Se não for esse o caso, não há uma forma racional de reconstruir o argumento dele (baseando-se exclusivamente no texto).

(5) Para cada razão R já identificada, repita o processo descrito no passo (4). Faça isso até restarem apenas as razões básicas. Depois, organize o(s) argumento(s) de forma clara (por meio de um diagrama ou por meio de uma disposição linear).

Este é o esboço básico do método, mas vários pontos subseqüentes terão de ser aclarados para que seja possível compreendê-lo de forma apropriada. Apresentamos, a seguir, alguns desses pontos. Outros mais específicos serão expostos na próxima seção deste livro.

(a) Observe que a questão em causa é "O que apresenta *o texto/o autor* como razão, conclusão etc.?" e não "O que é uma boa razão etc.?". Mas observe também que, a fim de encontrarmos a resposta para a primeira questão, teremos de nos fazer a segunda pergunta. Explicando isso de outra forma:

(b) os indicadores de inferência podem expor de forma totalmente clara (quase com certeza) as intenções de um autor; o contexto pode fazer o mesmo; mas, se isso não acontecer, a única maneira de adivinhar as intenções do autor (com base apenas no texto) é construir o *melhor* argumento possível e perguntar se se pode atribuir ao autor esse argumento. Segue-se então que, nesses casos:

(c) este não é um método mecânico capaz de automaticamente identificar um argumento; será preciso ser judicioso e imaginativo.

(d) Além disso, a profundidade com que alguém conseguirá compreender o significado visado pelo autor dependerá da compreensão que se tem da linguagem usada e do conhecimento que se tem sobre o assunto. Estamos diante, portanto, de uma questão de grau.

(e) A justificação filosófica para o uso da Pergunta de Asseribilidade baseia-se no pressuposto de que

* Se alguém compreende uma proposição, tem de ser capaz de explicar minimamente como poderia decidir sobre a sua verdade ou falsidade, sobre que argumento ou indício mostraria que essa proposição é verdadeira ou falsa (se não for assim, essa pessoa não a compreendeu).

Regressaremos a este princípio com freqüência daqui para a frente, mas, por enquanto, não nos preocuparemos em fundamentá-lo.

A estrutura das razões e conclusões

Tal como os argumentos são complexos do ponto de vista lógico, também o são suas razões e conclusões: estas também exibem uma estrutura lógica. Não discorreremos muito demoradamente a respeito dessas estruturas "internas" (veja-se o Apêndice para saber mais), porém precisamos deixar alguns pontos claros a fim de evitar confusões na aplicação do método esboçado. Em resumo, há casos nos quais a estrutura interna de uma frase poderá obscurecer o que deve *contar* como razão ou como conclusão.

A fim de analisarmos esses casos, será conveniente ter apenas um termo para descrever a situação na qual um autor afirma que algo é verdadeiro (apresenta-o como verdadeiro); diremos então que tal afirmação é *asserida* e a chamaremos de *asserção*. (Uma explicação mais detalhada a respeito disso consta do Apêndice, p. 260.)

Suponha que a polícia tem indícios por meio dos quais chegou à conclusão de que:

> Ou Jones matou Brown, ou Smith matou Brown (J ou S)

Em vista do que pretendemos expor neste momento, o importante é observar que a polícia *não* está asserindo que Jones cometeu o crime nem está asserindo que Smith o cometeu: a polícia está asserindo, em um todo único, a "disjunção" (o termo usado pelos especialistas em lógica) "J ou S". Assim, no processo de identificar razões e conclusões, as disjunções não devem ser divididas em suas partes. (É claro que, caso Smith apresente um álibi inquestionável somado ao fato de a conclusão da polícia ser "J ou S", então se obtém um argumento cuja conclusão *asserida* é "Jones matou Brown" – mas esse é um estágio posterior do argumento.)

As disjunções não costumam criar problemas para a análise de argumentos, mas as hipotéticas o fazem. Tenha em mente que uma hipotética é uma frase do tipo "se... então...". É evidente que se alguém afirma:

> † Se [a base monetária está aumentando na Grã-Bretanha], então {a taxa de inflação na Grã-Bretanha subirá}

essa pessoa não está asserindo que a base monetária aumenta na Grã-Bretanha *nem* que a taxa de inflação na Grã-Bretanha subirá. Está a *asserindo* a hipotética como um todo, ou seja "Se [A] então {B}". Tais hipotéticas são bastante freqüentes e importantes no raciocínio. Em certa medida por conta disso, as "partes" de uma hipotética têm nomes especiais. A parte [A], a parte dominada pelo "se", é chamada de "antecedente" e a parte {B} é chamada de "conseqüente". (Na hipotética "B, se A", a parte B continua a ser a parte "conseqüente" etc.) Há dois aspectos sobre as hipotéticas que precisamos discutir neste momento.

Primeiramente, uma hipotética pode aparecer tanto como razão quanto como conclusão num raciocínio (um exemplo é o trecho † apresentado acima). Nesse caso, a hipotética *não deve ser dividida* em seus termos antecedente e conseqüente. O que está sendo usado como razão ou como conclusão – o que está sendo asserido – é a hipotética por inteiro. Citemos um exemplo no qual as razões (três ao todo) e a conclusão são hipotéticas.

> Se todo fato tem uma causa, então todas as ações são determinadas por uma causa. Se todas as ações são determinadas por uma causa, então não sou livre para fazer o que bem entender. Nesse caso, não sou responsável por minhas ações. Logo, se todo fato tem uma causa, não sou responsável por minhas ações.

Em segundo lugar, há numerosas expressões que assinalam a presença de uma afirmação hipotética. Veja abaixo algumas dessas expressões (que chamo de "indicadores de hipotéticas").

Indicadores de hipotéticas
se... então...
suponha que... então...
a menos que... então...
... contanto que...
... sob a condição de que...

De forma semelhante ao que aconteceu com os indicadores de inferência, essas expressões são marcadores a ser usados judiciosamente.

Poderíamos discorrer mais longamente sobre a estrutura lógica interna das frases, mas já apresentamos tudo de que precisaremos por enquanto. Uma explicação mais detalhada poderá ser consultada no Apêndice, e há muitos e excelentes manuais de lógica nos quais se aborda esse assunto das formas mais variadas. No entanto, não há necessidade, neste momento, de entrarmos em detalhes.

Completamos assim o esboço do método para extração de argumentos de seus contextos. Passemos agora ao método para avaliá-los.

III Testes para um bom argumento

Uma vez identificado claramente o argumento a ser analisado, será possível avaliar se esse argumento estabelece a sua conclusão. Lembre-se de que continuamos restritos aos argumentos cujas razões são apresentadas como verdadeiras.

Nas discussões da vida real, a primeira coisa que as pessoas normalmente contestam é a verdade das premissas. Se as premissas de um argumento não são verdadeiras (no caso de razões independentes, ao menos uma delas tem de ser verdadeira), então não será possível estabelecer a conclusão, e o argumento perde grande parte de seu interesse. (Note-se que, no caso de argumentos teóricos – ou em contextos nos quais não se sabe se as premissas são verdadeiras –, talvez seja interessante, mesmo assim, perguntar: "Se as premissas *fossem* verdadeiras, seriam suficientes para estabelecer a conclusão?".) Assim, a primeira condição que um argumento tem de cumprir para estabelecer a sua conclusão é:

I Todas as premissas têm de ser verdadeiras – exceto quando são fornecidas razões independentes a favor de uma conclusão: nesse caso, ao menos *uma* delas tem de ser verdadeira.

Suponhamos agora que o argumento analisado conta com premissas verdadeiras, satisfazendo a condição I. Neste momento, em uma discussão real, quem pensar que o argumento não funciona dirá coisas como "a conclusão não foi *justificada*", "o argumento não é *sólido*" ou "*não se pode inferir* a conclusão das premissas". Não é difícil imaginar um argumento com premissas verdadeiras, mas cuja conclusão não pode ser inferida dessas premissas. Por exemplo:

(1) Todas as mulheres são mortais
(2) O presidente dos EUA é mortal
(3) Logo, o presidente dos EUA é uma mulher.

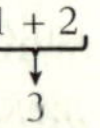

(Pergunte-se por que, neste exemplo, a conclusão *não* se segue das premissas. Será que a conclusão se segue no raciocínio "Todos os *homens* são mortais e o presidente dos EUA é mortal, logo, o presidente dos EUA é um homem"?)

Assim, a segunda condição que um argumento tem de satisfazer para estabelecer a sua conclusão é a seguinte:

II A conclusão tem de se *seguir* das premissas

e explicaremos a seguir como decidir sobre se isso ocorreu ou não.

Intuitivamente, a idéia é a seguinte: a conclusão *segue-se* das premissas se e somente se a verdade dessas premissas *garantir* a verdade da conclusão, de forma que o teste a ser usado é:

> As premissas poderiam ser verdadeiras e a conclusão falsa?

Se a resposta for "sim", a conclusão *não* se segue de suas premissas. Se a resposta for "não", a conclusão *segue-se* das premissas – e se alguém aceitar as premissas terá de aceitar a conclusão.

Um exemplo ilustrativo
A fim de ilustrar como o teste funciona, analisemos um exemplo. Suponha que A, B e C são quaisquer políticos e pergunte-se se, na argumentação a seguir, a conclusão pode ser inferida:

(1) A maior parte dos eleitores prefere A a B
e (2) A maior parte dos eleitores prefere B a C
logo (3) A maior parte dos eleitores prefere A a C.

1 + 2 → 3

Poderiam as premissas ser verdadeiras e a conclusão, ao mesmo tempo, falsa? Pode-se descrever um cenário com essas características? Sim, com um pouco de criatividade, pode-se fazê-lo. Se numerarmos a preferência de cada eleitor com os números 1, 2 e 3, a tabela a seguir mostra como cada terço do eleitorado votaria:

	$\frac{1}{3}$	$\frac{1}{3}$	$\frac{1}{3}$
1	A	C	B
2	B	A	C
3	C	B	A

Nesse caso:

66% do eleitorado prefere A a B
e 66% do eleitorado prefere B a C,
mas 66% do eleitorado prefere C *a A*.

Isto demonstra que as premissas poderiam ser verdadeiras ao mesmo tempo que a conclusão seria falsa; logo, a conclusão *não se segue*. Por acaso, esse é um exemplo clássico da teoria da votação. A maior parte das pessoas surpreende-se ao descobrir que o que parece inicialmente ser um argumento razoável acaba se revelando claramente errôneo.

Esse exemplo mostra como nosso teste deve ser aplicado em um caso. Mas não é fácil explicar como aplicá-lo para todos os casos. Na verdade, será preciso reformulá-lo a fim de realizarmos essa operação.

Reformulando o teste

Imagine um argumento científico tradicional defendendo que a Terra não é plana, mas basicamente esférica. Se alguém aplicasse nosso teste de forma *rigorosa*, afirmaria: "Parece-me que todas as razões poderiam ser verdadeiras e a conclusão, falsa". No caso, essa pessoa teria ingressado no mundo da filosofia, mas faria poucos progressos em termos científicos!

Imagine um argumento histórico defendendo que Hitler morreu em Berlim em 1945 (ver a p. 292). Se alguém aplicasse o nosso método de forma rigorosa, afirmaria: "Parece-me que as razões poderiam ser todas verdadeiras e a conclusão, falsa". No caso, essa pessoa aprenderá muito pouco de história.

Imagine um argumento defendendo que certas coisas *vão* ocorrer, que o presidente Ronald Reagan* não conquistará um terceiro mandato na Presidência ou que o Sol continuará a brilhar; imagine um argumento defendendo que alguém se debatendo no chão devido a um terrível ferimento está sentindo dor. Nesse caso, como nos anteriores, a aplicação rigorosa de nosso método levaria uma pessoa a dizer: "Parece-me que todas as razões poderiam ser verdadeiras e a conclusão, falsa". Nos casos acima, essa pessoa aprenderia muito pouco sobre o que podemos afirmar a respeito do futuro ou sobre "outras mentes".

Uma postura cética desse quilate não equivale aos padrões *normais* – e *adequados* – de argumentação. Por esse motivo, reformulemos o nosso teste a fim de tornar explícita a referência a esses padrões. Será preciso reescrevê-lo da seguinte forma:

> Podem as premissas ser verdadeiras e a conclusão falsa, ajuizando com base em padrões indiciários adequados ou padrões adequados do que é possível?

Em seguida, usemos a Pergunta de Asseribilidade para determinar os padrões adequados:

---

* A primeira edição deste livro foi publicada em 1988 e a segunda edição em 2004. Esta tradução foi feita com base na segunda (N. do E.).

PA: Que argumento ou indício justificaria a minha asserção da conclusão? (O que teria eu de saber ou acreditar para ter justificação para aceitá-la?)

Obviamente, o tipo de resposta dada varia segundo cada contexto: afirmações sobre o passado, sobre o futuro, sobre conexões causais, sobre as intenções de outras pessoas ou sobre a matemática (etc.) têm diferentes padrões de prova. As considerações que estabelecem uma afirmação sobre história de forma conclusiva (por exemplo, que Hitler morreu em Berlim em 1945) serão, em geral, de um tipo diferente das necessárias para justificar uma afirmação sobre o futuro (por exemplo, que o príncipe Charles se tornará rei se viver mais que sua mãe), e as duas serão distintas, por seu turno, das considerações adequadas para uma afirmação sobre uma cadeia causal (por exemplo, que a expansão da base monetária provoca inflação) ou sobre as intenções de alguém (por exemplo, que os russos pretendem atacar os EUA com bombas nucleares – ver Capítulo 4). Além de diferenças dessa natureza, há opiniões diferentes sobre o que se pode saber e sobre como se podem conhecer as coisas. Não há como esconder todas essas diferenças. O melhor a fazer é expô-las abertamente, e é isso que nosso método pretende alcançar. Somente dessa forma poderão os desacordos ser resolvidos e a verdade, revelada.

Vale a pena regressar por um momento a algumas das observações feitas no início do Capítulo 1. Quando se utiliza o método deste capítulo – o teste revisado e a Pergunta de Asseribilidade –, será necessário fazer um juízo sobre os "padrões adequados". Esse juízo será o *seu* juízo; trata-se de um juízo que exigirá justificações e que estará sujeito a críticas. Fixe um padrão rigoroso demais, e ficará parecendo que nada poderá ser conhecido com segurança; fixe um padrão pouco imaginativo, e estará sujeito a cair facilmente em erro. Mas o método pode ser empregado por *qualquer pessoa,* de acordo com seu nível de compreensão (cf. o princípio *, p. 34). Caso se compreenda a linguagem e se houver imaginação, pode-se, surpreendentemente, chegar bastante longe. Na realidade, o método exige o ingresso no mundo da filosofia, especificamente no mundo da "teoria do conhecimento", apesar de dispensar qualquer conhecimento formal de filosofia. Mostraremos, por meio de uma série de exemplos instrutivos a ser apresentados ao longo do livro, como o método funciona. Grande parte de nossa discussão rodará em torno de escolher os "padrões adequados": estes não estão dados, não são fatos objetivos nem são arbitrários; exigem uma boa dose de argumentação. O capítulo conclusivo tentará então fornecer uma justificação filosófica para o método esboçado aqui e usado nos capítulos subseqüentes.

3

Um primeiro exemplo – de Thomas Malthus

> Se a população atual do mundo duplicar a cada 25 anos, no prazo de 150 anos haverá espaço apenas para ficarmos de pé, já que o número de pessoas será maior do que o número de metros quadrados da superfície da Terra.

Neste capítulo, mostraremos como analisar e avaliar um argumento muito famoso de Thomas Malthus (1766-1834) e, no processo, aplicaremos e desenvolveremos o método do Capítulo 2. O pai de Malthus era amigo de David Hume e de Jean-Jacques Rousseau, e os dois visitaram juntos a casa dele quando Thomas tinha apenas três semanas de idade. Foi inspirado em *Emílio*, de Rousseau, que o pai de Thomas resolveu educá-lo em casa até ingressar na Jesus College, em Cambridge, aos 18 anos, em 1784. Formou-se com louvor em matemática, em 1788, e, no mesmo ano, foi ordenado pastor. Sua obra *Ensaio sobre o Princípio da População na Medida em que Afeta o Melhoramento Futuro da Sociedade, com Notas sobre as Especulações do Senhor Godwin, do Marquês de Condorcet e de Outros Escritores* foi publicada pela primeira vez em 1798. À época, por causa da Revolução Francesa, houve muita discussão sobre a possibilidade de criar-se uma sociedade baseada na igualdade econômica e social. O *Ensaio* de Malthus surgiu como uma peça crítica a essas especulações utópicas. Seu argumento não era novo:

> O argumento mais importante a ser aduzido não é, certamente, novo. Os princípios dos quais depende foram explicados em parte por Hume e, de forma mais detida, pelo doutor Adam Smith.

Apresentamos abaixo o argumento básico de Malthus. O trecho escolhido compõe a maior parte do primeiro capítulo do *Ensaio*, parte essa que Malthus descreveu explicitamente, em seu texto, como "um esboço do argumento principal do ensaio".

I Thomas Malthus, *Ensaio sobre o Princípio da População*, Capítulo 1

(Os parágrafos foram marcados com letras a fim de facilitar as referências a serem feitas mais tarde.)

(a) Ao ingressarmos no argumento, devo pressupor ter deixado fora de questão, por enquanto, todas as simples conjecturas, ou seja, todas as suposições cuja provável verificação não poderá ser inferida com base em quaisquer fundamentos filosóficos. Um escritor pode dizer-me estar convencido de que o ser humano acabará por transformar-se em um avestruz. Não posso contradizê-lo devidamente. Mas, para ter esperança de convencer uma pessoa razoável de sua opinião, ele deve mostrar que o pescoço dos seres humanos tem se alongado gradualmente, que seus lábios se tornaram mais duros e mais proeminentes, que seus pés e pernas mudam de formato todos os dias e que o cabelo e os pêlos começam a se transformar em chumaços de penas. E, até que a probabilidade de uma mudança tão fantástica possa ser mostrada, seria uma declarada perda de tempo e saliva discorrer sobre a felicidade do homem em tal estado; descrever seus poderes, tanto ao correr quanto ao voar, apresentá-lo em uma condição na qual todos os luxos mesquinhos seriam desdenhados, na qual ele gastaria seu tempo apenas na coleta do que fosse necessário à sua vida e na qual, conseqüentemente, a porção de trabalho de cada homem seria pequena e sua porção de lazer, vasta.

(b) Acredito estar em condições de apresentar convenientemente dois postulados.
Primeiro: os alimentos são necessários para a existência do homem.
Segundo: a paixão entre os sexos é necessária e continuará perdurando em seu estado atual mais ou menos inalterada.

(c) Essas duas leis, desde que adquirimos algum conhecimento sobre a humanidade, parecem ser leis imutáveis da natureza e, como não presenciamos até agora nenhuma alteração nelas, não temos o direito de concluir que vão deixar de ser o que sabemos que são agora sem um ato de força imediato daquele Ser que elaborou pela primeira vez o sistema do universo e que, para o bem de suas criaturas, ainda executa, segundo leis imutáveis, suas várias ações.

(d) Não conheço escritor algum que tenha suposto que nesta terra o homem acabará sendo capaz de viver sem comida. Mas o senhor Godwin conjecturou que a paixão entre os sexos pode, com o passar dos tempos, extinguir-se. Como, no entanto, ele considera essa parte de seu trabalho um desvio rumo à terra da conjectura, não me ocuparei com isso mais do que o suficiente para dizer que os melhores argumentos sobre a perfectibilidade do homem advêm da observação do grande progresso já realizado por ele desde o estado selvagem e da dificuldade em dizer aonde acabará chegando. Mas, no sentido da extinção da paixão entre os sexos, nenhum progresso realizou-se até agora. Ela parece existir no presente com tanta força quanto há 2.000 ou 3.000

anos. Há exceções individuais agora como as houve sempre. No entanto, como o número dessas exceções não parece aumentar significativamente, seria com certeza uma maneira muito pouco filosófica de argumentar, de inferir meramente da existência de uma exceção que a exceção se tornaria, com o tempo, a regra e a regra, a exceção.

(e) Pressupondo então como admitidos os meus postulados, digo que o poder populacional é infinitamente maior do que o poder existente na Terra de produzir alimentos para o homem.

(f) A população, se não for controlada, cresce em progressão geométrica. Os meios de subsistência crescem apenas em progressão aritmética. Uma pequena familiaridade com os números mostrará a imensidade do primeiro poder quando comparado com o segundo.

(g) Em virtude da lei de nossa natureza que torna os alimentos necessários para a vida do homem, os efeitos desses dois poderes desiguais precisam ser mantidos em equilíbrio.

(h) Isso implica um enérgico e constante controle operacional a respeito da população a partir das dificuldades de subsistência. Essa dificuldade deverá incidir em algum ponto e deverá necessariamente ser sentida por uma grande parte da humanidade.

(j) Por meio dos reinos animal e vegetal, a natureza espalhou sementes da vida por todos os cantos, da forma mais profusa e liberal. Em termos relativos, porém, vem limitando a oferta de espaço e alimentos para cultivá-las. Os germes da existência contidos nesta porção de terra, tendo comida e espaço em abundância para se expandir, preencheriam milhões de mundos ao longo de alguns milhares de anos. A necessidade, essa imperiosa e sempre presente lei da natureza, restringe-os dentro dos limites prescritos. A raça das plantas e a raça dos animais recuam diante dessa grande e restritiva lei. E a raça dos homens não pode, independentemente dos esforços da razão, escapar dela. Entre as plantas e os animais, seus efeitos são a perda de sementes, a doença e a morte prematura. Entre os seres humanos, a miséria e o vício. A primeira, a miséria, é uma conseqüência absolutamente necessária dela. O vício é uma conseqüência altamente provável e o encontramos predominando de forma abundante. Mas ele não deveria, talvez, ser considerado uma conseqüência absolutamente necessária. A provação da virtude é resistir a todas as tentações de curvar-se ao mal.

(k) Essa desigualdade natural entre os dois poderes, o da população e o da produção da terra, e aquela notável lei de nossa natureza que precisa manter os efeitos deles em equilíbrio constituem a grande dificuldade que me parece insuperável no caminho da perfectibilidade da sociedade. Todos os outros argumentos são de importância menor e subalterna quando comparados com este. Não vejo como o homem conseguirá escapar do peso dessa lei, que permeia toda a natureza animada. Nenhuma igualdade imaginada, nenhuma regulamentação agrícola, por maior que fosse seu alcance, conseguiria cancelar a pressão dela, ainda que por apenas um século. E ela, conseqüentemente, parece decisiva quanto à impossibilidade de haver uma sociedade cujos membros vivessem todos tranqüilos, felizes e em ócio relativo, sem sentir nenhuma ansiedade quanto a prover os meios de subsistência para si mesmos e para suas famílias.

(m) Assim, se as premissas estiverem corretas, o argumento é conclusivo no sentido de rejeitar a perfectibilidade da humanidade como um todo.

(n) Com isso, tracei o esboço geral do argumento, mas o examinarei com mais vagar e acredito que acabará por

> ficar demonstrado que a experiência, a verdadeira fonte e fundamento de todo o conhecimento, confirma inapelavelmente a verdade dele.

Nosso interesse imediato consiste em deixar claro qual é exatamente o argumento de Malthus e em mostrar ao leitor quão longe será possível caminhar lendo atentamente o texto e pensando de maneira rigorosa. Alguns leitores podem acreditar que conseguem responder às perguntas abaixo sem recorrer ao método descrito no Capítulo 2, mas esperemos que outros vejam no método uma forma de responder a perguntas que, de outra forma, os derrotariam. Em todo caso, essa análise ajudará o leitor a avaliar a utilidade do método, e para isso terá de escrever cuidadosamente as respostas para as seguintes perguntas antes de ler as respostas reveladas nas seções II e III.

Perguntas sobre o argumento de Malthus:

(1) Qual a conclusão principal de Malthus?
(2) Qual o argumento dele para essa conclusão?
(3) Seus postulados funcionam como razões básicas no seu argumento?
(4) O que mostraria que:
    (i). "Os meios de subsistência aumentam apenas em progressão aritmética" é *verdade*;
    (ii). "A população, se deixada sem controle, aumenta em progressão geométrica" é *verdade*; e
    (iii). "Os alimentos são necessários para a existência do homem" é *falso*?
(5) Os argumentos de Malthus estabelecem a sua conclusão?

II Extraindo o argumento do texto de Malthus

A fim de extrair o argumento do texto de Thomas Malthus, seguimos os passos descritos no Capítulo 2. Para começar, fazemos um círculo ao redor de todos os indicadores explícitos de argumento. Os evidentes são "Primeiro" (b), "Segundo" (b), "Isso implica" (h), "conseqüentemente" (j), (k) e (m). O leitor pode não perceber que "Em virtude" (g) funciona como um indicador de razão ou pode pensar que "Pressupondo então como admitidos os meus postulados, digo que" (e) seja um indicador de conclusão. Em nenhum desses casos o funcionamento de nosso método seria prejudicado. Neste ponto, localizamos os indicadores de argumento a fim de nos ajudar a encontrar os argumentos, mas, logo a seguir, uma análise mais atenta e mais minuciosa pode revelar indicadores de inferência menos comuns, ignorados na primeira leitura.

A seguir, colocamos entre colchetes quaisquer razões claramente indicadas e sublinhamos conclusões claramente indicadas usando os indicadores de inferência para acelerar o processo. Mais uma vez, esse é um passo intermédio, que visa chegar a uma avaliação definitiva. Algumas razões e conclusões aparecerão claramente – outras, não. Neste momento, por exemplo, pode haver dúvidas sobre a que se refere a razão "Isso implica" (h), mas cremos que um exame mais minucioso do argumento poderá resolver isso brevemente.

O próximo passo consistirá em identificar aquela que se considera ser a conclusão principal e destacá-la. O leitor pode pensar que há vários candidatos possíveis, mas, na realidade, Malthus é bastante explícito a esse respeito. Ele afirma, em (k):

> Conseqüentemente, se as premissas estiverem corretas, o argumento é conclusivo no sentido de rejeitar a perfectibilidade da humanidade como um todo.

A única dúvida é sobre o significado da expressão "perfectibilidade da humanidade como um todo"; mas, a partir do contexto, percebe-se claramente que esse trecho havia sido elaborado com maiores detalhes na frase anterior, permitindo considerar sua conclusão principal como sendo:

C a impossibilidade de haver uma sociedade cujos membros vivessem todos tranqüilos, felizes e em ócio relativo, sem sentir nenhuma ansiedade quanto a prover os meios de subsistência para si mesmos e para suas famílias.

A seguir, deve-se delinear o raciocínio de Malthus relativo a essa conclusão e começamos por perguntar: "Que razões imediatas são apresentadas no texto para aceitar C?". O que é que

> parece, [conseqüentemente], ser decisivo quanto à impossibilidade de haver uma sociedade cujos membros vivessem todos tranqüilos, felizes [etc.]?

Analisando as frases anteriores, percebemos que:

> Nenhuma igualdade imaginada [...] conseguiria cancelar a pressão

e que:

> o homem [não] conseguirá escapar [...] a essa lei

e que:

> Todos os outros argumentos são de importância menor [...] quando comparados com eles

e fica claro que o argumento básico é:

> Essa desigualdade natural entre os dois poderes, o da população e o da produção da terra, e aquela notável lei de nossa natureza que precisa manter os efeitos deles em equilíbrio constituem a grande dificuldade que me parece insuperável no caminho da perfectibilidade da sociedade.

A questão sobre saber se esse é ou não um argumento convincente será tratada dentro em breve. Mas a linguagem deixa claro que esse *é* o argumento de Malthus e essa é a questão na qual estamos interessados neste momento.

Tentando extrair todo o raciocínio do texto, perguntamos a seguir: "Que razões imediatas são apresentadas por Malthus para que se acredite na 'desigualdade natural entre os dois poderes, o da população e o da produção da terra'?". Se analisarmos o trecho anterior do texto, a linguagem utilizada pelo autor mostrará que as razões apresentadas são as seguintes:

> A população, se não for controlada, cresce em progressão geométrica. Os meios de subsistência crescem apenas em progressão aritmética. (parágrafo (f))

Evidentemente, a "notável lei da natureza" que Malthus tem em mente é a seguinte:

> a lei de nossa natureza que torna os alimentos necessários para a vida do homem (parágrafo (g))

Este é também seu primeiro postulado. Assim, a linha de raciocínio identificada até agora afirma o seguinte:

(1) A população, se não for controlada, cresce em progressão geométrica

e (2) Os meios de subsistência crescem apenas em progressão aritmética

logo

(3) Há uma desigualdade natural entre os dois poderes, o da população e o da produção da terra.

(3) é verdadeira *e*

(4) É uma lei de nossa natureza que os alimentos são necessários para a vida do homem

logo

C A sociedade não é perfectível

e a estrutura da argumentação pode ser diagramada desta maneira:

1 + 2
↓
3 + 4
↓
C

Antes de perguntar que justificativas Malthus apresenta para (1), (2) e (4), percebemos que ele, de forma clara, amplia a inferência de (3) e (4) para C. A linguagem usada por ele após o parágrafo (f) sugere que deveríamos inserir os seguintes passos:

(3) Há uma desigualdade natural entre os dois poderes, o da população e o da produção da terra

e (4) É uma lei de nossa natureza que os alimentos são necessários para a vida do homem

logo

(5) Os efeitos desses dois poderes desiguais precisam ser mantidos em equilíbrio

logo

(6) É preciso haver um enérgico e constante controle operacional a respeito da população a partir das dificuldades de subsistência

logo

(7) Essa dificuldade deverá incidir em algum ponto e deverá necessariamente ser sentida por uma grande parte da humanidade. Suas conseqüências são a miséria necessária e prováveis vícios

logo

C Não é possível haver uma sociedade cujos membros vivessem todos tranqüilos, felizes e em ócio relativo [...].

(Resumidamente, a forma como se elaborou o argumento justifica-se da seguinte maneira. No parágrafo (g), as palavras "Em virtude" estão sendo usadas claramente como um indicador de razão; este uso é comum na matemática, como em "Em virtude do teorema anterior". Agora fica fácil perceber a que se refere a expressão "Isso implica" no parágrafo (h). Parece natural inserir um "logo" entre a primeira e a segunda frases desse parágrafo, e as inferências que levam a (5) e que partem de (5) já estavam resumidas no parágrafo (k), mas são mais fáceis de ser percebidas em sua forma detalhada, conforme consta do parágrafo (g).)

Regressemos ao texto procurando as razões de Malthus a favor das razões básicas que encontramos até agora. Começamos por perguntar: "Que razões imediatas são apresentadas no texto para aceitar que a população, se não for controlada, cresce em progressão geométrica?". A linguagem utilizada no texto pode sugerir que Malthus deriva essa afirmação de seu segundo postulado:

> A paixão entre os sexos é necessária e continuará perdurando em seu estado atual mais ou menos inalterada.

Ora, Malthus defende, no parágrafo (e):

> Pressupondo então como admitidos os meus postulados digo que o poder populacional é infinitamente maior do que o poder existente na Terra de produzir alimentos para o homem.

Esta é uma questão difícil: Malthus não deriva explicitamente essa razão básica do segundo postulado nem fica realmente claro, a partir do contexto, que é isso que pretende. Deixamos essa questão em aberto, por enquanto, com a promessa de regressar a ela na próxima seção.

Analisando a afirmação

> Os meios de subsistência crescem apenas em progressão aritmética

parece não terem sido fornecidas, no trecho analisado, razões capazes de sustentar isso, de forma que precisamos tomá-la como uma razão básica.

Passando para o primeiro postulado,

> Os alimentos são necessários para a existência do homem,

pode-se imaginar que se trata de um dado óbvio demais para carecer de justificação e, já que Malthus o arrola entre os seus "postulados", pode-se imaginar que o escritor adota essa mesma opinião. Por outro lado, pode ter sido fornecida uma razão para essa afirmação no parágrafo (c), mais exatamente no trecho seguinte:

> Essas duas leis, desde que adquirimos algum conhecimento sobre a humanidade, parecem leis imutáveis da natureza e, como não presenciamos até agora nenhuma alteração delas, não temos o direito de concluir que vão deixar de ser o que sabemos que são agora [...].

O raciocínio não é explícito e o contexto não o torna óbvio, de forma que, como aconteceu antes, deixaremos a questão em aberto até a próxima seção. Assim, o argumento extraído do texto de Malthus ficou descrito acima. Sua estrutura apresenta-se da seguinte forma:

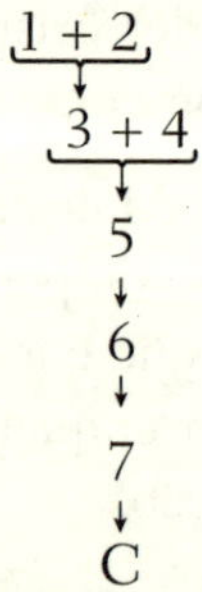

O trecho, após receber as marcações segundo o método descrito no Capítulo 2, em meio ao processo de extração do argumento, ficará mais ou menos assim:

> Ao ingressarmos na argumentação, devo pressupor ter deixado fora de questão, por enquanto, todas as simples conjecturas, ou seja, todas as suposições cuja provável verificação não poderá ser inferida com base em quaisquer fundamentos filosóficos. Um escritor pode dizer-me estar convencido de que o ser humano acabará por transformar-se em um avestruz. Não posso contradizê-lo devidamente. Mas, para ter esperança

de convencer uma pessoa razoável de sua opinião, ele deve mostrar que o pescoço dos seres humanos tem se alongado gradualmente, que seus lábios se tornaram mais duros e mais proeminentes, que seus pés e pernas mudam de formato todos os dias e que o cabelo e os pêlos começam a se transformar em chumaços de penas. E, até que a probabilidade de uma mudança tão fantástica possa ser mostrada, seria uma declarada perda de tempo e saliva discorrer sobre a felicidade do homem em tal estado; descrever seus poderes, tanto ao correr quanto ao voar, apresentá-lo em uma condição na qual todos os luxos mesquinhos seriam desdenhados, na qual ele gastaria seu tempo apenas na coleta do que fosse necessário à sua vida e na qual, conseqüentemente, a porção de trabalho de cada homem seria pequena e sua porção de lazer, vasta.

Acredito estar em condições de apresentar convenientemente dois postulados.

4 Primeiro: {os alimentos são necessários para a existência do homem}.

Segundo: {a paixão entre os sexos é necessária e continuará perdurando em seu estado atual mais ou menos inalterada}.

Essas duas leis, desde que adquirimos algum conhecimento sobre a humanidade, parecem ser leis imutáveis da natureza e, como não presenciamos até agora nenhuma alteração nelas, não temos o direito de concluir que vão deixar de ser o que sabemos que são agora sem um ato de força imediato daquele Ser que elaborou pela primeira vez o sistema do universo e que, para o bem de suas criaturas, ainda executa, segundo leis imutáveis, suas várias ações.

Não conheço escritor algum que tenha suposto que nesta terra o homem acabará sendo capaz de viver sem comida. Mas o senhor Godwin conjecturou que a paixão entre os sexos pode, com o passar dos tempos, extinguir-se. Como, no entanto, ele considera essa parte de seu trabalho um desvio rumo à terra da conjectura, não me ocuparei com isso mais do que o suficiente para dizer que os melhores argumentos sobre a perfectibilidade do homem advêm da observação do grande progresso já realizado por ele desde o estado selvagem e da dificuldade em dizer aonde acabará chegando. Mas, no sentido da extinção da paixão entre os sexos, nenhum progresso realizou-se até agora. Ela parece existir no presente com tanta força quanto há 2.000 ou 3.000 anos. Há exceções individuais agora como as houve sempre. No entanto, como o número dessas exceções não parece aumentar significativamente, seria com certeza uma maneira muito pouco filosófica de argumentar, de inferir meramente da existência de uma exceção que a exceção se tornaria, com o tempo, a regra e a regra, a exceção.

Pressupondo então como admitidos os meus postulados, digo que o poder populacional é infinitamente maior do que o poder existente na Terra de produzir alimentos para o homem.

1 ⟨A população, se não for controlada, cresce em pro-
2 gressão geométrica.⟩ ⟨Os meios de subsistência cres-
cem apenas em progressão aritmética.⟩ Uma pequena
familiaridade com os números mostrará a imensidade
do primeiro poder quando comparado com o segundo.

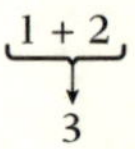

4 Em virtude ⟨dessa lei de nossa natureza que tor-
na os alimentos necessários para a vida do homem⟩,
5 ⟨os efeitos desses dois poderes desiguais precisam ser
mantidos em equilíbrio.⟩
6 Isso implica ⟨um enérgico e constante controle
7 operacional a respeito da população a partir das dificuldades de subsistência.⟩ logo ⟨essa dificuldade deverá incidir em algum ponto e deverá necessariamente ser sentida por uma grande parte da humanidade.⟩

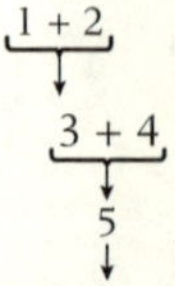

5 ↓ Por meio dos reinos animal e vegetal, a natureza es-
6 ↓ palhou sementes da vida por todos os cantos, da for-
7 ↓ ma mais profusa e liberal. Em termos relativos, porém,
C vem limitando a oferta de espaço e alimentos para cultivá-las. Os germes da existência contidos nesta porção de terra, tendo comida e espaço em abundância para se expandir, preencheriam milhões de mundos ao longo de alguns milhares de anos. A necessidade, essa imperiosa e sempre presente lei da natureza, restringe-os dentro dos limites prescritos. A raça das plantas e a raça dos animais recuam diante dessa grande e restritiva lei. E a raça dos homens não pode, independentemente dos esforços da razão, escapar dela. Entre as plantas e os animais, seus efeitos são a perda de sementes, a doença e a morte prematura. Entre os seres humanos, a miséria e o vício. A primeira, a miséria, é uma conseqüência absolutamente necessária dela. O vício é uma conseqüência altamente provável, e conseqüentemente o encontramos predominando de forma abundante. Mas ele não deveria, talvez, ser considerado uma conseqüência absolutamente necessária. A provação da virtude é resistir a todas as tentações de curvar-se ao mal.

3 ⟨Essa desigualdade natural entre os dois poderes, o
4 da população e o da produção da terra⟩, e ⟨aquela notá-
3 + 4 → C vel lei de nossa natureza⟩ que precisa manter os efeitos deles em equilíbrio constituem a grande dificuldade que me parece insuperável no caminho da perfectibilidade da sociedade. Todos os outros argumentos são de importância menor e subalterna quando comparados com este. Não vejo como o homem conseguirá escapar do peso dessa lei, que permeia toda a natureza animada. Nenhuma igualdade imaginada, nenhuma regulamentação agrícola, por maior que fosse seu alcance, conseguiria cancelar a pressão dela, ainda que por apenas um século. E ela, conseqüentemente,

C parece decisiva quanto à impossibilidade de haver uma sociedade cujos membros vivessem todos tranqüilos, felizes e em ócio relativo, sem sentir nenhuma ansiedade quanto a prover os meios de subsistência para si mesmos e para suas famílias.

Conseqüentemente, se as premissas estiverem corretas, o argumento é conclusivo no sentido de rejeitar a perfectibilidade da humanidade como um todo.

Com isso, tracei o esboço geral do argumento, mas o examinarei com mais vagar e acredito que acabará por ficar demonstrado que a experiência, a verdadeira fonte e fundamento de todo o conhecimento, confirma inapelavelmente a verdade dele.

III "Testes para um bom argumento" aplicados a Malthus

Agora que esclarecemos ao máximo o argumento de Malthus, podemos nos perguntar se estabelece a sua conclusão. Para fazê-lo, as premissas terão de ser *verdadeiras* e a conclusão terá de *seguir-se* delas. Já que nosso interesse maior, neste livro, concentra-se no método de análise e não no teor dos argumentos, não faremos, via de regra, juízos de valor a respeito da falsidade ou verdade das premissas e da conclusão de um argumento. No entanto, a fim de utilizar o teste com a pergunta "Poderiam as premissas ser verdadeiras e a conclusão, falsa, ajuizando pelos padrões adequados etc.?", temos de compreender os termos do argumento, i.e., ter ao menos alguma idéia sobre o que *mostraria* a sua veracidade ou falsidade (já que usamos a Pergunta de Asseribilidade para decidir os padrões "adequados").

No caso do argumento de Malthus, nós nos ocuparemos durante algum tempo do significado de suas três premissas. Faremos isso em parte porque duas são quase técnicas e requerem explicações, mas principalmente porque isso nos fornecerá o primeiro exemplo prático sobre como funciona o princípio * (p. 34) e a Pergunta de Asseribilidade. Analisemos primeiro o exemplo mais fácil:

> Os meios de subsistência crescem apenas em progressão aritmética.

"Os meios de subsistência" referem-se ao que é necessário para fornecer as condições mínimas de vida do homem – comida, calor, roupa, moradia –, sendo o mais importante deles a alimentação. Afirmar que esses meios crescem segundo uma progressão aritmética significa afirmar que, partindo de um determinado montante inicial (digamos zero), uma quantidade constante é *adicionada* em cada período sucessivo. Por exemplo: suponha que o primeiro ano de cultivo de um pedaço de terra produz dez sacas de milho e, no segundo período 11 sacas, no terceiro 12, e assim por diante, de forma que a produção de cada ano é igual à produção do ano anterior *mais um saco*: nesse caso, o pedaço de terra em questão estaria aumentando sua produção anual de milho em "progressão aritmética". Um gráfico com tal "progressão aritmética" é uma linha reta como a do diagrama abaixo – o gráfico do nosso exemplo.

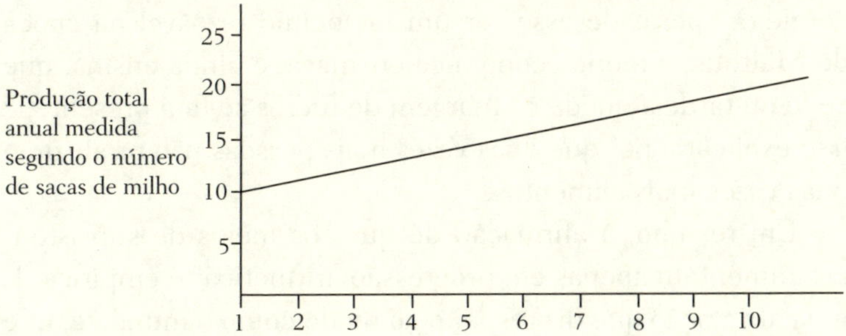

A inclinação da reta reflete a dimensão do aumento anual.

Fica evidente então que, a fim de decidir sobre se "os meios de subsistência aumentam apenas em progressão aritmética", será preciso analisar os registros históricos e verificar como a produção de alimentos etc. aumentou ao longo do tempo – levando em conta a abertura de novas terras ao cultivo, a adoção de novas técnicas de produção, o aproveitamento de novos recursos, e assim por diante. Será necessário prestar atenção especial aos períodos nos quais a produção aumentou de forma bastante acentuada, já que esses períodos colocam em dúvida a premissa. Não se deveria apenas analisar os registros históricos e a tendência revelada por eles, mas também "encaixar" isso em nosso padrão geral de crenças, mostrando que implicam e são implicados por outros elementos que conhecemos e em que acreditamos, i.e., dever-se-ia tentar explicá-los e mostrar como eles explicam outras coisas. Pode ser difícil consultar os registros históricos, mas eles poderiam dar suporte às afirmativas de Malthus. Poderiam, por outro lado, refutá-las; poderiam, por exemplo, mostrar que a produção aumenta de acordo com a população mesmo quando a população aumenta em progressão geométrica. Pode-se até imaginar um motivo para explicar esse cenário: cada nova pessoa representa um novo par de mãos que pode, no momento adequado, ser colocado para trabalhar na produção de mais alimentos. Então por que o dobro de pessoas não deveria produzir o dobro de comida? Apesar de esse ser um raciocínio razoável na época de Malthus, a teoria econômica ensinava, e ainda ensina, que cedo ou tarde a queda na margem de lucros se fará presente, e isso explicaria por que duas vezes mais pessoas não produzirão duas vezes mais alimentos.

Em resumo, a afirmação de que "os meios de subsistência aumentam apenas em progressão aritmética" é empírica. É uma afirmação que diz respeito ao modo como o mundo é, que precisa ser confirmada por indícios históricos e encaixar-se – precisa estar inserida confortavelmente em nosso sistema de conhecimento – antes que possamos assegurar sabermos que é verdadeira. Mas se essas duas condições *forem* satisfeitas podemos supor legitimamente que é verdadeira.

Vejamos agora a premissa:

> A população, quando fora de controle, cresce em progressão geométrica.

Dizer que a população "cresce em progressão geométrica" é dizer que, a partir de uma determinada população inicial, essa população é *multiplicada* por um fator constante a cada período sucessivo. Por exemplo, uma população pode *duplicar* a cada 25 anos, o que significa dizer que uma população de 100 pessoas crescerá em períodos sucessivos de 25 anos da seguinte maneira: 200, 400, 800, 1.600 etc. O gráfico abaixo representa esse crescimento:

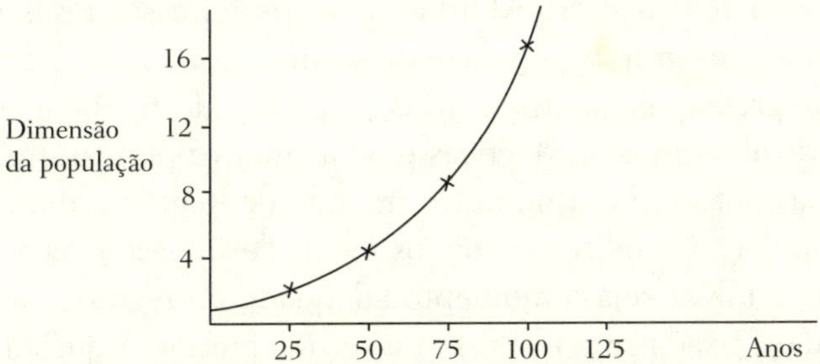

Essa premissa afirma que a população, "quando *fora de controle*", cresce em progressão geométrica, mas o que significa "*fora de controle*"? Evidentemente, a morte por falta de alimentos é uma forma de controle que Malthus tem em mente. Presumivelmente, o autor também se refere aos inimigos de vários tipos, entre os quais as doenças e as guerras, no caso dos seres humanos. Os seres humanos ainda impõem outros tipos de controle sobre o crescimento populacional, desde tabus religiosos até a contracepção, o aborto e o infanticídio.

A premissa de Malthus pretende, claramente, ser uma proposição a respeito das tendências populacionais no mundo real – conforme foram até então e conforme continuarão a ser. Dados sobre o crescimento populacional de plantas e animais poderiam ser importantes, mas, obviamente, os seres humanos poderiam divergir bastante desses padrões, de forma que a fim de verificar com segurança se a população, quando fora de controle, aumenta ou não em progressão geométrica será preciso verificar os registros históricos – de novo. No entanto, não podemos simplesmente avaliar os números sobre as populações porque isso mostraria como as populações vêm crescendo *quando submetidas a controles* de vários tipos. As alternativas seriam procurar grupos populacionais que cresceram sem controle – sem limitações de terra fértil, sem inimigos, sem doenças etc. – a fim de verificar se cresceram em progressão geométrica ou, já que tais sociedades seriam provavelmente casos excepcionais, analisaríamos sociedades que têm vários mecanismos de controle em vigor, mas verificaríamos as suas *taxas de natalidade*. Se Malthus tiver razão, essas taxas mostrarão que os grupos populacionais humanos *tendem* a crescer em progressão geométrica. Mas será verdade também que a falta de alimentos, as doenças e ou as mortes prematuras provocadas por um fator ou outro tratarão de manter a dimensão da população condizente com os meios de subsistência.

Este talvez seja o momento adequado de regressar a uma questão deixada sem resposta na seção anterior. A questão sobre se Malthus, em seu segundo postulado, fornece uma razão adicional para que aceitemos essa premissa:

> A paixão entre os sexos é necessária e continuará perdurando em seu estado atual mais ou menos inalterada.

Apesar de o texto poder sugerir que o autor vê nesse postulado uma razão para que acreditemos no crescimento populacional em progressão geométrica, a linguagem usada não é explícita e o contexto não deixa realmente clara a questão, de forma que precisamos perguntar se essa é ou não uma *boa* razão. É difícil responder à pergunta porque não sabemos exatamente o que Malthus quer dizer com "paixão entre os sexos". Presumivelmente, o melhor a fazer é atribuir ao autor a intenção de afirmar que há e sempre houve um nível consideravelmente constante de atividade sexual entre os seres humanos.

Mas que tipo de prova poderia Malthus oferecer a esse respeito com exceção das taxas de natalidade? Taxas essas que são os dados necessários para que o autor possa fundamentar (independentemente de qualquer pressuposição sobre o nível de atividade sexual) a pressuposição de que a população, quando fora de controle, cresce em progressão geométrica. Em vista da dificuldade encontrada para interpretar esse segundo postulado como uma razão adicional para a sua crença no crescimento populacional em progressão geométrica, omitimos esse postulado de nossa análise.

Como enfrentar uma verdade óbvia

Analisemos finalmente o primeiro postulado de Malthus:

> Os alimentos são necessários para a existência do homem.

O leitor pode perguntar-se por que demoramos tanto para chegar a essa asserção, já que se trata de uma asserção de fácil compreensão e que é, evidentemente, verdadeira. Mas é devido a esses mesmos motivos, os quais levantam algumas dúvidas sobre o método empregado aqui, que aproveitamos essa oportunidade para encarar essas dúvidas.

"Se alguém compreende o primeiro postulado de Malthus, então terá de ser capaz de oferecer ao menos algum tipo de explicação a respeito de como decidiu sobre a sua verdade ou falsidade" (o princípio *, p. 34). Mas os indícios capazes de corroborá-lo mostram-se de tal forma evidentes – trata-se de uma verdade tão óbvia – que fica difícil imaginar algum elemento capaz de mostrar sua falsidade. É claro que é fácil dizer o que mostra que é verdadeiro:

(i) todos sabem que os seres humanos precisam de comida e
(ii) procuramos exceções para essa regra e nada encontramos e
(iii) conhecemos muita coisa sobre o corpo humano e o que conhecemos implica o postulado de Malthus ou é im-

> plicado por ele, i.e., esse postulado coaduna-se a muitas de nossas crenças.

Essas asserções não apenas mostram que o postulado é verdadeiro, mas também *mostrariam* a sua verdade caso não soubéssemos disso (ou seja, é isso o que ele significa; é esse o tipo de afirmação). Exatamente por sabermos que as condições (i), (ii) e (iii) foram satisfeitas é que sabemos que o postulado de Malthus é verdadeiro, e é exatamente por sabermos que esse postulado é verdadeiro que temos dificuldade em descobrir algo capaz de mostrar que é *falso*. Mas o princípio filosófico subjacente a esse trabalho (p. 34) não exige que digamos o que, *dado que sabemos (i), (ii) e (iii)*, conseguiria provar, apesar disso, que a afirmação de Malthus é falsa (já que nada conseguiria fazê-lo); o que o princípio exige que façamos, *pressupondo que não sabemos se a afirmação é verdadeira ou falsa*, é descobrir o que mostraria sua verdade ou falsidade. Se as condições (i), (ii) e (iii) não fossem satisfeitas, não seria possível acreditarmos nesse postulado; se houvesse seres humanos capazes de continuar vivos sem comida ou se conhecêssemos outros fatores capazes de comprovar que os alimentos não são necessários, então o postulado seria falso.

Resumindo, o primeiro postulado de Malthus poderia ser falso, podemos identificar o que conseguiria mostrar a sua falsidade, mas, em vista do que conhecemos do mundo, não pode ser falso; dizendo isso de outra forma: a verdade dos itens (i), (ii) e (iii) é suficiente para justificar a aceitação do postulado de Malthus. Sem levar em conta suas observações sobre Deus, Malthus afirma no parágrafo (c) algo semelhante ao que se exige:

> Essas duas leis, desde que adquirimos algum conhecimento sobre a humanidade, parecem ser leis imutáveis da natureza e, como não presenciamos até agora nenhuma alteração nelas, não temos o direito de concluir que vão deixar de ser o que sabemos que são

e, pelo Princípio da Asseribilidade, poderíamos interpretar esse comentário como a razão do autor para o seu primeiro postulado – no entanto, isso é dispensável, já que se trata de algo tão obviamente verdadeiro.

De volta à solidez do argumento

Apesar de uma das premissas ser obviamente verdadeira, o que dizer sobre as outras duas? A respeito da população, apesar de os seres humanos terem um "poder populacional" muito maior do que imaginam (no sentido de que *poderiam* ter um número muito maior de filhos do que têm), não se pode afirmar com certeza que esse dado seja importante. O que interessa a respeito do argumento de Malthus é o que os seres humanos *fazem*. O texto parece sugerir que, segundo Malthus, a lógica das progressões geométrica e aritmética leva obrigatoriamente à sua conclusão (ver parágrafo (f)) e, considerando-se que o fator pelo qual a população tende a se multiplicar é maior do que 1, o autor acaba tendo razão. Mas observemos que, se cada ser humano casar-se apenas uma vez e se cada casal tiver apenas dois filhos, o tamanho da população continuará sendo o mesmo e o fator pelo qual se "*multiplicará*" ao longo de sucessivos períodos será 1. Já que vários subgrupos da população mundial mostram-se quase estáveis quanto a seu tamanho, é possível que mais subgrupos e talvez até mesmo todos acabem nessa situação – um dia. Muitos grupos populacionais dos dias de hoje impõem-se mecanismos de controle, incluindo os tabus religiosos, o aborto, o infanticídio e – nos tempos modernos – os eficientes métodos de contracepção. Não se sabe bem se esses seriam considerados de controle para Malthus. Se *não* fossem considerados, então sua primeira premissa, a de que

> A população, quando fora de controle, cresce em progressão geométrica

é falsa com respeito a muitas populações e poderia ser falsa com respeito a todas. Se *fossem* considerados mecanismos de controle, poderia ser verdade que as populações, *quando fora de controle*, crescem em progressão geométrica. Mas isso não teria importância. E o restante do argumento de Malthus não ganharia mais peso se, de fato, grupos populacionais reais controlassem seu número em níveis nos quais pudessem suprir suas necessidades.

A respeito de sua outra afirmação básica, a de que

> Os meios de subsistência crescem apenas em progressão aritmética

Malthus pode ser duramente criticado, e realmente o foi. Para ser sucinto, seus críticos afirmam que a ciência e a tecnologia permitem à produção expandir-se em grande velocidade. Marx e Engels referiram-se a esse fato em vários de seus ataques às opiniões de Malthus. Em *Esboços para uma Crítica da Economia Política*, escrito em 1844, Engels pergunta:

> Está provado que a produtividade da terra aumenta em progressão aritmética? A extensão das terras é limitada – essa é claramente uma verdade. Mas a força de trabalho a ser empregada em uma área aumenta com a população; e, mesmo pressupondo que o aumento de produção devido a esse aumento nem sempre se eleva na proporção do trabalho, há ainda um terceiro elemento a ser considerado – um elemento, no entanto, que os economistas nunca consideram importante –, qual seja, a ciência, o progresso que é igualmente ininterrupto e ao menos tão rápido quanto o das populações. Que progresso a agricultura deste século não deve apenas à química [...]? E a ciência avança ao menos tão rapidamente quanto as populações. Estas aumentam proporcionalmente em relação ao tamanho da geração anterior. A ciência avança proporcionalmente em relação ao conhecimento legado a ela pelas gera-

ções anteriores, e esse, mesmo sob as condições mais desfavoráveis, também cresce em progressão geométrica – e o que é impossível para a ciência?

Se passarmos agora das considerações a respeito da verdade das premissas básicas de Malthus para a análise das inferências que ele faz a partir delas, descobrimos que já tem os bons motivos para rejeitar algumas.

(1) A população, quando fora de controle, aumenta em progressão geométrica

e (2) Os meios de subsistência aumentam apenas em progressão aritmética.

logo

(3) Há uma desigualdade natural entre esses dois poderes, o da população e o da produção da terra.

Evidentemente, *poderia* ser verdade que os grupos populacionais, *quando fora de controle*, aumentam em progressão geométrica, apesar de os grupos populacionais reais imporem mecanismos de controle a si próprios, entre os quais os tabus religiosos, o aborto, o infanticídio e, nos tempos modernos, os métodos eficientes de contracepção – esses mecanismos mantêm o crescimento das populações dentro da taxa de crescimento dos meios de subsistência. Nesse caso, as premissas (1) e (2) de Malthus poderiam ser verdadeiras, apesar de sua conclusão (3) ser falsa. (Tomamos o significado de "poderes da população" não como o número teórico de crianças que uma mulher poderia, em termos biológicos, dar à luz, mas como a forma pela qual os grupos populacionais reais tendem a crescer – conforme revelado por suas taxas de natalidade –, já que é isso, claramente, o que importa para a argumentação de Malthus.) Neste ponto, há um problema sobre onde localizar o erro de Malthus: se a contracepção (por exemplo) for considerada um mecanismo de controle, então as duas premissas de Malthus poderiam ser verdadeiras, mas, nesse caso, a conclusão (3) não poderia ser deduzida porque, conforme acabamos de observar, as pessoas podem submeter a si mesmas a vários tipos de controle, e isso devido a uma gama diversificada de motivos que não têm relação com a "dificuldade de subsistência". Por outro lado, se a contracepção não for considerada um mecanismo de controle, sabemos hoje que a premissa (1) de Malthus é falsa relativamente a muitos grupos populacionais do mundo.

Malthus faz uma inferência adicional a favor do seguinte:

(6) Tem de haver um controle operacional enérgico e constante da população a partir das dificuldades de subsistência.

Se admitirmos que a população cresce em progressão geométrica e os meios de subsistência em progressão aritmética, isso nos permite *deduzir* que o crescimento populacional *acabará por* ser reprimido devido a um suprimento insuficiente de alimentos (etc.) caso nenhum outro mecanismo de controle intervenha antes. Mas isso *não* nos permite deduzir que esse mecanismo de controle está atuando *neste momento*, ou de *forma constante*, ou mesmo que deverá, *no fim*, exercer algum efeito – e isso porque qualquer outro mecanismo de controle pode intervir antes. Se colocarmos isso em um gráfico, teríamos algo parecido com isto:

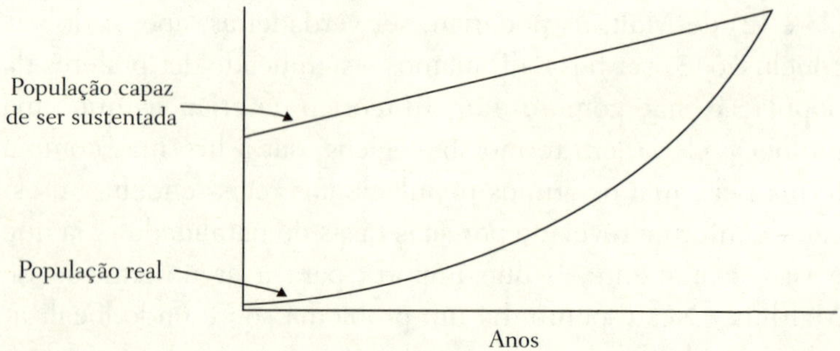

Neste gráfico, representa-se o fato de o planeta Terra, durante algum tempo e antes de surgirem as pressões descritas por

Malthus como *constantes*, poder sustentar uma população muito maior do que a existente na realidade.

Nas palavras de Engels:

> Malthus [...] assevera que a população exerce uma pressão constante sobre os meios de subsistência; que, à medida que a produção aumenta, a população aumenta na mesma proporção; e que a tendência inerente da população de multiplicar-se além dos meios de subsistência disponíveis é a causa de toda a pobreza e de todos os vícios. Porque, se há um número excessivo de pessoas, será preciso, de uma forma ou de outra, eliminá-las; elas precisam morrer, seja por meio da violência ou da fome. Quando isso aconteceu, no entanto, uma brecha surgiu novamente, mas essa viu-se de imediato preenchida por outros multiplicadores de população, de forma que a antiga pobreza instala-se mais uma vez. Além disso, esse seria o cenário sob todas as condições. [...] Os selvagens da Nova Holanda, cuja densidade populacional é de *um* em cada milha quadrada [2,6 quilômetros quadrados], sofrem tanto com os problemas de superpopulação quanto os moradores da Inglaterra. Resumindo, se quisermos ser lógicos, será preciso reconhecer *que a Terra já estava superpovoada quando existia apenas um homem*.

Essa *reductio ad absurdum* é certamente uma refutação suficiente para a afirmação de Malthus, caso fosse necessário acrescentar algo ao que ficou dito.

Em resumo, a argumentação de Malthus parece bastante questionável em vários de seus pontos, suas premissas estão longe de ser seguras e algumas das inferências feitas a partir delas são simplesmente falaciosas. O fascinante é perguntar por que um argumento tão fraco convenceu tantas pessoas, por que contou com uma importância histórica tão grande e por que ainda há tantas pessoas que acreditam nele. Que fique a cargo de Engels oferecer a palavra final, e provocadora, a respeito deste assunto:

> A conseqüência dessa teoria é que, já que os pobres constituem o excesso populacional, nada deveria ser feito para ajudá-los, exceto tornar o mais fácil possível que morram de fome; [e] convencê-los de que essa situação não pode ser mudada.

E é verdade, realmente, que Malthus criticou a ajuda oferecida aos pobres recorrendo às justificativas expostas acima. Em resumo, os argumentos de Malthus sempre foram bem recebidos na luta dos ricos contra os pobres! Até hoje, são usados para explicar por que nada pode ou nada deveria ser feito para ajudar os que morrem de fome no Terceiro Mundo. Por vezes, as conclusões de Malthus são chamadas de Teorema Fúnebre. O economista Kenneth Boulding ampliou a lógica dos argumentos de Malthus para um corolário batizado de "Teorema Totalmente Fúnebre" (conforme o posfácio do livro *População: O Primeiro Ensaio*, de Malthus). Segundo Boulding:

> Já que o equilíbrio entre os recursos e a população só pode ser mantido por meio da miséria e/ou do vício e já que a população tende a ampliar-se até o limite dos meios de subsistência disponíveis, então quaisquer melhorias responsáveis por aumentar a produção de alimentos acabarão por ampliar o tamanho da população vivendo em equilíbrio, aumentando assim, presumivelmente, o somatório de miséria e vícios humanos.

Antes de mudar de assunto, não podemos deixar de observar que Malthus sempre se opôs veementemente aos métodos contraceptivos. Quem conseguirá entender a lógica humana?

4
Raciocinando sobre a dissuasão nuclear

A divisão do átomo mudou tudo, menos nossa maneira de pensar, de forma que deixamo-nos levar para uma catástrofe sem paralelo.
ALBERT EINSTEIN

Os argumentos que analisaremos neste capítulo tratam da dissuasão nuclear. Neste assunto, o raciocínio desempenha um papel muitíssimo importante. Decidir a melhor política não se resume a uma mera questão de descobrir *fatos* sobre os sistemas bélicos com que contam os dois lados porque, em um regime de dissuasão, é difícil determinar as implicações desses fatos para as intenções de cada parte, nem se resume a uma simples decisão sobre *defender-se*, já que a diferença entre os atos de agressão e de defesa confunde-se em um regime de dissuasão. É inegável a importância desta discussão. Sendo assim, como resolvê-la?

Este capítulo tenta contribuir para o debate, mas não diretamente, e sim explicando o *método de análise de argumentos* ao aplicá-lo a dois tipos de texto extraídos da ampla gama de material sobre esse assunto. Os textos escolhidos são bastante típicos: há, com certeza, várias outros textos com argumentos semelhantes e, sem dúvida, muitos deles teriam servido a nosso propósito de forma igualmente adequada; no entanto, nosso interesse principal não estará voltado para esses textos em particular (típicos ou não), mas para o *método* usado na sua análise. Teremos obtido sucesso se o leitor compreender o método de análise explicado por meio desses exemplos e se for capaz, depois, de utilizá-lo com outros textos argumentativos.

Comecemos com uma carta enviada em agosto de 1982 pelo senhor Caspar Weinberger, secretário da Defesa dos EUA, a diretores de jornais de países-membros da Otan e publicada em vários veículos de comunicação da Europa. Trata-se de um documento importante da história desse debate e de um poderoso texto argumentativo.

O governo norte-americano parecia estar cada vez mais preocupado com a ampliação de movimentos pacifistas na Europa contrários às propostas de estacionar mísseis Cruise e Pershing naquele continente. Isso levou o senhor Weinberger a escrever sua carta. Ela não apenas *expõe* a política do governo norte-americano nem simplesmente *ameaça* o governo russo (apesar de, em vista do que costumam ser as declarações oficiais, a carta fazer, em parte, essas duas coisas), mas também *argumenta* a respeito da questão, e é nisso que nos interessamos, por sua linha de raciocínio.

O leitor que dominou o método esboçado no Capítulo 2 deve agora aplicá-lo à cópia da carta de Weinberger apresentada abaixo e que não tem nenhum tipo de marcação. E deve tentar responder às perguntas feitas logo a seguir. Aconselha-se que os leitores, então, comparem suas respostas com aquelas constantes das pp. 77 e seguintes.

I Weinberger defende a política dos EUA para a guerra nuclear

Leia abaixo a carta enviada pelo senhor Weinberger, secretário da Defesa dos EUA, aos diretores de jornais de países-membros da Otan.

(a) Estou cada vez mais preocupado com as reportagens que retratam este governo planejando uma guerra nuclear de longa duração ou procurando adquirir capacidade de combate para uma guerra nuclear. Essas reportagens são totalmente incorretas e deturpam as políticas do governo [dos EUA] aos olhos da opinião pública dos EUA e aos olhos de nossos aliados e adversários no exterior.

(b) O primeiro e mais importante objetivo deste governo consiste em adotar todas as medidas necessárias para garantir que as armas nucleares nunca sejam usadas novamente, pois não acreditamos na possibilidade de haver "vencedores" em uma guerra nuclear. Toda a nossa estratégia tem por meta impedir todos os tipos de guerra, mas especialmente impedir a guerra nuclear. A fim de atingir esse objetivo, nossas forças precisam ser capazes de responder, de uma forma proporcional e prudente, à ameaça representada pela União Soviética. Isso exige o aprimoramento de nossas forças estratégicas, conforme proposto pelo presidente. Mas não significa que concordamos com o conceito de uma guerra nuclear de longa duração nem com o de uma capacidade de combate nuclear. Parece que a União Soviética está preparando suas forças para um conflito "de longa duração" (a doutrina de Zatyazhnaya Voyna).

(c) A política de dissuasão é difícil de ser compreendida porque se baseia em um paradoxo. Mas mostra-se bastante simples: pretende tornar o custo de uma guerra nuclear muito maior do que qualquer possível "benefício" para o país que a inicie. Se os soviéticos souberem com antecipação que um ataque nuclear contra os EUA pode provocar e provocará uma imediata retaliação nuclear, nunca atacariam em primeiro lugar. Seriam "dissuadidos" de começar uma guerra nuclear.

(d) Nada há de novo a respeito de nossa política. Desde o início da era das armas nucleares, os EUA procuraram evitar uma guerra nuclear com uma política de dissuasão. Essa política viu-se aprovada, por meio de processos políticos das nações democráticas que protege, ao menos desde 1950. Mais importante do que isso, funciona. Funcionou diante das tensões internacionais envolvendo as grandes potências e funcionou diante da guerra em si.

(e) Mas, a fim de que a dissuasão continue a ser bem-sucedida no futuro, precisamos adotar medidas para compensar os avanços bélicos da União Soviética. Se não modernizarmos agora nosso arsenal, como os soviéticos vêm fazendo há mais de duas décadas, dentro de poucos anos não teremos nenhuma capacidade de retaliação. A União Soviética então estaria em condições de nos ameaçar ou de, de verdade, nos atacar sabendo que estaríamos incapacitados de responder. Vimos na Polônia, no Afeganistão, no Leste Europeu e em outros lugares que a União Soviética não hesita quando se trata de aproveitar-se de um adversário mais fraco. Não podemos permitir que a União Soviética acredite poder dar início a uma guerra nuclear contra nós e vencer essa guerra.

(f) Não se trata aqui de uma especulação inútil. A União Soviética, apesar de suas dificuldades econômicas, engajou-se em uma frenética corrida armamentista. E continua a montar, em número cada vez maior, armas nucleares além do necessário para qualquer propósito de dissuasão. Ela possui agora mais de 5.000 ogivas nucleares colocadas em mísseis balísticos intercontinentais – esse número era de 2.000 há cinco anos. Ela modificou o projeto dessas armas e de seus lançadores de forma que muitos de seus mísseis baseados em terra mostram-se hoje mais precisos, mais resistentes e mais poderosos do que os nossos.

(g) Os soviéticos também desenvolveram uma capacidade de rearmamento, o que lhes permitirá recarregar seus sistemas de disparo várias vezes. Têm elaborados planos de defesa civil e de defesa aérea para o caso de qualquer retaliação que possamos vir a tentar. E, finalmente, seus textos e sua doutrina militar dão ênfase a um cenário no qual se travaria uma guerra nuclear. Independentemente daquilo que alegam ser suas intenções, subsiste o fato de que estão projetando suas armas de forma a, e em número suficiente para, sugerir-nos que acreditam poder iniciar, e vencer, uma guerra nuclear.

(h) Diante de todas essas constatações, é minha responsabilidade e meu dever como secretário da Defesa realizar todos os esforços necessários para modernizar nossas forças nucleares de forma que os EUA preservem a capacidade de dissuadir a União Soviética de um dia iniciar uma guerra nuclear.

(j) É esse, precisamente, o motivo pelo qual precisamos ter condições de oferecer uma resposta duradoura e que permita a sobrevivência – temos de demonstrar que nossas forças *poderiam* sobreviver aos ataques soviéticos durante um largo período de tempo. Com isso, acreditamos, poderíamos impedir um ataque. De outra forma, estaríamos induzindo-os a usar suas armas nucleares ou a nos chantagear. Em resumo, não podemos nos dar ao luxo de colocar-nos em uma posição na qual o nível de resistência de nossa força de dissuasão obrigaria o presidente a escolher entre usar nossas forças estratégicas antes que fossem destruídas render-se.

(k) Os que resistem a uma política capaz de ampliar nossa força de dissuasão nos obrigariam, então, a adotar uma postura mais perigosa e mais instável. Forças que precisem ser usadas no primeiro instante de um eventual ataque inimigo não podem ser utilizadas como instrumentos de uma estratégia prudente. Uma postura que encoraje os soviéticos a correr riscos com seu arsenal nuclear não pode servir de base para uma estratégia eficiente de dissuasão. Todo o nosso programa estratégico, incluindo o desenvolvimento de uma capacidade de resposta, desenvolvimento esse que vem sendo caluniado nos meios de comunicação recentemente, foi realizado com a intenção expressa de garantir que nunca venha a ser travada uma guerra nuclear.

(m) Sei que essa doutrina de dissuasão representa um paradoxo difícil de compreender. Trata-se de uma forma desconfortável de preservar a paz. Compreendemos a dissuasão e aceitamos o fato de precisarmos nos esforçar mais a fim de preservar a paz. Alimento a mais viva esperança de que todos consigam entender e aceitar isso a fim de que possamos evitar esse tipo de postura sensacionalista adotada todas as vezes que se menciona a palavra "nuclear", algo que serve apenas para distorcer nossa política e assustar as pessoas no mundo todo. Nossa política é pacífica, e acreditamos sinceramente que o melhor e mais seguro caminho rumo à paz passa por garantir e manter uma estratégia eficiente e confiável de dissuasão.

(n) O objetivo da política norte-americana continua a ser evitar qualquer agressão por meio de uma política eficiente de dissuasão, o mesmo objetivo que levou à formação da Aliança do Atlântico Norte, uma aliança tão vital hoje quanto no dia em que foi criada.

Perguntas

(1) Quais as principais conclusões de Weinberger nesse texto?
(2) Esboce o argumento básico para cada uma delas.
(3) Há alguma falha grave em seus argumentos?
(4) O que poderia mostrar a *verdade* do seguinte:
   (i) "Independentemente do que alegam a respeito de suas intenções, continua inalterado o fato de que os norte-americanos estão projetando suas armas de forma e número tais para indicar à União Soviética que

acreditam ser capazes de iniciar e vencer uma guerra nuclear."

(ii) "Os EUA não hesitam em tirar vantagem de um adversário mais fraco."

(iii) "A URSS deseja a paz."

(5) Weinberger entra em contradição alguma vez?

II Extraindo os argumentos do texto de Weinberger

A fim de extrair a argumentação do texto de Weinberger, seguiremos novamente os passos descritos no Capítulo 2. Primeiro, fazemos um círculo ao redor de todos os indicadores explícitos de argumento. Esses parecem ser "pois" (b), "porque" (c), "finalmente" (g), " É esse precisamente o motivo" (j) e "então" (k). A palavra "desde" (d) não é um indicador de argumento, já que possui uma conotação meramente temporal. "Com isso" (j) parece significar "dessa forma" e não é, portanto, um indicador de conclusão.

A seguir, colocamos entre chaves quaisquer razões indicadas claramente e sublinhamos as conclusões claramente indicadas usando os indicadores de inferência para nos ajudar. As conclusões óbvias são:

(j) Precisamos ter condições de oferecer uma resposta duradoura e que permita a sobrevivência

e (k) Os que resistem a uma política capaz de ampliar nossa força de dissuasão nos obrigariam, então, a adotar uma postura mais perigosa e mais instável.

Não está claro se o "porque" em (c) assinala uma conclusão ou uma explicação (ver p. 27). Caso tenhamos de decidir, faremos isso mais tarde.

Apesar de não haver indicador explícito de conclusão, o contexto sugere de forma clara que os parágrafos (f) e (g) fornecem uma conjunção de razões a favor da conclusão:

(g) Independentemente daquilo que alegam ser suas intenções, subsiste o fato de que estão projetando suas armas de forma a, e em número suficiente para, sugerir-nos que acreditam poder iniciar, e vencer, uma guerra nuclear.

O leitor pode acreditar que há outras conclusões (e realmente as há), mas é necessário ter cuidado para não confundir as conclusões com outras asserções que *não são defendidas*. Por exemplo: "Nossa política é pacífica", no parágrafo (m), não é uma conclusão, apesar de as pessoas freqüentemente a interpretarem dessa forma. Mais tarde, regressaremos a isso rapidamente.

O próximo passo é identificar a conclusão principal e destacá-la. Nós acreditamos que essa conclusão seja a seguinte:

C precisamos ter condições de oferecer uma resposta duradoura e que permita a sobrevivência.

Se tentarmos agora montar o raciocínio seguido por Weinberger até chegar a essa conclusão, perceberemos que essa tarefa revela-se surpreendentemente difícil. Começamos por perguntar: "Que razões imediatas são apresentadas no texto para que aceitemos a conclusão C?". Mas para que razões aponta a expressão "É esse precisamente o motivo"? Parte da resposta terá de ser, com certeza, a frase anterior, mas não podemos afirmar com segurança se algo mais estava na mira do escritor.

Pode parecer natural ler o parágrafo que leva à conclusão como uma "cadeia de razões", conforme abaixo:

> [Por esses motivos], precisamos realizar todos os esforços necessários para modernizar nossas forças nucleares de forma que os EUA preservem a capacidade de dissuadir a União Soviética de um dia iniciar uma guerra nuclear. [Logo], precisamos adotar as medidas necessárias para nos equiparar à imensamente melhorada capacidade nuclear da União Soviética. [Logo], precisamos ter condições de oferecer uma resposta duradoura e que permita a sobrevivência.

No entanto, há várias razões para não nos precipitarmos em atribuir essa linha de raciocínio a Weinberger. Primeiramente, o secretário da Defesa não indica de forma explícita suas intenções utilizando os indicadores de inferência apropriados. Em segundo lugar, apesar de sugerir algo do tipo, o contexto não mostra claramente que a intenção de Weinberger seja essa. Em terceiro, da forma como foi apresentado, esse é um mau argumento: (i) não se pode deduzir da necessidade de os EUA "modernizarem" suas forças nucleares que o país precisa "equipará-las" à capacidade nuclear da União Soviética – uma força perto da equiparável ou forças diferentes estacionadas de forma diferente poderiam ser suficientes para exercer o efeito de dissuasão – e (ii) a inferência de que "precisamos ter condições de oferecer uma resposta duradoura e que permita a sobrevivência", inferência essa feita a partir de "precisamos nos equiparar a eles", pressupõe que a União Soviética possui uma capacidade desse tipo, mas isso precisaria ser dito claramente ou acrescentado à argumentação na forma de uma premissa a fim de tornar convincente a argumentação.

Seria *possível* responder a essas observações vasculhando o texto de Weinberger a fim de verificar se o autor fornece os elementos necessários para complementar essa linha de raciocínio. Como alternativa, seria possível usar a Pergunta de Asseribilidade desde o princípio (ou seja, sem o jogo natural de "adivinhação" feito acima). Passamos agora a demonstrar de forma mais sistemática esse método.

Como já afirmamos, o indicador de inferência "É esse precisamente o motivo" aponta necessariamente para a frase anterior:

(1) Precisamos adotar as medidas necessárias para nos equiparar à imensamente melhorada capacidade nuclear da União Soviética.

Assim, fazemos a Pergunta de Asseribilidade na seguinte forma: "O que será preciso acrescentar a (1) para justificar C?". Como já vimos, a resposta mais óbvia é:

(2) A União Soviética possui a capacidade de oferecer uma resposta duradoura e que permite a sobrevivência.

Weinberger não inclui essa asserção em seu texto, mas evidentemente acredita nela. O secretário da Defesa diz:

(b) Parece que a União Soviética está preparando suas forças para um conflito "de longa duração"

e oferece uma série de razões para acreditarmos nisso. Essas razões estão nos parágrafos (f) e (g):

(3) [Os soviéticos] continuam a montar em número cada vez maior armas nucleares para além do necessário para qualquer propósito de dissuasão.
(4) Muitos de seus mísseis baseados em terra mostram-se hoje mais precisos, mais resistentes e mais poderosos do que os nossos
(5) Eles desenvolveram a capacidade de rearmamento
(6) Eles possuem elaborados planos de defesa civil [...] no caso de qualquer retaliação [...]
(7) Seus textos e sua doutrina militar dão ênfase a um cenário no qual se travaria uma guerra nuclear.

Fazendo a Pergunta de Asseribilidade "O que mostraria que a União Soviética possui uma capacidade de resposta duradoura e que permite a sobrevivência?", esse é o tipo de resposta que se ouviria. Então devemos atribuir a Weinberger a intenção de seguir essa linha de raciocínio. Podemos resumi-la no seguinte diagrama argumentativo:

3 + 4 + 5 + 6 + 7

(1) Precisamos [...] nos equiparar à imensamente melhorada capacidade nuclear da União Soviética + (2) A União Soviética possui a capacidade de oferecer uma resposta duradoura e que permite a sobrevivência

C Precisamos ter condições de oferecer uma resposta duradoura e que permita a sobrevivência

Já que não se apresentou nenhuma razão para que acreditemos nas afirmações (3) a (7), trata-se, nesse caso, de razões básicas. A seguir, devemos perguntar: "Que razões imediatas são apresentadas para que aceitemos (1)?". Como vimos antes, a frase

> [Precisamos] realizar todos os esforços necessários para modernizar nossas forças nucleares de forma tal que os EUA preservem a capacidade de dissuadir a União Soviética de um dia iniciar uma guerra nuclear

é um candidato natural. Verdade seja dita, não há aí nenhum indicador explícito de argumento, mas o contexto sugere que o autor pretendeu realizar essa inferência e não há quebra de fluidez se for inserido um "por essa razão" ou um "logo" entre as duas frases. O problema é que a inferência resultante revela-se má, já que, como observamos antes, algo diferente de uma força "equivalente" poderia servir como estratégia de dissuasão. Para avançar além desse ponto, faça-se a Pergunta de Asseribilidade, ou seja, "O que poderia justificar a minha asserção de (1)?". A forma óbvia de justificar tal afirmação é citar um determinado objetivo e o fato de que uma determinada estratégia de ação é a melhor forma ou a única forma de atingir aquele objetivo. Fica evidente então que, em um caso como esse, precisamos de algo como:

(8) Os EUA desejam ou precisam (ter a capacidade de) dissuadir a União Soviética de iniciar uma guerra nuclear 8 + 9a → 1

e

(9a) Se os EUA pretendem fazer isso, precisam equiparar-se à enormemente melhorada capacidade nuclear da União Soviética

logo

(1) Precisamos [...] nos equiparar à imensamente melhorada capacidade nuclear da União Soviética.

Na verdade, Weinberger afirma, em vários pontos, algo bastante semelhante à frase (8).

(b) O primeiro e mais importante objetivo deste governo consiste em adotar todas as medidas necessárias para garantir que as armas nucleares nunca sejam usadas novamente.

(b) Toda a nossa estratégia tem por meta impedir todos os tipos de guerra, mas especialmente impedir a guerra nuclear.

(h) [Precisamos] realizar todos os esforços necessários para modernizar nossas forças nucleares de forma que os EUA preservem a capacidade de dissuadir a União Soviética de um dia iniciar uma guerra nuclear.

(k) Todo o nosso programa estratégico, incluindo o desenvolvimento de uma capacidade de resposta, [...] foi realizado com a intenção expressa de garantir que nunca venha a ser travada uma guerra nuclear.

(n) O objetivo da política norte-americana continua a ser evitar qualquer agressão por meio de uma política eficiente de dissuasão.

O mais perto que o secretário da Defesa chega da premissa de que precisamos é quando afirma:

(b) A fim de atingir esse objetivo, nossas forças precisam ser capazes de responder, de uma forma proporcional e prudente, à ameaça representada pela União Soviética

ou

(e) a fim de que a dissuasão continue a ser bem-sucedida no futuro, precisamos adotar medidas para compensar os avanços bélicos da União Soviética.

Nenhuma dessas frases revela-se suficientemente forte para atender a nossa necessidade, mas nada melhor conseguimos encontrar no texto, então precisamos, neste ponto, considerar uma delas (ou ambas, *independentemente*) como a outra premissa de Weinberger e continuar refazendo os passos de seu raciocínio. Para não nos estendermos em demasia, delinearemos apenas o raciocínio para a segunda alternativa, de forma que as razões imediatas atribuídas a Weinberger a respeito dela são as seguintes:

(8) Os EUA precisam [preservar a capacidade de] dissuadir a União Soviética de iniciar uma guerra nuclear

e (9) a fim de que a dissuasão continue a ser bem-sucedida no futuro, [os EUA] precisamos adotar medidas para compensar os avanços bélicos da União Soviética

8 + 9 → 1

logo

(1) Precisamos [...] nos equiparar à imensamente melhorada capacidade nuclear da União Soviética.

Repetimos agora o processo de procura de razões tanto de (8) quanto de (9). Sem detalhar novamente nosso método (indicador de argumento, contexto e depois Pergunta de Asseribilidade), fica evidente que (8) poderia ser sustentado por meio de algo como:

(10) Os EUA desejam [garantir que haja] paz

e

(11) A União Soviética ameaça iniciar uma guerra

10 + 11 → 8

logo (8) Os EUA precisam [preservar a capacidade de] dissuadir a União Soviética de iniciar uma guerra nuclear.

No texto de Weinberger, há um grande número de indícios mostrando que o autor acredita na veracidade das afirmações (10) e (11). Passemos, então, a:

(9) a fim de que a dissuasão continue a ser bem-sucedida no futuro, precisamos adotar medidas para compensar os avanços bélicos da União Soviética.

Não há nenhum indicador explícito de argumento sinalizando que razão Weinberger pretende usar para apoiar essa declaração. Lançamos mão então da seguinte Pergunta de Asseribilidade: "O que poderia justificá-la?". A forma mais óbvia de justificar uma afirmação dessas é mostrar que algo indesejado ocorrerá se *não* "adotar[mos] medidas para compensar os avanços bélicos da União Soviética". Então, o argumento desejado por Weinberger poderia ser escrito assim:

(12) Se não modernizarmos agora nosso arsenal, como os soviéticos vêm fazendo há mais de duas décadas, dentro de poucos anos não teremos mais capacidade de retaliação.

e

(13) A União Soviética então estaria em condições de nos ameaçar ou de, de verdade, nos atacar sabendo que estaríamos incapacitados de responder

e

12 + 13 + 14 → 9

(14) A União Soviética não hesita quando se trata de aproveitar-se de um adversário mais fraco

logo

(9) a fim de que a dissuasão continue a ser bem-sucedida no futuro, precisamos adotar medidas para compensar os avanços bélicos da União Soviética

Nos parágrafos (f) e (g), encontramos, assim se presume, razões adicionais para acreditar em (12). E a razão para (14) seria o que

(15) vimos na Polônia, no Afeganistão, no Leste Europeu e em outros lugares

É provável que tenhamos nos aprofundado o suficiente para extrair do texto de Weinberger a melhor argumentação possível para o que consideramos ser sua principal conclusão.

O diagrama argumentativo em sua forma resumida ficaria assim:

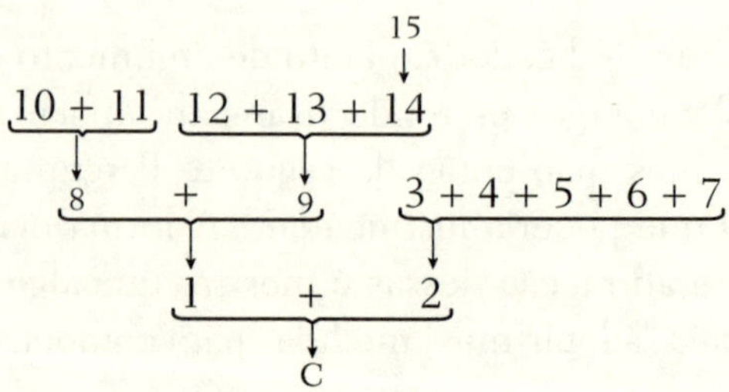

Observe que há, com certeza, outras conclusões e outros argumentos no texto de Weinberger. Veja alguns exemplos. Em primeiro lugar, o contexto sugere claramente que os parágrafos (f) e (g) estão apresentando um conjunto de razões para a conclusão:

(g) Independentemente daquilo que alegam ser suas intenções, subsiste o fato de que estão projetando suas armas de forma a, e em número suficiente para, sugerir-nos que acreditam poder iniciar, e vencer, uma guerra nuclear.

Em segundo lugar, a argumentação retirada do texto de Weinberger sugere que, apesar da ausência de quaisquer indicadores de argumento, deveríamos interpretar o parágrafo (b) como uma exposição prévia de uma argumentação parecida com a principal:

R_1 Toda a nossa estratégia tem por meta impedir todos os tipos de guerra, mas especialmente impedir a guerra nuclear

e R_2 A fim de atingir esse objetivo, nossas forças precisam ser capazes de responder, de uma forma proporcional e prudente, à ameaça representada pela União Soviética

$R_1 + R_2$ → C_1

logo

C_1 [Precisamos contar com] o aprimoramento de nossas forças estratégicas conforme proposto pelo presidente.

Em terceiro lugar, Weinberger obviamente acredita que:

> Precisamos ter condições de oferecer uma resposta duradoura e que permita a sobrevivência [porque] desejamos demonstrar que nossas forças *poderiam* sobreviver aos ataques soviéticos durante um largo período de tempo

e essa é uma linha de argumentação que não elaboramos. Mas poderíamos fazê-lo facilmente por meio de aplicações sucessivas da Pergunta de Asseribilidade.

Enfim, não há por que não existirem várias linhas de raciocínio em um texto como esse e não há motivo para que essas linhas não se cruzem e recruzem entre si.

Uma última observação. Surpreendentemente, um grande número de pessoas acredita que a asserção "Nossa política é pacífica", no parágrafo (m), é a conclusão principal de Weinberger. Mas não há argumentação a respeito dessa asserção, de modo que não se pode ver nela uma conclusão: é preciso argumentar a respeito das conclusões, e é preciso haver razões a fim de fundamentá-las. Uma asserção trivial a respeito de uma crença ou de uma opção política (há várias asserções dessas no texto de Weinberger) não pode ser confundida com uma argumentação que visa fundamentar tal crença ou opção política. Obviamente, nem sempre se pode decidir facilmente a respeito do que é o quê. Um exemplo: Weinberger afirma categoricamente que a dissuasão funciona (parágrafo (d)), mas, a fim de se considerar isso uma conclusão, será necessário encontrar no texto motivos para aceitá-la.

Veja abaixo a carta de Weinberger depois de realizadas as marcações conforme o método apresentado no Capítulo 2:

> Estou cada vez mais preocupado com as reportagens que retratam este governo planejando uma guerra nuclear de longa duração ou procurando adquirir capacidade de combate para uma guerra nuclear. Essas reportagens são totalmente incorretas e deturpam as políticas do governo [dos EUA] aos olhos da opinião pública dos EUA e aos olhos de nossos aliados e adversários no exterior.
>
> O primeiro e mais importante objetivo deste governo consiste em adotar todas as medidas necessárias para garantir que as armas nucleares nunca sejam usadas novamente, [pois] não acreditamos na possibilidade de
> R_1 haver "vencedores" em uma guerra nuclear. ⟨Toda a nossa estratégia tem por meta impedir todos os tipos de guerra, mas especialmente impedir a guerra nuclear.⟩

R_2 ⟨A fim de atingir esse objetivo, nossas forças precisam ser capazes de responder, de uma forma proporcional e prudente, à ameaça representada pela União Soviética.⟩ $R_1 + R_2 \rightarrow C_1$

C_1 Isso exige o aprimoramento de nossas forças estratégicas, conforme proposto pelo presidente. Mas não significa que concordamos com o conceito de uma guerra nuclear de longa duração nem com o de uma capacidade de combate nuclear. Parece que a União Soviética está preparando suas forças para um conflito "de longa duração" (a doutrina de Zatyazhnaya Voyna).

A política de dissuasão é difícil de ser compreendida porque se baseia em um paradoxo. Mas mostra-se bastante simples: pretende tornar o custo de uma guerra nuclear muito maior do que qualquer possível "benefício" para o país que a inicie. Se os soviéticos souberem com antecipação que um ataque nuclear contra os EUA pode provocar e provocará uma imediata retaliação nuclear, não atacariam nunca em primeiro lugar. Seriam "dissuadidos" de começar uma guerra nuclear.

Não há nada de novo a respeito de nossa política. Desde o início da era das armas nucleares, os EUA procuraram evitar uma guerra nuclear com uma política de dissuasão. Essa política viu-se aprovada, por meio de processos políticos das nações democráticas às quais protege, ao menos desde 1950. Mais importante do que isso, ela funciona. Funcionou diante das tensões internacionais envolvendo as grandes potências e funcionou diante da guerra em si.

9 Mas, ⟨a fim de que a dissuasão continue a ser bem-sucedida no futuro, precisamos adotar medidas para compensar os avanços bélicos da União Soviética.⟩⟨Se não modernizarmos agora nosso arsenal, como os so-
12 viéticos vêm fazendo há mais de duas décadas, dentro de poucos anos não teremos mais nenhuma capacidade de retaliação.⟩ ⟨A União Soviética então estaria em

$15 \rightarrow 12 + 13 + 14 \rightarrow 9$

13 condições de nos ameaçar ou de, de verdade, nos atacar
sabendo que estaríamos incapacitados de responder.⟩
⟨Vimos na Polônia, no Afeganistão, no Leste Europeu
15 e em outros lugares⟩ que ⟨a União Soviética não hesita
14 quando se trata de aproveitar-se de um adversário mais
fraco.⟩ Não podemos permitir que a União Soviética
acredite poder dar início a uma guerra nuclear contra
nós e vencer essa guerra.

Não se trata aqui de uma especulação inútil. A
União Soviética, apesar de suas dificuldades econômi-
cas, engajou-se em uma frenética corrida armamentis-
ta. ⟨E continua a montar em número cada vez maior
armas nucleares para além do necessário para qual-
3 quer propósito de dissuasão.⟩ Ela possui agora mais de
5.000 ogivas nucleares colocadas em mísseis balísticos
intercontinentais – esse número era de 2.000 cinco
anos atrás. ⟨Ela modificou o projeto dessas armas e de
4 seus lançadores de forma que muitos de seus mísseis
baseados em terra mostram-se hoje mais precisos, mais
resistentes e mais poderosos do que os nossos.⟩

5 ⟨Os soviéticos também desenvolveram uma capaci-
dade de rearmamento, o que lhes permitirá recarregar
seus sistemas de disparo várias vezes.⟩ ⟨Eles possuem
6 elaborados planos de defesa civil e de defesa aérea para
o caso de qualquer retaliação que possamos vir a ten-
7 tar.⟩ E, finalmente, ⟨seus textos e sua doutrina militar
dão ênfase a um cenário no qual se travaria uma guerra
nuclear.⟩ Independentemente daquilo que alegam ser
suas intenções, persiste o fato de que estão projetando
suas armas de forma a, e em número suficiente para,
sugerir-nos que acreditam poder iniciar, e vencer, uma
guerra nuclear.

3 + 4 + 5 + 6 + 7
↓
(2) A União Soviética possui a capacidade de oferecer uma resposta duradoura e que permita a sobrevivência

Diante de todas essas constatações, é minha res-
ponsabilidade e meu dever como secretário da Defesa
8 ⟨realizar todos os esforços necessários para modernizar

nossas forças nucleares de forma que os EUA preservem a capacidade de dissuadir a União Soviética de um dia iniciar uma guerra nuclear.⟩ ⟨Precisamos adotar as
1 medidas necessárias para nos equiparar à imensamente melhorada capacidade nuclear da União Soviética.⟩

É esse, precisamente, o motivo pelo qual precisa-
C mos ter condições de oferecer uma resposta duradoura e que permita a sobrevivência – temos de demonstrar que nossas forças *poderiam* sobreviver aos ataques soviéticos durante um largo período de tempo. Com isso, acreditamos, poderíamos impedir um ataque. De outra forma, estaríamos induzindo-os a usar suas armas nucleares ou a nos chantagearem. Em resumo, não podemos nos dar ao luxo de colocar-nos em uma posição na qual o nível de resistência de nossa força de dissuasão obrigaria o presidente a escolher entre usar nossas forças estratégicas antes que fossem destruídas e render-se.

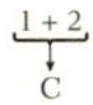

Os que resistem a uma política capaz de ampliar nossa força de dissuasão nos obrigariam, então, a adotar uma postura mais perigosa e mais instável. Forças que precisem ser usadas no primeiro instante de um eventual ataque inimigo não podem ser usadas como instrumentos de uma estratégia prudente. Uma postura que encoraje os soviéticos a correr riscos com seu arsenal nuclear não pode servir de base para uma estratégia eficiente de dissuasão. Todo o nosso programa estratégico, incluindo o desenvolvimento de uma capacidade de resposta, desenvolvimento esse que vem sendo caluniado nos meios de comunicação recentemente, foi realizado com a intenção expressa de garantir que nunca venha a ser travada uma guerra nuclear.

Sei que essa doutrina de dissuasão representa um paradoxo difícil de ser compreendido. Trata-se de uma forma desconfortável de preservar a paz. Compreendemos a dissuasão e aceitamos o fato de precisarmos

> nos esforçar mais a fim de preservar a paz. Alimento a mais viva esperança de que todos consigam entender e aceitar isso a fim de que possamos evitar esse tipo de postura sensacionalista adotada todas as vezes que se menciona a palavra "nuclear", algo que serve apenas para distorcer nossa política e assustar as pessoas no mundo todo. Nossa política é pacífica, e acreditamos sinceramente que o melhor e mais seguro caminho rumo à paz passa por garantir e manter uma estratégia eficiente e confiável de dissuasão.
>
> O objetivo da política norte-americana continua a ser evitar qualquer agressão por meio de uma política eficiente de dissuasão, o mesmo objetivo que levou à formação da Aliança do Atlântico Norte, uma aliança tão vital hoje quanto no dia em que foi criada.

III "Testes para um bom argumento" aplicados à carta de Weinberger

Tendo esclarecido bastante bem os argumentos de Weinberger, podemos perguntar se estabelecem suas conclusões. Já tratamos em parte dessa questão – nos pontos em que usamos a Pergunta de Asseribilidade para extrair a melhor argumentação possível do texto –, mas precisamos nos aprofundar mais a fim de completar a resposta.

Conforme se pode ver na seção anterior, analisamos inicialmente o argumento principal de Weinberger e caminhamos passo a passo desde as razões básicas até a conclusão principal. Uma avaliação eficaz da argumentação exigiria que avaliássemos as informações factuais nos pontos em que dão suporte àquela argumentação. Por exemplo, as informações sobre o número de mísseis etc. Mas nosso interesse maior resume-se ao método de análise e a mostrar quão longe se pode chegar "pensando as coisas rigorosamente", de forma que, em vista de nossos propósitos, consideraremos verdadeiras essas informações. De modo semelhante, outras razões básicas também serão consideradas verdadeiras, e isso apenas não ocorrerá se, ao refletir sobre elas, encontrarmos motivos para duvidar delas. Por exemplo, se essas razões se mostrarem inconsistentes. De toda forma, a pressuposição de verdade será sempre nosso ponto de partida.

Analisemos em primeiro lugar, então, o argumento:

(10) Os EUA desejam [garantir que haja] paz
e
(11) A União Soviética ameaça iniciar uma guerra
logo (8) Os EUA precisam [preservar a capacidade de] dissuadir a União Soviética de iniciar uma guerra nuclear.

Se as premissas forem verdadeiras, será difícil defender a possibilidade de a conclusão ser falsa avaliando a situação segundo os padrões adequados etc. (e em vista da pressuposição óbvia de que os EUA não desejam ser atacados nem dominados pela URSS). Evidentemente, a pergunta interessante a ser feita neste caso é: "O que mostraria que as premissas são verdadeiras?". Teremos de regressar a essa questão em breve.

Analisemos a linha de raciocínio:

(12) Se não modernizarmos agora nosso arsenal, como os soviéticos vêm fazendo há mais de duas décadas, dentro de poucos anos não teremos mais nenhuma capacidade de retaliação.
e
(13) A União Soviética então estaria em condições de nos ameaçar ou de, de verdade, nos atacar sabendo que estaríamos incapacitados de responder.
e
(14) A União Soviética não hesita quando se trata de aproveitar-se de um adversário mais fraco,
logo (9) a fim de que a dissuasão continue a ser bem-sucedida no futuro, precisamos adotar medidas para compensar os avanços bélicos da União Soviética.

Há pouco, utilizamos a Pergunta de Asseribilidade a fim de revelar essa linha de raciocínio, e, como avaliamos esse como sendo um bom argumento, precisamos adotar essa mesma posição agora. Se as premissas forem verdadeiras, será difícil defender a possibilidade de a conclusão ser falsa. Mais uma vez, há dúvidas a respeito das premissas. Dificilmente alguém acreditaria que os EUA não modernizaram constantemente seu arsenal nos últimos 20 anos, mas os registros talvez mostrem que a URSS adiantou-se um tanto nessa corrida. Não podemos nos aventurar nesse assunto, mas caberia aos dados sobre os dois arsenais esclarecê-lo.

Há também dúvidas sobre a alegação de que:

(14) A União Soviética não hesita quando se trata de aproveitar-se de um adversário mais fraco

quando a razão para essa afirmação seria o que

(15) Vimos na Polônia, no Afeganistão, no Leste Europeu e em outros lugares.

Fica difícil dizer o que poderia provar a verdade da asserção (14) porque expressões como "aproveitar-se" ou "adversário mais fraco" mostram-se, obviamente, "abertas" demais. Sem dúvida, alguém poderia apresentar argumentos intermináveis sobre a União Soviética aproveitando-se da China, da Iugoslávia, da África do Sul e de tantos países mais. Sem dúvida, alguém poderia argumentar que os EUA agem de forma semelhante, dizendo, por exemplo: "Veja o caso do Vietnã, da América Central e do Oriente Médio". Em face disso, a asserção (14) é bastante vaga e mal fundamentada.

Analisemos agora o momento da argumentação em que se unem os dois fios da meada discutidos anteriormente:

(8) Os EUA precisam [preservar a capacidade de] dissuadir a União Soviética de iniciar uma guerra nuclear.

e (9) a fim de que a dissuasão continue a ser bem-sucedida no futuro, [os EUA] precisamos adotar medidas para compensar os avanços bélicos da União Soviética, *logo*

(1) Precisamos [...] nos equiparar à imensamente melhorada capacidade nuclear da União Soviética.

Esse, sem sombra de dúvida, revela-se um elo fraco da corrente: em resumo, não se pode inferir do fato de os EUA precisarem "compensar" os avanços militares dos soviéticos a conclusão de que devem "equiparar-se" a esses avanços. A dissuasão continuará eficiente se uma das partes conseguir tornar os "custos" de um ataque nuclear altos demais (cf. parágrafo (c)), e isso é possível sem que as forças sejam equiparadas. Os arsenais nucleares da França e da Grã-Bretanha são minúsculos quando comparados com o arsenal nuclear da União Soviética, mas os governos daqueles países consideram seus arsenais devastadores o suficiente para dissuadir a União Soviética de lançar um ataque contra qualquer um deles. Independentemente de esses governos terem ou não razão, parece claro que, nesse caso, a se levarem em conta os padrões adequados, as premissas poderiam ser verdadeiras e a conclusão, falsa. Conforme mencionado na seção anterior, pode haver uma linha de raciocínio independente a respeito dessa conclusão, linha essa baseada na afirmação de que:

(b) A fim de atingir esse objetivo [da dissuasão], nossas forças precisam ser capazes de responder, de uma forma proporcional e prudente, à ameaça representada pela União Soviética.

No entanto, e de novo, essa afirmação mostra-se fraca demais e seria necessário apresentar outros argumentos capazes de justificar a necessidade de "equiparar" as forças.

Analisemos agora o argumento usado por Weinberger para mostrar de que forças dispõe a União Soviética (e que forças, portanto, precisarão ser "equiparadas"). O argumento parece ser o seguinte:

(3) [Os soviéticos] continuam a montar em número cada vez maior armas nucleares para além do necessário para qualquer propósito de dissuasão

(4) Muitos de seus mísseis baseados em terra mostram-se hoje mais precisos, mais resistentes e mais poderosos do que os nossos
(5) Eles desenvolveram a capacidade de rearmamento
(6) Eles possuem elaborados planos de defesa civil [...] no caso de qualquer retaliação [...]
(7) Seus textos e sua doutrina militar dão ênfase a um cenário no qual se travaria uma guerra nuclear,

logo

(2) A União Soviética possui a capacidade de oferecer uma resposta duradoura e que permite a sobrevivência.

Como já consideramos esse um bom argumento, precisamos, segundo a mesma medida, considerar que um raciocínio semelhante mostraria que:

> Os EUA possuem a capacidade de oferecer uma resposta duradoura e que permite a sobrevivência.

A União Soviética, claro, alega que um argumento semelhante aplica-se *efetivamente* aos EUA: este país possuiria um número de armas muito maior do que o necessário para fins de dissuasão; muitos de seus mísseis instalados em submarinos são mais resistentes a um ataque nuclear e mais poderosos do que os mísseis russos; o país também possui elaborados planos de defesa civil e elaborou textos e uma doutrina militar também voltada para um cenário no qual se travaria uma guerra nuclear (apesar de os norte-americanos descreverem isso como uma "resposta flexível") etc. A fim de decidir sobre se uma argumentação semelhante aplica-se ou não ao caso dos EUA, precisaríamos analisar os fatos e os dados; em vista de nossos propósitos, o importante a notar é que os critérios teriam de ser semelhantes e as linhas de raciocínio para ambos os casos teriam de ser comparáveis.

Evidentemente, Weinberger também parece lançar mão de uma linha de raciocínio do tipo a respeito do arsenal dos soviéticos a fim de chegar a uma conclusão sobre as intenções deles:

(g) Independentemente daquilo que alegam ser suas intenções, subsiste o fato de que estão projetando suas armas de forma a, e em número suficiente para, sugerir-nos que acreditam poder iniciar, e vencer, uma guerra nuclear.

Porém, pode-se perceber facilmente que, se os motivos apresentados nos parágrafos (f) e (g) mostram que a União Soviética possui intenções de lançar um ataque, um argumento semelhante mostraria a mesma coisa a respeito dos EUA. Neste ponto, deparamos com um problema bastante espinhoso. Se utilizarmos a Pergunta de Asseribilidade e nos interrogarmos "O que mostraria que os EUA ou a União Soviética possuem intenções de lançar um ataque?", a resposta, presumivelmente, teria de ser deduzida a partir do que os dois falam e fazem, mas principalmente a partir do que os dois fazem. É fato que, o tempo todo, tentamos descobrir qual a intenção de pessoas ou de governos – temos de fazer isso –, ou seja, não podemos pretender não possuir nenhuma idéia sobre como responder àquela pergunta. O processo revela-se complicado e sujeito a erros, mas temos de tentar seguir adiante porque as intenções, ao contrário da mera capacidade militar de um país ou outro, parecem ser cruciais para a argumentação como um todo. Elas são essenciais para o argumento de Weinberger de que a União Soviética representa uma *ameaça* para os EUA. Os EUA possuem armas suficientes para aniquilar a Grã-Bretanha, mas a Grã-Bretanha não prepara nenhuma defesa contra os EUA porque não acredita que os EUA representem uma ameaça. No entanto, o problema discutido aqui é tão intrincado precisamente porque, sob um regime de dissuasão, parece que os envolvidos *agem* mais ou menos da mesma forma independentemente de avaliarem se as intenções de ambos são agressivas ou defensivas (e, com certeza, é assim que elas vão parecer para o inimigo). O problema, então, consiste em ser capaz de determinar as intenções dos "inimigos" sob um regime (de dissuasão) que torna muito difícil ou talvez impossível fazer isso!

Não podemos realizar avanços quanto a essa linha de raciocínio presente no texto de Weinberger. Passemos então, finalmente, ao último passo atribuído à argumentação do secretário da Defesa:

(1) Precisamos adotar as medidas necessárias para nos equiparar à imensamente melhorada capacidade nuclear da União Soviética

e (2) A União Soviética possui a capacidade de oferecer uma resposta duradoura e que permite a sobrevivência.

logo

C Precisamos ter condições de oferecer uma resposta duradoura e que permita a sobrevivência.

Ao atribuir essa inferência a Weinberger, já admitimos que a conclusão pode ser deduzida das premissas. Logo, não precisamos nos estender mais a esse respeito. No entanto, não podemos seguir adiante sem antes notar que a conclusão principal de Weinberger parece contradizer de forma cabal a "insistência" inicial de que:

(a) não estamos procurando adquirir *capacidade* de combate para uma guerra nuclear [grifo nosso].

Como ressaltamos pouco antes, "capacidade" e "intenção" são coisas diferentes, mas em sua afirmação inicial e em sua conclusão principal Weinberger refere-se à "*capacidade*". E qual seria a diferença entre uma "capacidade de combate para uma guerra nuclear" e uma "capacidade de oferecer uma resposta duradoura e que permite a sobrevivência"?

IV De um discurso de Enoch Powell

Concluímos este capítulo apresentando um pequeno trecho do discurso proferido por Enoch Powell, ex-porta-voz do Ministério da Defesa da Grã-Bretanha, em Bristol, no dia 29 de outubro de 1982. No discurso, Powell defende com veemência o desarmamento unilateral da Grã-Bretanha. A fim de facilitar as referências subseqüentes apresentamos o texto já com as devidas marcações.

(9) Algumas pessoas acreditam que, caso os EUA e a Rússia não possuíssem ambos armas nucleares, a Rússia teria invadido a Europa Ocidental em algum momento dos últimos 30 anos, aproximadamente. Segundo a natureza dessa situação, não pode haver uma refutação absoluta para essa crença; mas a estrutura das conjecturas sobre a qual se assenta é extremamente débil.

(7) Pressupõe-se, em primeiro lugar, que a Rússia deseja
conquistar a Europa Ocidental e que deseja fazê-lo por
meio da força das armas (Ressalto – entre parênteses
porque essa observação não afeta o argumento como
um todo – que não acredito nisso.) A segunda pres-
(8) suposição é de que a Rússia pressupõe que os EUA
responderiam a um ataque contra a Europa Ocidental
lançando todo o poderio de seu arsenal nuclear contra
a Rússia, sendo essa a única forma de minimizar a pro-
babilidade ou a escalada de represálias.

A última pressuposição, uma pressuposição evidentemente crucial para o caso todo, é de natureza sutil. Não pode ser derrubada com a observação de que os EUA não considerariam nem mesmo a conquista da Europa Ocidental pela Rússia um motivo suficiente para justificar uma guerra nuclear, com todas as suas eventuais e prováveis conseqüências para o território norte-americano. Talvez. Mas aqui se trata de uma pressuposição sobre uma pressuposição: a Rússia poderia ter garantias suficientes de que os EUA não veriam na "Europa algo pelo qual valeria a pena deixar as coisas de pernas para o ar?". Essa pergunta não pode ser respondida abstratamente. A resposta seria: tudo depende da escalada, da natureza, das circunstâncias e dos limites pressupostos de um ataque russo.

(5) Se houvesse insegurança da parte da Rússia, esse país, caso sua intenção fosse conquistar a Europa Ocidental, avançaria gradativamente, criando *casus belli* limitados e locais como fez a Alemanha em 1938 e 1939; de forma que, a cada etapa, o que estivesse em jogo seria tão pequeno que não seria concebível aos EUA ver nisso algo pelo qual não se justificaria nem mesmo um semi-suicídio.

Minha conclusão é de que o fato de os EUA e a
C Rússia reunirem arsenais nucleares como resposta mútua não vem sendo o motivo pelo qual a Rússia deixou de avançar além dos limites fixados na década de 1940. Se me perguntassem – algo que não interessa para o assunto discutido aqui – qual seria, na minha opinião, o motivo disso, eu citaria dois motivos que não são ne-
(4) cessariamente excludentes: em primeiro lugar, a Rússia não deseja ocupar a Europa Ocidental; em segundo lugar, a Rússia pressupõe que se fizer isso ou se tentar fazer isso acabaria, quase com certeza, envolvida em uma longa e desgastante guerra, uma guerra na qual, mesmo que a Rússia não fosse derrotada como o foram Napoleão, Guilherme 2º ou Hitler, o país correria o risco, segundo indicam os antecedentes históricos, de não vencer. E a Rússia não deseja uma guerra desse tipo.

Encontra-se com facilidade a conclusão principal desse texto, mas perguntamos: "Que razões imediatas são apresentadas no texto para se aceitar C?". E a resposta a essa questão mostra-se difícil de encontrar. Isso se deve em parte ao fato de não haver indicadores explícitos de argumento, em parte porque o estilo de Powell é retórico e complexo e em parte porque a conclusão dele, C, é em si mesma complexa: segundo essa conclusão, algo (que aconteceu) *não é o motivo* de outro algo (que aconteceu). Quem, no entanto, compreender a conclusão de Powell terá de conseguir explicar de algum modo como poderia decidir se a conclusão é falsa ou verdadeira. Logo, temos de avançar lançando mão da seguinte Pergunta de Asseribilidade: "O que mostraria que C é verdadeira?":

> C o fato de os EUA e a Rússia reunirem arsenais nucleares como resposta mútua não vem sendo o motivo pelo qual a Rússia deixou de avançar para além dos limites fixados na década de 1940.

Em vista do contexto, o que isso *tem*, com certeza, de significar é que:

(1) Mesmo que os EUA não possuíssem armas nucleares, a Rússia não teria invadido a Europa nos últimos 30 anos, aproximadamente.

E, seguramente, há duas formas bastante *independentes* de mostrar a verdade dessa afirmação. Uma seria mostrar que:

(2) Mesmo que os EUA não possuíssem armas nucleares, a Rússia não teria desejado avançar sobre a Europa Ocidental (nem teria encontrado nenhuma necessidade de fazê-lo)

ou que:

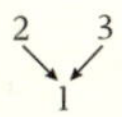

(3) Mesmo que os EUA não possuíssem armas nucleares, a Rússia não teria invadido a Europa Ocidental (i.e., não teria os recursos necessários para fazê-lo).

Ao afirmar isso, usamos nossa compreensão sobre o significado de C (e todo o conhecimento de que, porventura, dispusermos a respeito do assunto) a fim de especificar como *teríamos* de argumentar em favor de C, ou seja, que argumentos *seriam* bons a favor de C: se (1) for verdade, certamente ou (2) ou (3) tem de ser também verdade, e certamente qualquer um dos dois seria suficiente para justificar (1).

Tendo descoberto quais argumentos, em nossa opinião, teriam de ser apresentados para fundamentar C, regressemos ao texto a fim de descobrir se esses argumentos se encontram ali.

A resposta imediata seria *não* porque Powell não avalia em momento algum *qual seria a situação* caso os EUA *não possuíssem armas nucleares*.

Com certeza, Powell acredita que a Rússia *não deseja* ocupar a Europa Ocidental; ele afirma isso de forma bastante explícita e parece apresentar o seguinte argumento a fim de sustentar essa sua crença:

(5) Se houvesse insegurança da parte da Rússia [sobre a reação norte-americana a um ataque contra a Europa Ocidental], esse país, caso sua intenção fosse conquistar a Europa Ocidental, avançaria gradativamente, criando *casus belli* limitados

5 + 6 ↓ 4

e (6) [A Rússia deve estar insegura a respeito da reação norte-americana e não criou *casus belli* locais]

logo

(4) A Rússia não deseja [não pretende] conquistar a Europa Ocidental.

Powell não assevera (6), mas essa afirmação parece estar implícita (de forma que invocamos o Princípio da Caridade): o argumento é sólido e fundamenta sua conclusão se suas premissas forem verdadeiras. A crença de Powell no fato de que a Rússia *não deseja* atacar a Europa também parece fornecer um motivo para rejeitar o argumento criticado por ele e no qual "alguns acreditam", de que:

(7) A Rússia deseja conquistar a Europa Ocidental e deseja fazê-lo pela força das armas

e (8) A Rússia [pressupõe] que os EUA responderiam a um ataque contra a Europa Ocidental lançando sobre a Rússia todo o poderio de seu arsenal nuclear

logo

(9) Se os EUA e a Rússia não possuíssem armas nucleares, a Rússia teria invadido a Europa Ocidental em algum momento dos últimos 30 anos, aproximadamente.

Esse é de fato um argumento fraco, mas não devido às razões nas quais Powell parece acreditar (incluindo a falsidade da afirmação (7)). Trata-se de um argumento mau porque as suas premissas poderiam ser verdadeiras e a sua conclusão, falsa. A Rússia pode desejar (neste momento) conquistar a Europa Ocidental e pode pressupor que os EUA responderiam a um ataque com todo o poderio de seu arsenal nuclear, mas para provar a conclusão (9) seria necessário mostrar que *a Rússia teria desejado* (e teria contado com os recursos necessários para) invadir a Europa Ocidental se *os EUA não possuíssem armas nucleares*. Talvez devêssemos ser condescendentes e permitir que esse argumento implícito pressuponha que a Rússia *teria desejado* (e teria sido capaz de) conquistar a Europa Ocidental se os EUA não possuíssem armas nucleares. Mas então, é evidente, Powell teria de rebater *essa* pressuposição a fim de derrubar o argumento resultante, e ele não se refere a isso em momento algum.

Powell não consegue apresentar o necessário para fundamentar sua própria conclusão *nem* apresentar o necessário para refutar o argumento criticado por ele. Em ambos os casos, o melhor que se pode afirmar é que o ex-porta-voz parece convencido de que a Rússia *não deseja* invadir a Europa Ocidental. Mas essa postura acaba simplesmente por ser uma "petição de princípio" (um tipo de falácia bastante comum) porque em ambos os casos, a fim de fundamentar sua opinião, o autor precisaria mostrar o que a Rússia *teria desejado* caso os EUA não possuíssem armas nucleares. Pode ser verdade que a Rússia *deseja* (ou que não deseja) invadir a Europa Ocidental *porque* há forças nucleares dos EUA estacionadas ali. Essa não é a questão. A questão é: "O que a Rússia teria desejado caso as forças norte-americanas não estivessem ali?".

Post-scriptum

Os que não apreciam notações e diagramas são aconselhados a pular este *post-scriptum*. Os que apreciam coisas do tipo e desejam explicitar a ligação entre nosso método e as tábuas semânticas (ver Apêndice, p. 275 e seguintes.) perceberão que poderíamos ampliar nossa técnica de diagramação para incluir o seguinte:

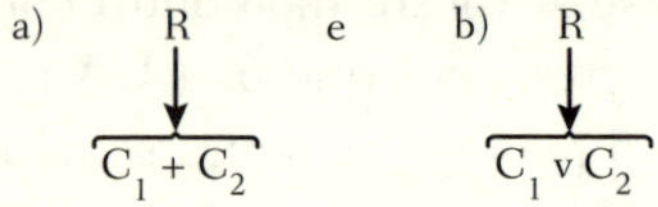

no qual (a) significa "R portanto C_1 *e* C_2", e (b) significa "R portanto C_1 *ou* C_2".

Dito isso, poderíamos resumir os argumentos considerados legítimos e necessários para fundamentar a conclusão de Powell desta forma.

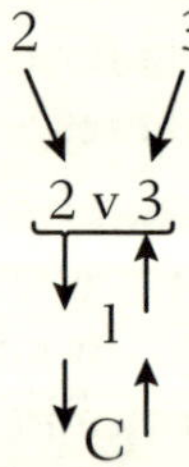

Esse desenho deveria ser lido assim: "C logo (1) logo (2) ou (3)", "(2) logo (2) ou (3) logo (1) logo C" etc.

5
Um exemplo de John Stuart Mill

Meu pai nunca permitiu que qualquer uma das coisas aprendidas por mim se transformasse em um mero exercício de memória. Esforçou-se para fazer a compreensão caminhar não apenas passo a passo com o aprendizado, mas que, se possível, o antecedesse. Qualquer coisa capaz de ser descoberta por meio do raciocínio nunca me era dita, não até que exaurisse meus esforços para encontrá-la sozinho.

J. S. Mill, Autobiografia, Capítulo 2

Neste capítulo, avaliaremos um "pedaço" clássico de um argumento de John Stuart Mill (1806-1875), retirado da obra *Princípios de Economia Política*. Esse livro foi publicado pela primeira vez em 1848 e, ainda durante a vida do autor, ganhou sete edições.

James Mill, pai de John Stuart Mill, e o amigo Jeremy Bentham fundaram e divulgaram a filosofia do "utilitarismo", baseada no princípio de que são boas as ações na medida em que "promovem a maior felicidade possível ao maior número possível de pessoas". James Mill estudou profundamente várias áreas do conhecimento e assumiu sozinho a tarefa de educar seu filho desde os primórdios. Começou a ensinar grego a seu filho quando este tinha três anos. Os dois sentavam-se à mesa de trabalho do pai e, como não havia então dicionários inglês-grego, ou coisas do tipo,

> eu era obrigado a recorrer a ele toda vez que não conhecia o significado de uma palavra. Ele, um dos homens mais impacientes, submetia-se a essas interrupções, tendo escrito sob essas interrupções vários volumes de sua História e tudo o mais que teve de escrever naqueles anos. (*Autobiografia*, Capítulo 2)

Mill aprendeu aritmética da mesma forma e começou a estudar latim aos oito anos; entre as áreas pelas quais circulou contam-se a filosofia, a lógica e a economia política, além de outras. Em sua *Autobiografia*, um livro formidável, descreve com detalhes todo esse processo. O pai de Mill estava convencido de que Mill deveria assumir a liderança do movimento utilitarista e que deveria ter a educação necessária para esse papel e uma educação que o ajudasse a desempenhar esse papel, o qual Mill assumiu no momento devido. J. S. Mill elaborou muitos argumentos belos ao longo de sua vida, e o escolhido por nós continua a ser atual apesar de ter mais de cem anos de idade, conforme se pode ver pelo Exercício 6, p. 294.

I Um argumento do livro *Princípios de Economia Política*, de J. S. Mill

Antes de chegar ao trecho do livro *Princípios de Economia Política* que usaremos, Mill argumenta de forma genérica "a favor de restringir ao mínimo possível a intervenção de uma autoridade pública nos assuntos da comunidade" (Livro V, Capítulo 11, § 7). Tendo apresentado as razões pelas quais um governo deveria deixar as pessoas à sua vontade, o autor cita várias exceções. Uma dessas exceções é a seguinte (as frases foram identificadas com letras a fim de facilitar as futuras remissões):

> (a) Preciso pedir atenção especial para a quarta exceção, já que, segundo acredito, a atenção dos economistas
> (b) políticos não se deixou atrair suficientemente por ela.

Há questões em que se requer a interferência da lei
não para sobrepujar o juízo dos indivíduos a respeito
dos próprios interesses, mas para garantir a eficácia
desse juízo: esses indivíduos mostram-se incapazes de
garantir a eficácia desse juízo a não ser por meio de
um acordo, acordo esse que não pode, mais uma vez,
(c) ser garantido se não receber validade da lei e se não
for sancionado pela lei. Para ilustrar o caso, e sem for-
(d) mar um juízo prévio sobre esse ponto específico, posso
aludir à questão da diminuição da jornada de trabalho.
Suponhamos (algo difícil de ser suposto, seja isso um
fato ou não) que a redução generalizada da jornada de
trabalho nas fábricas, digamos de dez para nove ho-
ras, beneficiaria os trabalhadores, que receberiam por
(e) nove horas de trabalho salários tão altos quanto ou
quase tão altos quanto os que recebiam por dez. Caso
(f) fosse esse o resultado, e se os envolvidos estivessem
convencidos de que esse seria o resultado, a limitação,
poderiam defender alguns, será adotada espontanea-
mente. Eu respondo que não será adotada enquanto
(g) um corpo de interessados não se formar para insistir a
respeito dessa limitação. Um trabalhador que se recu-
sasse a trabalhar mais de nove horas enquanto houves-
se outros dispostos a trabalhar dez ou não conseguiria
emprego ou, caso contratado, se veria obrigado a abrir
(h) mão de um décimo de seus ganhos. No entanto, in-
dependentemente de quanto estivesse, por isso, con-
vencido de que trabalhar menos atenderia aos interesses
de sua classe, o trabalhador feriria os próprios interesses
ao dar o exemplo, a não ser que tivesse garantias de que
todos ou a maioria dos seus companheiros o seguiriam.
(j) Mas suponha ter sido firmado um acordo geral para
(k) toda a classe: não seria esse eficaz mesmo que não
(m) fosse sancionado pela lei? Não se não for imposto por
um consenso na prática tão rigoroso quanto o propor-

cionado pela lei. Porque, independentemente de quão
benéfica seja a observância da regulamentação para a
classe como um todo, o interesse imediato de todos os
indivíduos seria violá-la: e quanto mais indivíduos ade-
rissem à regra, mais beneficiariam os indivíduos que
(n) a rejeitassem. Se quase todos se restringissem a tra-
balhar nove horas, os que optassem por trabalhar dez
se valeriam das vantagens proporcionadas pela restri-
ção e se valeriam do lucro de infringi-la; receberiam o
salário de dez horas de trabalho por nove horas traba-
(p) lhadas mais o salário por uma hora a mais. Concordo
que se uma ampla maioria dos trabalhadores aderir às
nove horas não haveria nenhum prejuízo; o benefício
valeria, em sua maior parte, para a classe, enquanto os
que desejassem trabalhar mais e ganhar mais teriam a
(q) chance de fazê-lo. Esse, com certeza, seria o panora-
ma a desejar. E, pressupondo-se que uma redução das
horas de trabalho sem uma diminuição dos salários po-
deria dar-se sem prejudicar a entrada das mercadorias
em seus mercados – algo que, sob qualquer aspecto,
é uma questão factual, e não uma questão de princí-
pio –, a maneira mais desejável para que se garantisse
esse efeito seria por meio de uma mudança tranqüila
nos hábitos do mercado; a jornada de trabalho menor
tornando-se, por decisão espontânea, a prática geral,
mas sem tirar dos que não desejassem adotá-la toda
(r) a liberdade de fazê-lo. Provavelmente, no entanto, um
número tão grande dos trabalhadores preferiria a jor-
nada de trabalho de dez horas nas condições melhora-
das que a limitação não poderia ser preservada como
prática geral: o que alguns fizeram por opção outros se
veriam obrigados a fazer por necessidade, e os que ha-
viam escolhido as jornadas mais longas a fim de ganhar
mais seriam obrigados, ao final, a trabalhar mais sem
(s) receber um salário maior do que o que recebiam antes.

> Pressupondo-se então que seria do interesse de todos
> trabalhar apenas nove horas caso cada um tivesse a
> garantia de que todos os outros fariam o mesmo, não
> haveria outra forma de atingir esse objetivo a não ser
> convertendo o suposto acordo mútuo em algo obri-
> gatório sob a ameaça de punição, consentindo em vê-
> (t) lo garantido pela lei. Não estou expressando nenhuma
> opinião favorável a um decreto-lei do tipo, algo nunca
> requerido neste país, e que eu, certamente, sob as con-
> dições atuais, não recomendaria: mas isso serve para
> exemplificar a forma pela qual grupos de pessoas po-
> dem precisar da ajuda da lei a fim de tornar efetivo o
> juízo elaborado coletivamente a respeito dos próprios
> interesses, provendo a cada indivíduo uma garantia
> de que seus competidores seguirão o mesmo caminho
> dele, sem o que ele não poderia adotar para si mesmo,
> com segurança, esse caminho.

Vê-se aqui um trecho argumentativo simples, o tipo de argumento abordado neste livro. Não é fácil dizer *qual* é o argumento ou se se trata de um *bom* argumento, mas, uma vez mais, desejamos mostrar quão longe se pode ir pensando cuidadosamente a esse respeito. E, mais uma vez, o leitor verá seus esforços facilitados se responder com atenção às perguntas apresentadas abaixo antes de passar às seções II e III.

Perguntas

(1) Qual a conclusão básica de Mill?

(2) Qual o argumento básico para ela?

(3) O que poderia provar que é verdadeira a seguinte afirmação:

> Pressupondo-se então que seria do interesse de todos trabalhar apenas nove horas caso cada um tivesse a garantia de que todos os outros fariam o mesmo, não haveria outra forma de atingir esse objetivo a não ser convertendo o suposto acordo mútuo em algo obriga-

tório sob a ameaça de punição, consentindo em vê-lo garantido pela lei.

(4) Mill consegue estabelecer a sua conclusão?
(5) Você consegue imaginar outro exemplo parecido com o de Mill (que implique argumentos semelhantes)?

II Extraindo o argumento do texto de Mill

A fim de extrair os argumentos do texto de Mill, procedamos conforme o costume. Primeiramente, lemos o excerto a fim de entender seu sentido geral e, à medida que o fazemos, destacamos os indicadores de inferência. São esses: "logo" (frase (h)), "Porque" (frase (m)) e "então" (frase (s)). O leitor pode não notar que "então", na frase (s), funciona como um indicador de conclusão, mas uma leitura mais atenta deve convencê-lo disso (e o próximo capítulo explicará por que esse uso pode confundir alguns leitores). A seguir, devemos sublinhar os indicadores óbvios de razões e conclusões, usando, como ajuda, os indicadores de inferência. Isso significa que devemos sublinhar as conclusões nas frases (h) e (s) e a razão na frase (m). Não é claro qual é o "âmbito" do "porque" na frase (m). Será a frase seguinte?

> independentemente de quão benéfica seja a observância da regulamentação para a classe como um todo, o interesse imediato de todos os indivíduos seria violá-la

Ou será a frase acima mais o trecho abaixo?

> e quanto mais indivíduos aderissem à regra, mais beneficiariam os indivíduos que a rejeitassem?

Por enquanto, deixaremos essa pergunta em aberto e podemos respondê-la mais tarde, após refletir melhor sobre o argumento de Mill – caso se consiga algo com isso.

O próximo passo consiste em identificar a conclusão principal de Mill. Evidentemente, Mill deseja defender a idéia de que *há casos* nos quais a lei precisa intervir para permitir aos indivíduos atingir *o que desejam*, e tenta fazer isso descrevendo um caso desse tipo, para "ilustrá-lo". Em vista disso, precisamos sublinhar como conclusão principal do autor a afirmativa genérica que faz a respeito de sua tese tanto na frase (b) quanto na frase (t). A frase (b) diz o seguinte:

> C Há questões em que se requer a interferência da lei não para sobrepujar o juízo dos indivíduos a respeito dos próprios interesses, mas para garantir a eficácia desse juízo: esses indivíduos mostram-se incapazes de garantir a eficácia desse juízo a não ser por meio de um acordo, acordo esse que não pode, mais uma vez, ser garantido se não receber validade da lei e se não for sancionado pela lei.

Se nos perguntarmos: "Que razão imediata nos é apresentada no texto para aceitarmos C?", a resposta será, obviamente, a conclusão do "caso ilustrado", da linha (s):

(1) Pressupondo-se [...] que seria do interesse de todos trabalhar apenas nove horas caso cada um tivesse a garantia de que todos os outros fariam o mesmo, não haveria outra forma de atingir esse objetivo a não ser convertendo o suposto acordo mútuo em algo obrigatório sob a ameaça de punição, consentindo em vê-lo garantido pela lei.

O interesse maior, no que diz respeito a esse texto, gira em torno do raciocínio a favor de (1); no entanto, se nos perguntarmos neste ponto "Que razões imediatas são apresentadas para (1)?", a pergunta se revela surpreendentemente difícil de ser respondida e há vários motivos para isso. Isso se dá em parte porque não existem indicadores explícitos de argumento, em parte porque Mill constrói frases longas e complexas do ponto de vista lógico e em parte porque a conclusão (1) é em si mesma complicada. Ela afirma algo recorrendo à fórmula: "Pressupondo-se W se X, pode não haver meios de atingir Y a não ser recorrendo a Z". Porém, quem compreende (1), tem de ser capaz de oferecer uma explicação qualquer de como poderia decidir se essa conclusão é falsa ou verdadeira (ver princípio *, p. 34). Então, para seguir adiante, deve-se colocar a Pergunta de Asseribilidade, ou seja, "O que poderia mostrar que (1) é verdadeiro?".

Evidentemente, a maneira mais óbvia de fazer isso passa por avaliar as supostas alternativas e mostrar que essas podem não cumprir ou não vão cumprir seu objetivo. Então, a pergunta é "Que alternativas há à força da lei?" ou, o que seria equivalente segundo o contexto, "Que espaço de manobra existe para uma ação voluntária eficiente?". Mill parece ter em consideração, em termos gerais, três possibilidades. Primeiro, tem em consideração o que acontece caso um indivíduo tente agir *sozinho* "para dar um exemplo"; em seguida, o que acontece caso os indivíduos tentem agir *juntos* por meio de um "acordo geral"; e, por fim, o que acontece se "uma ampla maioria" adere "por decisão espontânea" à jornada de nove horas de trabalho.

O argumento dele para defender a ineficiência da primeira possibilidade pode ser encontrado facilmente por meio do indicador de argumento e por meio do contexto. Qual seja:

(3) Um trabalhador que se recusasse a trabalhar mais de nove horas enquanto houvesse outros dispostos a trabalhar dez ou não conseguiria nenhum emprego ou, caso contratado, se veria obrigado a abrir mão de um décimo de seus ganhos.

logo

(2) No entanto, independentemente de quanto estivesse [...] convencido de que trabalhar menos atenderia aos interesses de sua classe, o trabalhador feriria os próprios interesses ao dar o exemplo, a não ser que tivesse garantias de que todos ou a maioria dos seus companheiros o seguiriam.

O argumento de Mill para criticar a eficácia da segunda possibilidade parece igualmente fácil de encontrar. Ele pergunta se "um acordo geral para toda a classe [...] não seria eficaz mesmo que não fosse sancionado pela lei" e responde:

(6) Se quase todos se restringissem a trabalhar nove horas, os que optassem por trabalhar dez se valeriam das vantagens proporcionadas pela restrição e se valeriam do lucro de infringi-la; receberiam o salário de dez horas de trabalho por nove horas trabalhadas mais o salário por uma hora a mais.

logo

(5) independentemente de quão benéfica seja a observância da regulamentação para a classe como um todo, o interesse imediato de todos os indivíduos seria violá-la

logo

(4) [Mesmo] um acordo geral para toda a classe [...] não seria eficaz [...] a menos que garantido por um consenso na prática tão rigoroso quanto aquele proporcionado pela lei.

A opinião dele a respeito da terceira possibilidade parece ser a de que essa seria a situação mais desejável, mas que essa também seria uma situação provavelmente instável. O argumento:

(8) Provavelmente [...] um número tão grande dos trabalhadores preferiria a jornada de trabalho de dez horas nas condições melhoradas que seria impossível a limitação ser preservada como prática geral: o que alguns fizeram por opção outros se veriam obrigados a fazer por necessidade, e os que haviam escolhido as jornadas mais longas a fim de ganhar mais seriam obrigados, ao final, a trabalhar mais sem receber um salário maior do que o que recebiam antes

logo

(7) [A escolha da maioria pode não ter eficácia.]

Conseqüentemente, o argumento de Mill pode ser representado resumidamente segundo o diagrama esboçado a seguir:

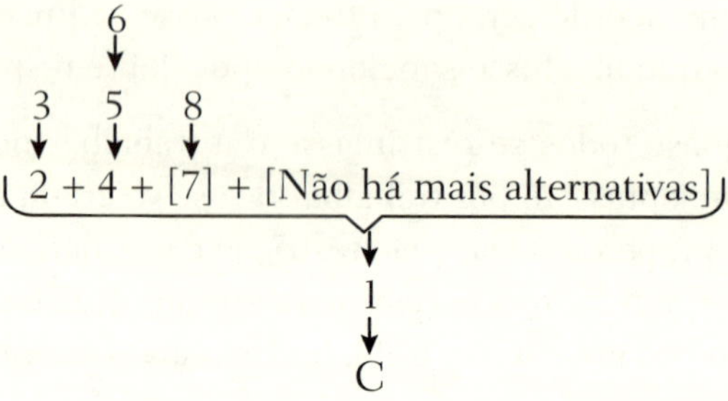

Há, com certeza, outras formas de representar o argumento, mas adotamos este enfoque (lançando mão da Pergunta de Asseribilidade) porque essa parece ser a forma mais simples de extrair tudo o que é *necessário* para compreender e avaliar um argumento. A linha de raciocínio de Mill serve-se de várias "suposições" e poderíamos analisá-la de forma bastante diferente usando as técnicas a serem apresentadas no próximo capítulo. Mas é provável que esse esforço não valesse a pena (que não produzisse nenhum conhecimento maior sobre o material analisado). Talvez se pudesse utilizar o formalismo da lógica de predicados (ver p. 280 e seguintes) a fim de analisar o argumento. Isso, no entanto, *não* valeria a pena, certamente, se nosso objetivo é identificar o mais rápida e eficientemente que pudermos as eventuais debilidades contidas no texto. Não há dúvida de que nosso enfoque depende em grande medida da compreensão do texto – o enfoque esboçado no Capítulo 2 é básico e deixa propositadamente espaço para juízos baseados em tal compreensão –, mas também pretende ser relativamente eficiente.

Feitas as marcações conforme o método do Capítulo 2, o texto de Mill ficaria desta forma:

> Preciso pedir atenção especial para a quarta exceção, já que, segundo acredito, a atenção dos economistas políticos não se deixou atrair suficientemente por ela. <u>Há questões em que se requer a interferência da lei não para sobrepujar o juízo dos indivíduos a respeito</u>

dos próprios interesses, mas para garantir a eficácia desse juízo: esses indivíduos mostram-se incapazes de garantir a eficácia desse juízo a não ser por meio de um acordo, acordo esse que não pode, mais uma vez, ser garantido se não receber validade da lei e se não for sancionado pela lei. Para ilustrar o caso, e sem formar um juízo prévio sobre esse ponto específico, posso aludir à questão da diminuição da jornada de trabalho. Suponhamos (algo difícil de ser suposto, seja isso um fato ou não) que a redução generalizada da jornada de trabalho nas fábricas, digamos de dez para nove horas, beneficiaria os trabalhadores, que receberiam por nove horas de trabalho salários tão altos quanto ou quase tão altos quanto os que recebiam por dez. Caso fosse esse o resultado, e se os envolvidos estivessem convencidos de que esse seria o resultado, a limitação, poderiam defender alguns, será adotada espontaneamente. Eu respondo que ela não será adotada enquanto um corpo de interessados não se formar para insistir a respeito
3 dessa limitação. ⟨Um trabalhador que se recusasse a
trabalhar mais de nove horas enquanto houvesse outros
3 ↓ 2 dispostos a trabalhar dez ou não conseguiria emprego
ou, caso contratado, se veria obrigado a abrir mão de
um décimo de seus ganhos.⟩ ⟨Independentemente de
2 quanto estivesse, por isso, convencido de que trabalhar menos atenderia aos interesses de sua classe, o trabalhador feriria os próprios interesses ao dar o exemplo, a não ser que tivesse garantias de que todos ou a maioria dos seus companheiros o seguiriam.⟩ Mas suponha ⟨ter sido firmado um acordo geral para toda a classe: não seria isso eficaz mesmo que não fosse san-
4 cionado pela lei?⟩ Não se não for imposto por um con-
6 ↓ senso na prática tão rigoroso quanto aquele proporcio-
5 ↓ 5 nado pela lei. Porque, ⟨independentemente de quão
4 benéfica seja a observância da regulamentação para a

classe como um todo, o interesse imediato de todos os indivíduos seria violá-la⟩: e quanto mais indivíduos aderissem à regra, mais se beneficiariam os indivíduos
6 que a rejeitassem. ⟨Se quase todos se restringissem a trabalhar nove horas, os que optassem por trabalhar dez se valeriam das vantagens proporcionadas pela restrição e se valeriam do lucro de infringi-la; receberiam o salário de dez horas de trabalho por nove horas trabalhadas mais o salário por uma hora a mais.⟩ Concordo que se uma ampla maioria dos trabalhadores aderir às nove horas não haveria nenhum prejuízo; o benefício valeria, em sua maior parte, para a classe, enquanto os que desejassem trabalhar mais e ganhar mais teriam a chance de fazê-lo. Esse, com certeza, seria o panorama a ser desejado. E, pressupondo-se que uma redução das horas de trabalho sem uma diminuição dos salários poderia dar-se sem prejudicar a entrada das mercadorias em seus mercados – algo que, sob qualquer aspecto, é uma questão factual, não uma questão de princípio –, a maneira mais desejável para que se garantisse esse efeito seria por meio de uma mudança tranqüila nos hábitos do mercado; a jornada de trabalho menor tornando-se, por decisão espontânea, a prática geral, mas sem tirar dos que não desejassem adotá-la toda a liberdade de fazê-lo. ⟨Provavelmente, no entanto, um
8 número tão grande dos trabalhadores preferiria a jornada de trabalho de dez horas nas condições melhoradas que a limitação não poderia ser preservada como prática geral: o que alguns fizeram por opção outros se veriam obrigados a fazer por necessidade, e os que haviam escolhido as jornadas mais longas a fim de ganhar mais seriam obrigados, ao final, a trabalhar mais sem receber um salário maior do que o que recebiam antes.⟩ ⟨Pressupondo-se então que seria do interesse de todos trabalhar apenas nove horas caso cada um

8
↓
7 [A escolha da maioria pode não ter eficácia.]

2 + 4 + [7] + [Não há outras alternativas.]
↓
1

tivesse a garantia de que todos os outros fariam o mesmo, não haveria outra forma de atingir esse objetivo a não ser convertendo o suposto acordo mútuo em algo compulsório sob a ameaça de punição, consentindo em vê-lo garantido pela lei.⟩ Não estou expressando nenhuma opinião favorável a um decreto-lei do tipo, algo nunca requerido neste país, e que eu, certamente, sob as condições atuais, não recomendaria: mas isso
1 ↓ serve para exemplificar a forma pela qual grupos de
C C pessoas podem precisar da ajuda da lei a fim de tornar efetivo o juízo elaborado coletivamente a respeito dos próprios interesses, provendo a cada indivíduo uma garantia de que seus competidores seguirão o mesmo caminho dele, sem o que ele não poderia adotar para si mesmo, com segurança, esse caminho.

III "Teste para um bom argumento" aplicado ao texto de Mill

Tendo esclarecido o argumento de Mill, podemos nos perguntar agora se estabelece a sua conclusão. Já vimos que a linha de raciocínio do autor possui a estrutura correta, i.e., ele avalia as alternativas aparentes e argumenta que essas não funcionarão. Cabe-nos neste ponto, então, analisar os detalhes desse raciocínio.

A inferência a favor de (2) partindo de (3),

(2) o trabalhador feriria os próprios interesses ao dar o exemplo, a não ser que tivesse garantias de que todos ou a maioria dos seus companheiros o seguiriam,

é difícil de ser contestada. Há muitos casos semelhantes. Se todos ou a maioria dos motoristas de carro se recusassem a pagar uma tarifa suplementar imposta pelo governo, não há dúvida de que o governo teria de repensar o caso; mas se um motorista se recusar a pagar a fim de "dar o exemplo", acabará, mais cedo ou mais tarde, sendo impedido de dirigir! Sem dúvida, o leitor poderá imaginar outras situações nas quais algo atende ao interesse de todos, mas nas quais uma pessoa acabará por ser prejudicada caso tente dar o exemplo e nenhum dos outros ou apenas um pequeno número deles a siga.

Analisemos a seguir o argumento que se levanta contra a eficácia de um acordo geral:

(6) Se quase todos se restringissem a trabalhar nove horas, os que optassem por trabalhar dez se valeriam das vantagens proporcionadas pela restrição junto e se valeriam do lucro de infringi-la; receberiam o salário de dez horas de trabalho por nove horas trabalhadas mais o salário por uma hora a mais.

logo

(5) independentemente de quão benéfica seja a observância da regulamentação para a classe como um todo, o interesse imediato de todos os indivíduos seria violá-la

logo

(4) [Mesmo] um acordo geral para toda a classe [...] não seria eficaz [...] a menos que garantido por um consenso na prática tão rigoroso quanto aquele proporcionado pela lei.

Tomando (6) como verdadeiro, poderia a afirmação (5), a julgar-se pelos padrões adequados do que é ou não possível, ser falsa? A fim de responder a essa pergunta será preciso meditar um pouco: é possível deduzir que “o interesse imediato de todos os indivíduos seria violar” o limite das nove horas de trabalho? A resposta, com certeza, dependerá de saber que valor cada pessoa dá a uma hora extra de lazer quando comparada com uma hora extra de salário. Alguns podem dar mais valor ao lazer extra do que ao salário extra, então *não* seria do interesse deles violar o limite de nove noras. Nesse caso, (5) não pode ser deduzido de (6), a menos que haja outras pressuposições a respeito do fato de todos preferirem ganhar mais a ter mais horas de lazer (e essa pode ter sido uma pressuposição apropriada na época de Mill).

É claro que o argumento de Mill pode ser salvo colocando no lugar da afirmação (5) a seguinte:

(5a) independentemente de quão benéfica seja a observância da regulamentação para a classe tomada coletivamente, o interesse imediato de *alguns indivíduos* seria violá-la.

E saber se um "acordo geral" teria "eficácia" na preservação do limite de nove horas dependeria exclusivamente de saber *quantas* pessoas acreditam que se beneficiariam ao violá-lo. Mill pode ter tido ciência dessa linha de raciocínio porque aceita nesse contexto que:

> se uma ampla maioria dos trabalhadores aderir às nove horas, não haveria nenhum prejuízo (etc.)

e talvez devamos atribuir-lhe a intenção de explicar por que o acordo geral não funcionaria nem mesmo nessas circunstâncias quando afirma:

(8) Provavelmente [...] um número tão grande dos trabalhadores preferiria a jornada de trabalho de dez horas nas condições melhoradas que a limitação não poderia ser preservada como prática geral: o que alguns fizeram por opção outros se veriam obrigados a fazer por necessidade, e os que haviam escolhido as jornadas mais longas a fim de ganhar mais seriam obrigados, ao final, a trabalhar mais sem receber um salário maior do que o que recebiam antes.

Evidentemente, na forma como se apresenta o argumento de Mill, parece contar com uma falha, ao aduzir a inferência de que "o interesse imediato de *todos* os indivíduos seria o de violar a regulamentação de nove horas". A fim de sermos caridosos com Mill, deveríamos reconstruir sua linha de raciocínio conforme a estrutura exposta a seguir:

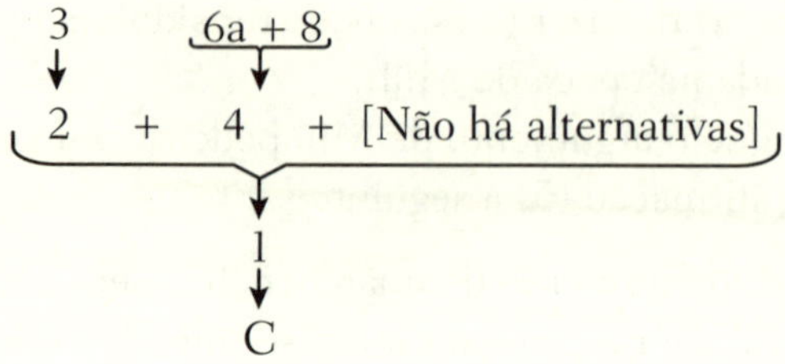

Abandonamos neste ponto as considerações sobre este argumento. Se "não há alternativas", então fica difícil encontrar quaisquer outras falhas no argumento que acabamos de diagramar. Deixamos ao leitor o encargo de avaliar se há ou não alternativas ou quaisquer outras falhas. O Exercício 6, na p. 294, relaciona-se diretamente com esse exemplo porque contém uma linha de raciocínio bastante semelhante.

O argumento de Mill serve como exemplo de um tipo de argumento bastante importante em economia e em algumas das ciências sociais e políticas. Baseia-se em um modelo de ser humano aceito genericamente – um "modelo de homem", conforme o chamam os teorizadores – e, a partir desse modelo, infere implicações para uma ação coletiva ou social. O modelo pressupõe que os seres humanos têm "interesses" – que são, em suma, o que cada pessoa vem a *preferir* ou *desejar*. (É claro que, sob esse ponto de vista, os interesses de uma pessoa podem ser muito diferentes dos interesses de outra; por exemplo, no caso citado por Mill, um trabalhador pode desejar mais dinheiro enquanto um outro desejaria mais tempo livre.) O modelo também pressupõe que cada um de nós, na medida em que somos *racionais*, zela *apenas pelos próprios* interesses. (De forma que, para recorrer novamente ao exemplo de Mill, um trabalhador nada fará para "beneficiar a classe trabalhadora" em função de um sentimento de solidariedade ou de lealdade com o grupo; ele fará algo se e somente se estiver convencido de que está agindo em seu *próprio* interesse.) Segundo os termos utilizados pelos utilitaristas – e na teoria microeconômica moderna –, o "homem econômico racional" tenta maximizar a *própria felicidade* ou "*utilidade*"*.

Pode-se argumentar que, se um tal "homem econômico racional" pertence a um grupo no qual todos possuem o mesmo objetivo, esse objetivo acabará, necessariamente, por ser atingido. Conforme diz Mancur Olson em sua obra seminal *A Lógica da Ação Coletiva*:

> Se os membros de um mesmo grupo possuem um interesse ou objetivo comum e se todos se beneficiassem caso esse objetivo fosse atingido, deve-se concluir logicamente que os indivíduos desse grupo, caso sejam racionais e estejam voltados para os próprios interesses, agiriam de forma a atingir aquele objetivo.

Mas isso *não* pode ser deduzido. Diz Olson:

> A menos que o número de indivíduos no grupo seja bastante diminuto, ou a menos que haja uma coerção ou algum outro dispositivo capaz de fazer com que os indivíduos ajam defendendo seu interesse comum, os indivíduos racionais e voltados para os próprios interesses não agirão de forma a atingir seus interesses comuns ou de grupo.

Thomas Hobbes defendia uma concepção semelhante da natureza humana e chegou a uma conclusão parecida. No Capítulo 18 do livro *Leviatã*, diz o autor:

> Sendo os pactos feitos apenas de palavras e ar, não possuem, para obrigar, refrear ou constranger um homem, outra força que aquela conferida pela espada pública.

Concluindo, as idéias de Mill não são novidade e tampouco esgotam o assunto. Em termos genéricos, a luta por obter van-

* No original, *utility*, palavra que remete, portanto, à vertente filosófica conhecida como utilitarismo (N. do T.).

tagens pessoais pode provocar o que todos reconhecem como um resultado indesejável. O problema é como evitar isso, e a coerção por força de lei talvez seja o único caminho. Os argumentos a respeito dessa questão mostram-se complicados e fascinantes; de fato, os problemas surgidos aí fizeram nascer um ramo totalmente novo da matemática chamado de "teoria dos jogos". Não podemos nos aprofundar mais a respeito desse ponto, mas gostaríamos de observar que, se a liberdade consiste em fazer o que se deseja, então talvez seja necessário submeter-se a uma limitação jurídica para consegui-lo! (Um exercício relacionado com essa questão pode ser consultado na p. 294.)

6
Argumentos sobre a existência de Deus

Deus existe? Há muitos argumentos fascinantes relacionados com esse assunto e, neste capítulo, analisaremos apenas dois deles. Agimos assim em parte para fornecer mais exemplos na utilização de nosso método de análise e avaliação de argumentos, mas também para ver como o método lida com dois tipos diferentes de argumento – os argumentos retóricos e os filosóficos. Começaremos com um texto de Richard Dawkins chamado "Quanto melhor alguém compreende a teoria da evolução, mais se aproximará do ateísmo". Depois, analisaremos um texto de A. J. Ayer.

PARTE A: DAWKINS

I Dawkins: "Quanto melhor alguém compreende a teoria da evolução, mais se aproximará do ateísmo"

O doutor Richard Dawkins é professor de Divulgação Pública das Ciências na Universidade Oxford. É conhecido mundialmente por seus trabalhos em biologia, especialmente os livros bastante acessíveis nos quais explica essa área do conhecimento, como *O Gene Egoísta*, *O Relojoeiro Cego*, *O Rio que Saía do Éden* e outros mais. O texto transcrito a seguir é uma versão editorada do discurso proferido pelo cientista no Festival Internacional de Ciências de Edimburgo, em 15 de abril de 1992, e foi reimpresso com autorização do doutor Dawkins a partir de uma versão divulgada pelo jornal *The Independent* (os parágrafos aparecem marcados para facilitar as remissões futuras):

(a) Na qualidade de darwiniano, algo me chama atenção quando olho para a religião. A religião revela um padrão de hereditariedade que, segundo creio, se assemelha à hereditariedade genética. A grande maioria das pessoas filia-se a uma ou outra religião. Há centenas de seitas religiosas, e todas as pessoas religiosas são fiéis a apenas uma delas.

(b) Em todas as seitas do mundo, notamos uma coincidência incrível: a maioria acachapante das pessoas costuma escolher aquela à qual pertenciam seus pais. Não a seita que apresenta as melhores provas em seu favor, os melhores milagres, o melhor código moral, a melhor catedral, os melhores vitrais, a melhor música. Quando se trata de escolher entre a miríade de religiões disponíveis, as potenciais virtudes delas parecem não ter importância quando comparadas com o fator hereditário.

(c) Esse é um fato indiscutível; ninguém poderia negá-lo com veemência. Ainda assim, as pessoas, mesmo tendo consciência plena da natureza arbitrária dessa hereditariedade, de alguma forma conseguem continuar acreditando em suas religiões, freqüentemente com um fanatismo tal que se mostram dispostas a assassinar os que seguem um credo diferente.

(d) As verdades sobre o cosmos são verdadeiras em todo o universo. Não são diferentes no Paquistão, no Afeganistão, na Polônia ou na Noruega. Ainda assim, estamos aparentemente preparados para aceitar que a religião adotada por nós é uma questão semelhante a um acidente geográfico.

(e) Se se pergunta às pessoas por que estão convencidas da verdade de suas religiões, elas não apelarão à hereditariedade. Dita dessa forma, a constatação soa por demais óbvia e estúpida. E nem apelam para provas. Não há nenhuma prova, e, hoje em dia, os mais bem instruídos admitem isso. Não, elas apelam para a fé. A fé é o grande pretexto, a grande desculpa para escapar da necessidade de pensar e de avaliar os fatos. A fé é a crença apesar da, ou mesmo talvez por causa da, falta de provas. O pior disso tudo é que o restante de nós é instado a respeitar isso; a tratar isso com luvas de pelica.

(f) Se o funcionário de um abatedouro não obedece às leis no que diz respeito à crueldade em relação aos animais, será devidamente processado e punido. Mas, se argumenta que suas práticas cruéis são necessárias em vista de seu credo religioso, retrocedemos de forma educada e permitimos que continue com aquilo. Qualquer outra postura que alguém adote poderá ser defendida com argumentos razoáveis. Mas a fé é imune. À fé permite-se não ter de justificar-se por meio de argumentos. A fé deve ser respeitada: e se você não a respeita acabará acusado de violar os direitos humanos básicos.

(g) Mesmo os que não possuem credo algum sofreram uma lavagem cerebral para respeitar o credo dos outros. Quando os chamados líderes da comunidade muçulmana vão às rádios e defendem o assassinato de Salman Rushdie, cometem claramente o crime de incitação ao homicídio – um crime pelo qual seriam normalmente processados e possivelmente detidos. Mas são eles presos? Não são, e isso porque nossa sociedade secular respeita o credo deles e compreende as ofensas e insultos de que venha a ser alvo.

(h) Esse não é meu caso. Respeitarei as opiniões dos senhores se puderem justificá-las. Mas, se os senhores justificarem suas opiniões limitando-se a afirmar que têm fé nelas, conseqüentemente não as respeitarei.

(j) Gostaria de concluir regressando à ciência. Diz-se com freqüência [...] que, apesar de não haver prova positiva a respeito da existência de Deus, tampouco há uma prova contra a existência dEle. Conseqüentemente, o melhor é manter a mente aberta e ser agnóstico.

(k) À primeira vista, essa parece ser uma postura inatacável, ao menos no sentido pouco contundente da aposta de Pascal. Mas, pensando melhor, esse parece ser um pretexto, porque o mesmo poderia ser dito a respeito de Papai Noel e das fadas. Pode haver fadas no fundo dos jardins. Não há provas sobre a existência delas, mas não se pode *provar* que não existem. Conseqüentemente, não deveríamos ser agnósticos a respeito das fadas?

(m) O problema com o argumento agnóstico é que pode ser usado para qualquer coisa. Há uma infinidade de crenças hipotéticas que se podem adotar e que não podem ser descartadas por meio de provas positivas. Em geral, as pessoas costumam não acreditar na maioria delas, tais como fadas, unicórnios, dragões, Papai Noel, e assim por diante. Mas acreditam em um Deus criador e, junto com isso, na bagagem específica que acompanha a religião dos pais delas, independentemente de qual seja essa bagagem.

(n) Suspeito que o motivo disso seja que a maior parte das pessoas [...], de toda forma, possui um sentimento residual de que a evolução darwiniana não é grande o suficiente para explicar tudo a respeito da vida. Tudo o que posso dizer, na qualidade de biólogo, é que esse sentimento desaparece progressivamente quanto mais se lê sobre e se estuda o que se sabe a respeito da vida e da evolução.

(p) Permitam-me acrescentar ainda algo mais. Quanto mais se compreende o significado da evolução, mais se é levado para longe da postura agnóstica e para perto do ateísmo. Eventos complexos e estatisticamente improváveis revelam-se, por sua natureza, mais difíceis de ser explicados do que eventos simples e estatisticamente prováveis.

(q) A grande beleza da teoria evolucionista de Darwin reside no fato de que explica como coisas difíceis e complexas de compreender poderiam ter surgido de passo em passo, plausivelmente, a partir de um início simples e fácil de compreender: hidrogênio puro e uma grande quantidade de energia. Nossas explicações científicas, darwinianas, nos levam, por meio de uma série de passos graduais e bem compreendidos, até as imensamente espetaculares beleza e complexidade da vida.

(r) A hipótese alternativa, de que tudo começou por meio de um criador sobrenatural, não se mostra apenas supérflua; mostra-se também altamente improvável. Acaba por ser arruinada pelo próprio argumento levantado em favor dela. Isso porque qualquer deus digno desse nome precisaria ter uma inteligência colossal, uma mente superpoderosa, precisaria ser uma entidade de complexidade e sofisticação enormes. Em outras palavras, uma entidade de probabilidade estatística extremamente baixa – um ser muito improvável.

(s) Mesmo que a postulação de tal entidade conseguisse explicar alguma coisa (e não precisamos disso para fazê-lo), isso ainda assim não seria de grande ajuda porque acaba por criar um mistério ainda maior em vez de solucioná-lo.

(s) A ciência nos oferece uma explicação sobre como o complexo (o difícil) surge do simples (do fácil). A hipótese de Deus não oferece nenhuma explicação de valor para coisa alguma porque postula simplesmente a dificuldade de explicar e deixa as coisas como estão. Não podemos provar a inexistência de Deus, mas podemos concluir com segurança que Ele é, de fato, muitíssimo improvável.

Como dissemos no caso dos exemplos anteriores (ver p. 48), nosso interesse imediato resume-se a descobrir claramente o que Dawkins está argumentando e a mostrar ao leitor quão longe podemos ir se seguirmos o método apresentado no Capítulo 2. Mas será útil ao leitor responder às perguntas abaixo antes de prosseguir. Essas perguntas serão depois respondidas, na discussão apresentada logo adiante.

Perguntas

(1) Qual a conclusão principal de Dawkins no texto?

(2) Esboce a linha de raciocínio adotada por Dawkins para acreditar que Deus "é, de fato, muitíssimo improvável".

(3) Qual o raciocínio de Dawkins para acreditar que a hipótese "de que tudo começou por meio de um criador sobrenatural" é supérflua?

(4) Que tipo de *prova* pode dar sustentaçao às crenças religiosas de alguém?

(5) O que poderia mostrar que:

  (i) A frase "a religião revela um padrão de hereditariedade que, segundo creio, assemelha-se à hereditariedade genética" é (a) verdadeira ou (b) falsa?

  (ii) A frase: "a fé é a crença apesar da [...] falta de provas" é (a) verdadeira ou (b) falsa?

  (iii) A frase: "a existência de Deus é estatisticamente muito improvável" é (a) verdadeira ou (b) falsa?

II Extraindo os argumentos do texto de Dawkins

A fim de extrair os argumentos do texto de Dawkins, adotamos os passos descritos no Capítulo 2. Ou seja, primeiro fazemos um círculo em torno de todos os indicadores explícitos de argumento. Esses não são óbvios, mas parecem ser "porque" (j), "Isso porque" (o), "porque" (p), "porque" (q) e, finalmente, "podemos concluir com segurança que" (q). Os indicadores de argumento não são óbvios porque há várias expressões que se parecem com indicadores de argumento, mas que funcionam de maneira diferente. Assim, "por causa da" (e), "porque" (g) e "o motivo disso seja" (l) apresentam explicações, e não razões (ver p. 27, seção (iii)). Da mesma forma, as partículas "Conseqüentemente" em (j) e (k) estão sendo apenas citadas, mas não usadas, ou seja, Dawkins discute argumentos asseridos por outras pessoas. No entanto, não está ele próprio asserindo-os (a noção de "asserção" é explicada na p. 262).

A seguir, colocamos entre chaves todas as razões indicadas claramente e sublinhamos os indicadores de conclusão indicados claramente, usando para isso os indicadores de inferência como ponto de apoio. Fica razoavelmente evidente que a conclusão principal de Dawkins é a seguinte:

> [Deus] é, de fato, muitíssimo improvável.

ou

> Apesar de não podermos provar que Deus não existe, [...] Ele é, de fato, muitíssimo improvável.

Outras conclusões aparecem antes no texto:

> A hipótese de Deus não oferece nenhuma explicação de valor para coisa nenhuma
>
> Mesmo que postular tal entidade conseguisse explicar alguma coisa (e não precisamos disso para fazê-lo), isso ainda assim não seria de grande ajuda
>
> A hipótese alternativa, de que tudo começou por meio de um criador sobrenatural, não se mostra apenas supérflua; mostra-se também altamente improvável

e,

> Parece ser um subterfúgio o argumento de que, "apesar de não haver nenhuma prova positiva a respeito da existência de Deus, há tampouco uma prova contra a existência dEle. Conseqüentemente, o melhor é manter a mente aberta e ser agnóstico".

Não é fácil encontrar conclusões (afirmativas sobre as quais se apresentam argumentos) na primeira parte do texto de Dawkins. O autor assevera que:

> A religião revela um padrão de hereditariedade que, segundo creio, se assemelha à hereditariedade genética

mas não se sabe ao certo se há ou não argumentos a respeito dessa declaração. No entanto, se fizermos a Pergunta de Asseribilidade "O que poderia mostrar que esta afirmação é verdadeira?", a resposta natural passaria pela necessidade de encontrarmos provas de que quase todos adotam a religião de seus pais (da mesma forma que herdam seus genes) e que isso é algo bastante próximo do que Dawkins assevera. Portanto, considera-se razoável atribuir ao autor a intenção de usar isso como razão para sua afirmação.

Fica também bastante claro que Dawkins critica com energia os que recorrem à "fé" para explicar suas convicções:

> Respeitarei as opiniões dos senhores se puderem justificá-las. Mas, se os senhores justificarem suas opiniões limitando-se a afirmar que têm fé nelas, conseqüentemente não as respeitarei.

No entanto, mais uma vez, não fica muito claro quais são os argumentos apresentados pelo autor para criticar aquele tipo de postura. Seus argumentos parecem ser que o apelo à fé é usado (i) para evadir-se à necessidade de avaliar os fatos e (ii) para justificar algum tipo deplorável de atitude – incluindo tanto a incitação ao assassinato quanto os atos de crueldade em algumas práticas usadas no abatimento de animais.

Se for aceito o que ficou dito até agora, o texto de Dawkins deveria receber as seguintes marcações:

(a) Na qualidade de darwiniano, algo me chama atenção
quando olho para a religião. A religião revela um padrão
1 de hereditariedade que, segundo creio, se assemelha à
hereditariedade genética. A grande maioria das pessoas
2 filia-se a uma religião ou outra. Há centenas de seitas
↓ religiosas, e todas as pessoas religiosas são fiéis a ape-
1 nas uma delas.

(b) Em todas as seitas do mundo, notamos uma coincidên-
2 cia incrível: ⟨a maioria acachapante das pessoas costu-
ma escolher aquela à qual pertenciam seus pais.⟩ Não
a seita que apresenta as melhores provas em seu favor,
os melhores milagres, o melhor código moral, a melhor
catedral, os melhores vitrais, a melhor música. Quando
se trata de escolher entre a miríade de religiões disponíveis, as potenciais virtudes delas parecem não ter importância quando comparadas com o fator hereditário.

(c) Esse é um fato indiscutível; ninguém poderia negá-lo com veemência. Ainda assim, as pessoas, mesmo tendo consciência plena da natureza arbitrária dessa hereditariedade, de alguma forma conseguem continuar acreditando em suas religiões, freqüentemente com um fanatismo tal que se mostram dispostas a assassinar os que seguem um credo diferente.

(d) As verdades sobre o cosmos são verdadeiras em todo o universo. Não são diferentes no Paquistão, no Afeganistão, na Polônia ou na Noruega. Ainda assim, estamos aparentemente preparados para aceitar que a religião adotada por nós é uma questão semelhante a um acidente geográfico.

(e) Se se pergunta às pessoas por que estão convencidas da verdade de suas religiões, elas não apelarão à hereditariedade. Dita dessa forma, a constatação soa por demais óbvia e estúpida. E nem apelam para provas. Não há nenhuma prova, e, hoje em dia, os mais bem instruídos admitem isso. Não, elas apelam para a fé. ⟨A fé é o grande
3 pretexto, a grande desculpa para escapar da necessidade
de pensar e de avaliar os fatos.⟩ A fé é a crença apesar
da, ou mesmo talvez por causa da, falta de provas. O pior
disso tudo é que o restante de nós é instado a respeitar
isso; a tratar isso com luvas de pelica.

(f) ⟨Se o funcionário de um abatedouro não obedece às leis
4a no que diz respeito à crueldade em relação aos animais,

será devidamente processado e punido. Mas, se argumenta que suas práticas cruéis são necessárias em vista de seu credo religioso, retrocedemos de forma polida e permitimos que continue com aquilo.〉 Qualquer outra postura que alguém adote poderá ser defendida com argumentos razoáveis. Mas a fé é imune. À fé permite-se não ter de justificar-se por meio de argumentos. A fé deve ser respeitada: e se você não a respeita acabará acusado de violar os direitos humanos básicos.

4a + 4b
↓
apelo à fé é usado para justificar atividades deploráveis + 3
↓
5

(g) Mesmo os que não possuem credo algum sofreram uma lavagem cerebral para respeitar o credo dos outros. 〈Quando os chamados líderes da comunidade muçul-
4b mana vão às rádios e defendem o assassinato de Salman Rushdie, cometem claramente o crime de incitação ao homicídio – um crime pelo qual seriam normalmente processados e possivelmente detidos.〉 Mas são eles presos? Não são, e isso porque nossa sociedade secular respeita o credo deles e compreende as ofensas e insultos de que venha a ser alvo.

(h) Esse não é o meu caso. Respeitarei as opiniões dos senhores se puderem justificá-las. Mas, se os senhores jus-
5 tificarem suas opiniões limitando-se a afirmar que possuem fé nelas, conseqüentemente não as respeitarei.

[O argumento]

(j) Gostaria de concluir regressando à ciência. Diz-se com freqüência [...] que, apesar de não haver nenhuma prova positiva a respeito da existência de Deus, tampouco há uma prova contra a existência dEle. Conse-
6 qüentemente, o melhor é manter a mente aberta e ser agnóstico.

(k) À primeira vista, essa parece ser uma postura inatacável, ao menos no sentido pouco contundente da aposta
6 (Cont.) de Pascal. Mas, pensando melhor, esse parece ser um
7 pretexto, [porque] 〈o mesmo poderia ser dito a respeito de Papai Noel e das fadas〉. Pode haver fadas no fundo

7
↓
6

dos jardins. Não há provas sobre a existência delas, mas não se pode *provar* que elas não existem. Conseqüentemente, não deveríamos ser agnósticos a respeito das fadas?

(m) O problema com o argumento agnóstico é que pode ser usado para qualquer coisa. Há uma infinidade de crenças hipotéticas que se podem adotar e que não podem ser descartadas por meio de provas positivas. Em geral, as pessoas costumam não acreditar na maioria delas, tais como fadas, unicórnios, dragões, Papai Noel, e assim por diante. Mas, acreditam em um Deus criador e, junto com isso, na bagagem específica que acompanha a religião dos pais delas, independentemente de qual seja essa bagagem.

(n) Suspeito que o motivo disso seja que a maior parte das pessoas [...], de toda forma, possui um sentimento residual de que a evolução darwiniana não é grande o suficiente para explicar tudo a respeito da vida. Tudo o que posso dizer, na qualidade de biólogo, é que esse sentimento desaparece progressivamente quanto mais se lê sobre e se estuda o que se sabe a respeito da vida e da evolução.

(p) Permitam-me acrescentar ainda algo mais. Quanto mais se compreende o significado da evolução, mais se é levado para longe da postura agnóstica e para perto do ateísmo. Eventos complexos e estatisticamente improváveis revelam-se, por sua natureza, mais difíceis de ser explicados do que eventos simples e estatisticamente prováveis.

(q) A grande beleza da teoria evolucionista de Darwin reside no fato de que explica como coisas difíceis e complexas de compreender poderiam ter surgido de passo em passo, plausivelmente, a partir de um início simples e fácil de compreender: hidrogênio puro e uma grande quantidade de energia. Nossas explicações científicas, darwinianas, nos levam, por meio de uma série de pas-

sos graduais e bem compreendidos, até as imensamen-
te espetaculares beleza e complexidade da vida.
8 (r) A hipótese alternativa, de que tudo começou por meio
de um criador sobrenatural, não se mostra apenas su-
pérflua; mostra-se também altamente improvável. Aca-
ba por ser minada pelo próprio argumento levantado
em favor dela. [Isso porque] ⟨qualquer deus digno des-
se nome precisaria ter uma inteligência colossal, uma
9 mente superpoderosa, precisaria ser uma entidade de
complexidade e sofisticação enormes. Em outras pala-
vras, uma entidade de probabilidade estatística extre-
mamente baixa – um ser muito improvável⟩.
11 ↓ 10 10 (s) Mesmo que a postulação de tal entidade conseguis-
11 se explicar alguma coisa (e não precisamos disso para
fazê-lo), isso ainda assim não seria de grande ajuda
[porque] ⟨acaba por criar um mistério ainda maior em
vez de solucioná-lo⟩.
(t) A ciência nos oferece uma explicação sobre como o
13 ↓ 12 12 complexo (o difícil) surge do simples (do fácil). A hi-
pótese de Deus não oferece nenhuma explicação válida
para coisa nenhuma [porque] ⟨postula simplesmente
a dificuldade de explicar e deixa as coisas como es-
13 tão⟩. Não podemos provar a inexistência de Deus, mas
14 [podemos concluir com segurança que] Ele é, de fato,
muitíssimo improvável.

Embora não seja fácil ter certeza, a estrutura completa do argumento parece algo como o que se segue:

> (1) As crenças religiosas são herdadas (não baseadas no pensamento racional); os apelos à fé não justificam as crenças religiosas e não devem ser respeitados; (6) o argumento do agnosticismo para a existência de Deus não justifica sua conclusão; **e** (8) Deus é supérfluo e um ser improvável e, **Assim** [embora não se possa provar que Deus não exista] (14) a existência de Deus é, de fato, muito, muito improvável.

III "Testes para um bom argumento" aplicados aos argumentos de Dawkins

Tendo esclarecido o que pudemos a respeito do assunto sobre o qual Dawkins argumenta, podemos nos perguntar se os argumentos levantados pelo autor fundamentam sua conclusão. Já tratamos dessa questão em alguns casos anteriores – quando usamos a Pergunta de Asseribilidade para extrair do texto o melhor raciocínio possível –, no entanto, há muito mais a ser feito.

Passemos agora à análise dos sucessivos argumentos contidos no texto de Dawkins e vejamos que juízo podemos formar.

IIIa "A religião é (quase) herdada"

Pressupondo provisoriamente que Dawkins *defende* que "a religião revela um padrão de hereditariedade semelhante à hereditariedade genética", nos perguntamos: o argumento dele estabelece a sua conclusão? Primeiro, devemos avaliar se as premissas são verdadeiras e, então, caso sejam verdadeiras, se a conclusão poderia ser falsa a julgar pelos padrões apropriados. É verdade que a maioria acachapante das pessoas adota a religião de seus pais? É verdade que os méritos de cada um dos credos não conta muito? Essa é uma afirmação puramente empírica e os fatos poderiam ser verificados. Sendo assim, que tipo de prova seria necessário para estabelecer a conclusão de Dawkins? Se quase todas as pessoas (do mundo) adotarem a religião de seus pais, então "a religião revela, sim, um padrão de hereditariedade semelhante à hereditariedade genética", mas, se "um número suficiente" de pessoas adota uma religião diferente da de seus pais, então, de forma semelhante, a afirmação teria sido posta em causa. Evidentemente, se 99 por cento das pessoas adotam a religião de seus pais, então a afirmação de Dawkins fica fortemente sustentada, mas se apenas 50 por cento o fazem, não. De toda forma, é difícil traçar uma linha e dizer que porcentagem nos convenceria a favor ou contra a afirmação do autor.

Talvez, no entanto, tenhamos interpretado erroneamente suas intenções. Talvez Dawkins não esteja argumentando a respeito de uma tese, mas simplesmente asseverando uma analogia evidente a fim de provar que a maior parte das pessoas adota uma religião sem se perguntar sobre os credos alternativos – e, certamente, sem meditar racionalmente sobre o que há a favor e contra cada uma dessas alternativas. Se essa é a intenção de Dawkins, meu palpite é que ele esteja muito provavelmente certo, apesar de uma investigação mais detida poder mostrar o contrário em vários casos.

IIIb "Fé *versus* fatos"

Obviamente, Dawkins critica com veemência o fato de alguém apelar à "fé" para justificar suas crenças religiosas e, como já dissemos, seu argumento parece ser que, nesses casos, se usa o apelo à fé para (i) fugir à necessidade de avaliar os fatos e (ii) justificar algum tipo deplorável de atividade – incluindo a incitação ao homicídio e a crueldade envolvida em algumas práticas de abatimento de animais. Mais uma vez, a fim de avaliar essa linha de raciocínio, precisamos nos perguntar se as afirmações básicas são verdadeiras e se justificam a sua conclusão (avaliando o caso segundo os padrões adequados).

A respeito da crueldade envolvida em algumas práticas de abatimento de animais, precisaríamos analisar com cuidado se há crueldade nesses casos e se ocorre com maior freqüência do que nas práticas de abatimento em que se utiliza algum método sedativo antes de matar os animais. Precisaríamos então decidir se tal tipo de crueldade infringiu a lei ou se, caso contrário, é injustificável. A crueldade fere a maior parte dos códigos morais, de forma que, diante deles, as práticas de abatimento de animais que manifestassem crueldade "desnecessária" não poderiam ser justificadas com facilidade e apelos simples às exigências da "fé" não seriam, com certeza, suficientes. Além disso, há grande chance de os defensores inteligentes de tais práticas de abatimento serem capazes de mostrar que dar sedativos revela-se freqüentemente ineficiente (significando que há crueldade) e que a justificação para o uso de seus métodos apresenta-se mais sutil do que os meros apelos à fé religiosa. Nesses casos, o "padrão adequado" para avaliar a situação passaria, seguramente, por saber se as práticas de abatimento requerem ou envolvem crueldade "desnecessária".

Tratando agora do *fatwa* decretado contra Salman Rushdie: tratou-se de um caso de "incitação ao homicídio" ou, de alguma outra forma, de um caso injustificado? (Salman Rushdie escreveu um livro chamado *Os Filhos da Meia-Noite* que foi condenado por alguns líderes muçulmanos por conter supostas blasfêmias contra o Islã. Como resultado, esses líderes decretaram um *fatwa* contra o escritor, autorizando e encorajando os muçulmanos a matar Rushdie.) Essa foi certamente uma atitude singular, interpretada de diferentes formas por diferentes grupos de pessoas. Muitos muçulmanos consideraram-na perfeitamente adequada – e justificada. Muitos "liberais" consideraram-na algo horrível de se fazer – e totalmente injustificada. Como deveríamos reagir? Para ser breve, teríamos de averiguar que ofensas foram praticadas pelo livro de Rushdie (em relação ao Islã, aos seguidores dele e talvez a outras pessoas) e se isso poderia justificar a decretação de um *fatwa* contra o escritor. Teríamos de avaliar os motivos nos quais se baseia o *fatwa* e como isso se encaixa em nosso código moral e no código moral do Islã. Essa seria uma questão complexa, uma questão na qual, certamente, meros apelos à "fé" religiosa se mostrariam insuficientes. Mas, conforme já dito para o caso anterior, defensores inteligentes do *fatwa* não se apoiariam, provavelmente, em simples apelos à sua fé.

Dawkins defende também que as pessoas apelam à fé a fim de fugir da necessidade de lidar com os fatos referentes às crenças religiosas. Suponhamos que fazemos a Pergunta de Asseribilidade quanto a uma crença religiosa – por exemplo: "Que argumento ou prova me permitiria aceitar que existe um

Deus cristão?". Muitas pessoas argumentam que as crenças religiosas apóiam-se em uma múltipla variedade de provas, entre as quais os textos "sagrados", fatos históricos comprovados, experiências "religiosas" pessoais, a vida de líderes religiosos e outros mais. Também se pode considerar que o sofrimento e a "existência do mal" são "problemas" para os que acreditam em um Deus cristão – esses fatos serviriam de provas que *negam* a existência de Deus. Esse é o tipo de consideração, em regra, importante para as crenças cristãs e, com certeza, Dawkins comete um erro ao dizer que os que acreditam em um Deus cristão não consideram tais questões.

IIIc "Agnosticismo em relação a Deus, fadas, unicórnios e dragões"

Passando ao argumento exposto por Dawkins nos parágrafos (j) (k) e (m), deparamos com o que parece ser uma manobra bastante hábil. O autor comenta o argumento de que:

> apesar de não haver nenhuma prova positiva a respeito da existência de Deus, tampouco há uma prova contra a existência dEle. Conseqüentemente, o melhor é manter a mente aberta e ser agnóstico.

Como diz o próprio Dawkins, essa parece uma argumentação plausível (a aposta de Pascal é o argumento apresentado na p. 4), mas a mesma linha de raciocínio nos levaria a justificar uma postura agnóstica em relação à existência de fadas, unicórnios e de Papai Noel. Mas a maior parte das pessoas não mantém a mente aberta quando se trata da existência desses seres. Então, o que está acontecendo nesse caso?

Vejamos o argumento a seguir, que contém a mesma linha de raciocínio avaliada aqui:

> não há nenhuma prova positiva de que Jones cometeu o assassinato (apesar de acreditarmos que ele pode

> ser o criminoso), nem podemos provar que ele não o cometeu (Jones não possui um álibi sólido etc.). Conseqüentemente, o melhor é manter a mente aberta e adotar uma postura agnóstica (admitir que não sabemos ainda o que aconteceu).

Evidentemente, trata-se nesse caso de um argumento razoável. Se as razões forem verdadeiras, como poderia haver algo de errado com a minha conclusão (avaliando-a pelos padrões adequados)? Da mesma forma, essa seria uma linha de raciocínio seguramente adequada para um cientista que investigasse a existência, digamos, da telepatia, de discos voadores, de vida em outros planetas ou da Atlântida. Se acreditarmos que essas coisas poderiam existir e se não podemos provar que não existem, não deveríamos manter a mente aberta e ser agnósticos?

Mas essa linha de raciocínio não nos convence a adotar uma postura agnóstica em relação a fadas, unicórnios, dragões ou Papai Noel. Conseqüentemente, cabe perguntar por quê. A resposta, em resumo, parece ser esta: se alguém acredita possuir provas suficientes para resolver uma questão (por exemplo, para afirmar que Papai Noel não poderia existir), o argumento agnóstico não lhe dará motivos para mudar de opinião (nesse caso, acredita-se que uma das premissas é falsa). Se alguém aceita as premissas (Jones poderia ser o assassino, mas poderia não ser o assassino), a conclusão é razoável. A maior parte das pessoas já tem uma opinião formada a respeito da existência ou não de unicórnios, dragões e Papai Noel (porque os considera criaturas meramente ficcionais), mas a questão da existência de Deus é muito mais séria (como percebeu Pascal). Dawkins já está convencido de que Deus não existe, conseqüentemente não se deixa impressionar pelo argumento agnóstico quando se trata da existência de Deus – mas muitas pessoas o fazem porque, pura e simplesmente, não se decidiram ainda sobre o assunto.

Na realidade, o argumento em defesa do agnosticismo assemelha-se a uma "petição de princípio", conforme diz o jargão filosófico; ele pressupõe como fato algo "bastante próximo" daquilo que pretende provar. Se alguém acredita que Deus poderia existir, mas que a existência dEle não está comprovada, então o argumento mal lhe conferirá um motivo para ser agnóstico, e isso porque seria preciso ser agnóstico para o argumento funcionar. Se alguém acredita que a idéia de Deus é absurda e que Ele não poderia existir (como não poderia existir um Papai Noel), o argumento que defende a postura agnóstica em relação à existência dEle não consegue nem mesmo dar a partida (porque essa pessoa rejeitará a premissa sobre a qual ele se baseia). O mesmo vale para as fadas etc. A diferença para a qual Dawkins chama atenção explica-se pelo fato de a maior parte das pessoas já ter se decidido a respeito das fadas etc. mas muitas não terem se decidido a respeito de Deus.

IIId "Deus é supérfluo e bastante improvável"

Com isso, chegamos aos quatro parágrafos finais do texto de Dawkins, nos quais o raciocínio parece levar, primeiramente, à conclusão de que a "hipótese [...] de um criador sobrenatural [...] se mostra [...] supérflua" e depois à conclusão de que "não podemos provar a inexistência de Deus, mas podemos concluir com segurança que Ele é, de fato, muitíssimo improvável".

A linha de raciocínio a favor da primeira conclusão (e sua estrutura) parece ser a seguinte:

11 ⟨Postular a existência de Deus cria um mistério ainda maior em vez de solucioná-lo,⟩ [conseqüentemente]
10 mesmo que a postulação de tal entidade explicasse alguma coisa não serviria de nada.

13 ⟨A hipótese de Deus simplesmente pressupõe a dificuldade de explicar alguma coisa e deixa as coisas
12 como estão,⟩ [conseqüentemente] não oferece nenhuma explicação válida para coisa alguma.

⟨A grande beleza da teoria evolucionista de Darwin
15 reside no fato de que explica como coisas difíceis e
complexas de compreender poderiam ter surgido de
11 13 passo em passo, plausivelmente, a partir de um início
↓ ↓ 10 + 12 10 simples e fácil de compreender.⟩ No entanto, ⟨mesmo
arte do 8 que o postulado de [Deus] explicasse alguma coisa, ain-
da assim não ajudaria⟩, mas, na verdade, ⟨isso não ofe-
12 rece nenhuma explicação de valor para coisa alguma.⟩
1ª parte do 8 Conseqüentemente [...] A hipótese alternativa, de
que tudo começou por meio de um criador sobrenatu-
ral, é [...] supérflua (não precisamos dela).

Será que este raciocínio estabelece a sua conclusão (ajuizando pelos padrões adequados etc.)? Caso se aceite que o postulado da existência de Deus "cria um mistério maior e nada resolve" ou que "não oferece nenhuma explicação de valor para coisa alguma", pode-se concluir que Deus é supérfluo. Por outro lado, caso se acredite que o postulado da existência de Deus, longe de criar um mistério maior e nada resolver, na verdade "dá sentido" a algo que, de outra forma, seria incompreensível – a saber, a existência do universo –, não se poderá concluir que Deus é supérfluo. Ou seja, este parece ser outro argumento do tipo "petição de princípio" – um argumento que parte de um pressuposto muito semelhante àquilo que deseja provar.

A outra linha de raciocínio diz o seguinte:

9 qualquer deus digno desse nome precisaria ter uma inteligência colossal, uma mente superpoderosa, precisaria ser uma entidade de complexidade e sofisticação enormes

9 ↓ 14 Conseqüentemente [apesar de] não podermos provar a inexistência de Deus, Ele é, de fato, muitíssimo improvável. 2ª parte do 8 ou 14

Mais uma vez, parece estarmos diante de um argumento do tipo "petição de princípio". É claro que um "ser de inteligência colossal (etc.)" seria muitíssimo improvável, mas assim também o é a existência do universo. E muitas pessoas acreditam ser mais provável haver um universo com um Criador do que um universo sem um Criador.

IIe Para concluir

Não é fácil saber como avaliar os argumentos presentes nesse texto – ou mesmo decidir se se trata ou não de argumentos. O texto apresenta-se escrito de forma bastante atraente e eloqüente. No entanto, penso que, apesar de o material ter sido muito bem expresso e ser retoricamente poderoso, os seus argumentos, se é que os há, têm pouca força persuasiva porque, com demasiada freqüência, tendem a considerar como provado o que deveria ser discutido. Ou seja, esse é um exemplo de texto retoricamente poderoso no qual a Pergunta de Asseribilidade ajuda a perceber quão circulares são os argumentos – se é que se trata de argumentos.

PARTE B: AYER

I Ayer: "todas as elocuções a respeito da natureza de Deus são desprovidas de sentido"

A. J. Ayer escreveu em 1935 o texto transcrito a seguir e, nele, oferece uma opinião diferente e claramente argumentada a respeito de Deus. Esta opinião representa um desafio para a Pergunta de Asseribilidade e nós a analisamos aqui em parte por causa disso. (As frases foram marcadas para facilitar as remissões futuras.)

> (a) É importante não confundir [minha] opinião sobre as asserções religiosas com a opinião adotada por ateus ou agnósticos. (b) Porque o típico no caso de um ag-

nóstico passa por considerar a existência de um deus uma possibilidade na qual não há nenhuma bom motivo para acreditar nem deixar de acreditar; e é característico da parte de um ateu considerar ser ao menos provável que não há nenhum deus. (c) E nossa opinião de que quaisquer elocuções a respeito da natureza de Deus são desprovidas de sentido tanto se diferencia de qualquer uma dessas posturas comuns quanto se nega a dar apoio a qualquer uma delas, já que essa opinião se mostra verdade incompatível com ambas. (d) Porque, se a asserção de que há um deus é desprovida de sentido, então a asserção ateísta de que não há um deus é igualmente desprovida de sentido, já que só faz sentido rebater uma proposição que não seja desprovida de sentido. (e) Quanto ao agnóstico, apesar de ele eximir-se de dizer se há ou não um deus, não nega que seja genuína a pergunta sobre a existência de um deus transcendente. (f) Ele não nega que as frases "Há um deus transcendente" e "Não há um deus transcendente" expressam uma proposição verdadeira e outra falsa. (g) Limita-se a dizer que não temos meios de decidir qual delas é a verdadeira, e por isso não deveríamos nos comprometer com nenhuma delas. (h) Mas já vimos que as frases em questão não expressam proposição alguma. (j) E isso significa que o agnosticismo também está descartado. (A. J. Ayer, *Language, Truth and Logic* [Linguagem, Verdade e Lógica], 2ª edição, Gollanz, 1960, pp. 115-116)

Perguntas

(1) Qual a principal conclusão de Ayer nesse texto?

(2) Esboce o argumento de Ayer a favor da idéia de que "Deus não existe" é desprovida de sentido ou nada quer dizer.

(3) Esboce o argumento de Ayer a favor da idéia de que "o agnosticismo está descartado".

(4) Qual é a pressuposição básica subjacente ao raciocínio de Ayer?

(5) O que poderia mostrar que:

(i) a frase "Deus existe" é verdadeira?

(ii) a frase "Deus existe" é falsa?

(iii) a frase "Deus existe" não tem sentido?

II Extraindo os argumentos do texto de Ayer

A fim de extrair os argumentos do texto de Ayer, seguiremos o procedimento padrão. Primeiro, fazemos um círculo em torno dos indicadores explícitos de argumento. Há dois "porque" (frases (b) e (d)), um "já que" (frase (d)) e um "isso significa" (frase (j)). O "por isso" da frase (g) não é usado por Ayer como parte de seus argumentos, mas citado pelo autor como parte do argumento agnóstico, de forma que não devemos fazer um círculo ao redor dele (é necessário compreender a diferença entre **usar** o "por isso" em um argumento – quando se está *asserindo* as razões que aparecem antes e a conclusão que vem depois – e **citar** o "por isso" como parte do argumento de outra pessoa –; nesse caso, o autor do texto *não* está asserindo nem suas razões nem sua conclusão).

A seguir, colocamos entre chaves as razões indicadas claramente e sublinhamos as conclusões indicadas claramente, usando os indicadores de argumento como ponto de apoio. Se fizermos isso, identificaremos como sendo as conclusões do texto o seguinte:

(1) "[minha] opinião de que todas as elocuções sobre a natureza de Deus são desprovidas de sentido [...] é na verdade incompatível com [o ateísmo] e [o agnosticismo]"

(2) "se a asserção de que há um deus é desprovida de sentido, então a asserção ateísta de que não há um deus é igualmente desprovida de sentido"

(3) "o agnosticismo [...] está descartado"

Indo direto ao assunto, o raciocínio do texto seria mais ou menos assim:

(c) Todas as elocuções a respeito da natureza de Deus são desprovidas de sentido [**conseqüentemente** a frase "não há um deus" é desprovida de sentido].

(d) Só faz sentido rebater uma proposição que não seja desprovida de sentido,

(d) **logo**, se a asserção de que há um deus é desprovida de sentido, então a asserção ateísta de que não há um deus é igualmente desprovida de sentido.

(g) O agnóstico acredita que as frases "Há um deus transcendente" e "Não há um deus transcendente" expressam proposições [têm ambas significado],

(j) **conseqüentemente** o agnosticismo está descartado.

(c) **Logo** "[minha] opinião de que todas as elocuções sobre a natureza de Deus são despropositadas [...] é na verdade incompatível com [o ateísmo] e [o agnosticismo]".

III "Testes para um bom argumento" aplicados a Ayer

Tendo esclarecido o argumento de Ayer, podemos nos perguntar se estabelece ou não a sua conclusão. Se o fizer, as premissas precisam ser *verdadeiras* e sua conclusão deve poder *ser deduzida* delas ajuizando-se pelos *padrões indiciários apropriados* ou pelos padrões apropriados sobre o que é ou não possível.

Se for verdade que as afirmações a respeito da natureza de Deus são destituídas de sentido, então será muito difícil contraditar a idéia de que as frases "Há um Deus" e "Não há um Deus" sejam algo diferente de um absurdo sem sentido. Nesse caso, o que defendem os agnósticos e os ateístas também seria absurdo. Então, pelos padrões mais rígidos da lógica, o argumento de Ayer mostra-se sólido como uma rocha caso sejam verdadeiras suas premissas.

A pergunta então se volta agora para saber se a premissa inicial está correta – para saber se está correto afirmar que "todas as elocuções a respeito de Deus são destituídas de sentido". Ayer adota essa postura porque manifesta uma visão muito estreita a respeito das provas capazes de mostrar que Deus existe. A partir disso, conclui que nada poderia mostrar que Deus existe ou não existe, e, já que nada poderia decidir a respeito dessas afirmações, elas são desprovidas de sentido. Então, em um certo sentido, Ayer concorda com o Princípio da Asseribilidade (ver p. 33), mas acredita que nada poderia decidir se a frase "Deus existe" é falsa ou verdadeira. Assim, o autor imagina que essa frase tem de ser desprovida de sentido. Neste ponto, cabe a você meditar mais profundamente a respeito dessa questão. Mas se desejar ler mais a respeito disso pode passar imediatamente para as p. 249 e seguintes.

Leitura complementar

Richard Swinburne. *Is There a God?* Oxford University Press (1995).
Crítica de Richard Dawkins a respeito do livro *Is There a God?*, de Swinburne, no jornal *The Sunday Times,* edição de 4 de fevereiro de 1996.

7

Como interagem sua mente e seu corpo?

Neste capítulo, analisaremos e avaliaremos um argumento apresentado por um famoso filósofo, A. J. Ayer, sobre a conexão entre (i) os impulsos elétricos de nosso cérebro e (ii) os pensamentos e idéias de nossa mente. A maior parte das pessoas tem uma idéia razoavelmente clara sobre o que estamos dizendo, quando falamos de "pensamentos e idéias em nossa mente" e sabemos como os cientistas estudam o modo de funcionamento do cérebro, a estrutura dele, a forma de "transmissão" de mensagens dentro dele, e assim por diante. Mas o texto de Ayer trata da *conexão*, se é que há alguma, entre os dois – é sobre a questão de saber como a mente e o cérebro interagem um com o outro.

Se *evocar a imagem* de um elefante no olhar de sua mente, ou *cogitar a idéia* de que a "Lua possui um campo gravitacional fraco" ou *decidir* levantar um braço, deve-se prever a ocorrência de uma atividade "correspondente" no cérebro – alguma atividade (física, química, elétrica ou o que seja) capaz de ser percebida, descrita ou estudada pelos cientistas. Mas qual a conexão entre as duas coisas? Uma coisa causa a outra? A "atividade mental" de *decidir* levantar um braço envia, de alguma forma, sinais para os músculos que *fazem* o braço se levantar? E, de modo inverso, os impulsos elétricos de seu cérebro, de alguma forma, *fazem* o olhar da mente elaborar a imagem de um elefante ou *cogitar a idéia* a respeito do campo gravitacional da Lua? Alternativamente, esses dois tipos diferentes de atividade – a mental e a física – apenas acontecem juntos sem interagir causalmente? Nem bem surgem essas perguntas, logo se percebe que outras se sucedem sobre o que significa afirmar que "uma coisa causa a outra" e que "apenas acontecem juntas".

Deparamos aqui com algo que muitos poderiam identificar como uma questão claramente *filosófica*; há muitas dúvidas sobre como deveríamos tentar respondê-la; não sabemos exatamente por quais dados deveríamos procurar ou quais deveríamos prever encontrar que sejam relevantes para respondê-la; e temos de tentar esclarecer o que se *quer dizer* com cada uma das afirmações citadas. Esse, em parte, é o motivo pelo qual esse exemplo acabou incluído aqui, ou seja, para saber como o método descrito no Capítulo 2 poderá nos ajudar a enfrentar argumentos deste gênero.

Freddie Ayer, como era chamado, é provavelmente mais conhecido por seu livro *Linguagem, Verdade e Lógica*, publicado pela primeira vez em 1936, mas que continuou a ser muito importante ao longo de vários anos e que ainda vale a pena ser lido, especialmente devido à clareza com que o autor apresenta suas idéias. Ayer teve uma carreira brilhante como filósofo – tendo sido inclusivamente professor de Lógica na Universidade Oxford de 1959 a 1978 – e publicou livros a respeito de uma ampla gama de questões filosóficas. Detentor de uma personalidade fascinante, era um professor e divulgador de idéias dedicado e, algo raro entre os filósofos, um torcedor eterno e entusiasta do time de futebol Tottenham Hotspurs.

O texto que estudaremos, chamado de "A Base Física da Mente", foi publicado pela primeira vez como uma de várias entrevistas concedidas por Ayer e depois transcritas no livro *The Physical Basis of Mind: A Series of Broadcast Talks*, organizado por Peter Laslett e publicado pela Basil Blackwell, Oxford, 1975 (pp. 70-74) – (A Base Física da Mente: uma Série de Conversas Radiofônicas).

I Trecho de *The Physical Basis of Mind*, de A. J. Ayer

(Os parágrafos receberam marcações a fim de facilitar futuras remissões.)

(a) Os cientistas que falaram neste programa mostraram de forma bastante completa e convincente como os vários processos mentais – pensar, sentir, perceber, lembrar – dependem, do ponto de vista causal, de processos que ocorrem no cérebro. Mas, para ao menos alguns deles, o caráter dessa conexão ainda parece misterioso. Por isso, [...] o professor Adrian [...] diz que "a parte da imagem do cérebro que pode continuar faltando para sempre é aquela que deveria explicar como um padrão específico de impulsos nervosos consegue formar uma idéia; ou, olhando a questão pelo ângulo oposto, como um pensamento consegue decidir que células nervosas deverão entrar em ação".

(b) Se este é um problema genuíno, não se pode perceber com facilidade a razão pela qual informações adicionais sobre o cérebro conseguiriam resolvê-lo. Porque, independentemente de quanto ampliemos a imagem do cérebro, ela continuará a ser a imagem de algo físico, e trata-se justamente da questão sobre como algo físico consegue interagir com algo que **não** é físico aquela que, supostamente, nos traz dificuldade. [...] Parece, realmente, que alguns dos palestrantes anteriores alimentavam a esperança de descobrir algo capaz de ser descrito como o local exato da mente; como se fosse possível imaginar a mente e o cérebro se encontrando em algum ponto do espaço ou se transformando um no outro gradualmente: mas, para mim, essa não é nem mesmo uma hipótese compreensível. O que significaria chegar a esse ponto de junção? Que sinais permitiriam reconhecer que se encontrou esse ponto? Descartes deparou com o mesmo problema e enfrentou-o sugerindo que a mente e o corpo unem-se na glândula pineal; mas nunca explicou como se poderia testar essa conjectura. O motivo pelo qual Descartes teve esse problema – e pelo qual nós ainda o temos – é que a matéria e a mente foram concebidas por ele, desde o princípio, como ordens distintas do ser; era como se houvesse dois mundos separados, de forma que cada acontecimento teria de pertencer a um deles, mas nunca aos dois. No entanto, partindo dessas premissas, deduz-se necessariamente que não pode haver nenhuma ponte ou junção; pois do que seria feita essa ponte? Qualquer evento que se descobrisse teria de ficar em um lado ou no outro. De forma que, se há uma dificuldade aqui, essa não se deve à escassez de informações factuais, mas a um erro de lógica. Talvez esteja errada toda essa forma de conceber a diferença entre a mente e a matéria. Em resumo, trata-se aqui de um problema não científico, mas filosófico.

(c) Avaliemos, então, o que significa dizer que um padrão específico de impulsos nervosos "produz" uma idéia ou que "um pensamento determina" que células nervosas devem entrar em ação. Sobre que fatos se baseiam tais pressuposições? Os fatos consistem em que o fisiologista realiza certas observações e essas observações encaixam-se em categorias diferentes. De um lado, há as observações que o levam a contar sua história sobre as células nervosas e os impulsos elétricos. Ou seja, essa história apresenta uma interpretação das observações em foco. De outro lado, há as observações que interpreta para afirmar que o sujeito de seu experimento encontra-se em um estado "mental" assim ou assado, que ele está pensando ou está resolvendo-se sobre realizar uma ação ou que está sentindo alguma sensação ou o que quer que seja. Descobre-se, então, que, nesse caso, há a possibilidade de relacionar entre si os dois tipos de observação; que, independentemente do momento em que se faça uma observação do primeiro tipo, há bons motivos para acreditar que também seja possível realizar uma observação do segundo tipo. [...] Parece-me que, quando se assevera o fato de os dois eventos em questão – o mental e o físico – estarem conectados do ponto de vista causal, de o padrão de impulsos nervosos "produzir" a sensação ou de o pensamento "decidir" quais células nervosas deverão entrar em operação, tudo o que se quer dizer, ou que se pode dizer de forma adequada, é que esses dois grupos de observação mantêm correlações segundo a maneira descrita por mim. Mas, se a situação resume-se a isso, qual a dificuldade? Nada há especialmente misterioso sobre o fato de dois grupos diferentes de observação se mostrarem correlatos; que, dadas as condições apropriadas, esses dois grupos costumam acompanhar um ao outro. Pode-se argumentar que esse fato padece de uma explicação; mas tal explicação poderia ser apenas uma teoria a partir da qual o fato da correlação acabaria por ser deduzido. E, se não for apenas uma mera e nova descrição dos fatos que pretendia explicar, a teoria serviria apenas para encaixá-los em um contexto mais amplo. Aprenderíamos com isso que não apenas essas observações estariam correlacionadas, mas que outros tipos de observação estariam relacionados com elas. Perguntar *por que* algo ocorre não equivale a perguntar *como* algo ocorre, mas a perguntar quais outros elementos se associam com aquilo. Após os fatos terem sido descritos em sua inteireza, não há mais mistério.

(d) Se parece haver um mistério neste caso, isso se deve ao fato de sermos iludidos por nossos sistemas conceituais; não pelos fatos em si, mas pelas imagens que usamos para interpretar os fatos. [...] A imagem com a qual deparamos fala de mensagens viajando pelo cérebro, atingindo uma entidade misteriosa chamada mente, recebendo ordens dela e, depois, regressando a sua viagem. Mas, já que a mente não ocupa um lugar no espaço – por definição, a mente não é algo capaz de ocupar um lugar no espaço –, não faz sentido, literalmente, falar sobre sinais físicos chegando até ela [...]. Para ser conciso, as duas histórias não se misturam. [...] Mas afirmar que as duas histórias não se misturam não significa afirmar que uma delas seria descartável. Cada uma representa a interpretação de um certo fenômeno, e as duas estão ligadas pelo fato de que, em certas condições, quando uma delas for verdadeira, a outra também o será.

(e) Sendo assim, minha conclusão é que a mente e o corpo não devem ser concebidos como duas entidades diferentes entre as quais devemos construir, ou encontrar, algum tipo de ponte anfíbia. Falar sobre a mente e falar sobre o corpo são formas diferentes de classificar e interpretar as experiências de alguém. Não estou afirmando que esse procedimento não dá origem a problemas filosóficos sérios, problemas do tipo: como devemos analisar as afirmações a respeito do comportamento observável das pessoas? Mas, uma vez libertados da falácia cartesiana de ver a mente como uma substância imaterial, não acredito que a descoberta das conexões causais entre o que optamos por descrever respectivamente como ocorrências mentais e físicas implique algo em vista do qual devamos ficar perplexos.

Tendo em mente o que já observamos anteriormente, que se trata aqui de um argumento claramente *filosófico*, o leitor talvez ache útil responder às perguntas abaixo antes de prosseguir. Essas perguntas serão respondidas ao longo da discussão exposta logo à frente.

Perguntas:

(1) Qual a conclusão principal de Ayer?

(2) Qual linha de raciocínio ele adota a fim de chegar a essa conclusão?

(3) Quais os pontos de partida de Ayer, suas premissas básicas?

(4) O que poderia mostrar ser verdade:

(i) a frase "um padrão específico de impulsos nervosos produz uma idéia"?

(ii) a frase "um pensamento decide quais células nervosas devem entrar em ação"?

(5) Os argumentos de Ayer estabelecem as suas conclusões?

II Extraindo os argumentos do texto de Ayer

A fim de extrair os argumentos do texto de Ayer, seguimos nosso procedimento padrão. Primeiro, fazemos um círculo em torno dos indicadores explícitos de argumento. Esses parecem ser "porque" (b, linha 3), talvez "o motivo" (b, linha 21), "deduz-se necessariamente" (b, linha 27), "pois" (b, linha 29), "De forma que" (b, linha 31), "já que" (d, linha 8), "sendo assim" (e, linha 1). O "isso se deve" do parágrafo (d), linha 1, assinala, sem dúvida, uma explicação (ver p. 27). Por outro lado, não parece estar muito claro se "o motivo" (b, linha 21) é utilizado como um indicador de argumento ou para assinalar uma explicação. Parece que a expressão desempenha os dois papéis.

A seguir, colocamos entre chaves as razões indicadas claramente e sublinhamos as conclusões indicadas claramente, usando como auxílio os indicadores de argumento. Evidentemente, Ayer deixa bastante claro qual sua conclusão "principal", ou seja:

> [...] minha conclusão é que a mente e o corpo não devem ser concebidos como duas entidades diferentes

> entre as quais devemos construir, ou encontrar, algum tipo de ponte anfíbia. Falar sobre a mente e falar sobre o corpo são formas diferentes de classificar e interpretar as experiências de alguém.

E talvez o autor tenha em mente outra conclusão, que poderia ser razoavelmente descrita como sendo a seguinte:

> Além disso, uma vez libertados da falácia cartesiana de ver a mente como uma substância imaterial, não acredito que a descoberta das conexões causais entre o que optamos por descrever respectivamente como ocorrências mentais e físicas implique algo em vista do qual devamos ficar perplexos.

A partir da ocorrência de outros indicadores de argumento, pode-se perceber com facilidade que algo bastante semelhante à linha de raciocínio apresentada abaixo faz parte da forma de pensar de Ayer:

> (R) Se há um problema genuíno a respeito de como a mente e o cérebro interagem do ponto de vista causal, mais informações sobre o cérebro não conseguiriam solucioná-lo,
>
> **porque**
> independentemente de quanto ampliemos a imagem do cérebro, ela continuará a ser a imagem de algo físico, e trata-se justamente da questão sobre como algo físico consegue interagir com algo que não é físico aquela que, supostamente, nos traz dificuldade.
>
> (S) Se a matéria e a mente são concebidas como ordens distintas do ser – como se houvesse dois mundos separados, de forma que cada acontecimento teria de pertencer a um deles, mas nunca poderia pertencer aos dois,
>
> **segue-se necessariamente**
> que não pode haver uma ponte ou junção entre os dois

> **pois**
> qualquer acontecimento que se descobrisse teria de ficar em um lado ou no outro.
>
> **Conseqüentemente**, se há uma dificuldade aqui, essa não se deve à escassez de informações factuais, mas a um erro de lógica. Talvez seja errada essa forma de conceber a diferença entre a mente e a matéria. Em resumo, trata-se aqui de um problema não científico, mas filosófico.
>
> (T) **Já que** a mente não ocupa um lugar no espaço – por definição, a mente não é algo capaz de ocupar um lugar no espaço –, não faz sentido, literalmente, falar sobre sinais físicos chegando até ela.

Após defender estar errada a forma como pensamos a diferença entre a mente e o cérebro, Ayer avalia (no parágrafo (c)) o que se "*quer dizer*" com a afirmação de que "um padrão específico de impulsos nervosos 'produz' uma idéia" ou de que "um pensamento 'decide' que células nervosas devem entrar em ação". Essa é uma manobra bastante típica na filosofia – perguntar o que alguma afirmação *significa* ou pode significar. A resposta a uma pergunta do tipo consegue, algumas vezes, elucidar certas confusões – e é exatamente essa a esperança de Ayer, no caso em pauta. Mas como alguém deveria agir para tentar esclarecer o significado de alguma expressão ou afirmativa? É difícil responder a essa pergunta em termos genéricos, especialmente quando a dúvida aparece em meio a uma discussão filosófica. Uma dúvida do tipo, em regra, não será respondida por meio de uma busca, em um dicionário, sobre o significado das palavras envolvidas – independentemente de isso poder ajudá-lo inicialmente. A tarefa costuma exigir uma certa dose do que os filósofos chamam de "análise", i.e, cavar mais profundamente para descobrir o que a frase ou afirmação *implica* ou *pressupõe*, inserindo a frase ou afirmação em um contexto de *afirmações similares* cujo significado, de uma forma que esclareça o original, possa ou não ser aproximado daquele, fornecendo *exemplos* claros para os quais a frase pode ser aplicada ou não e talvez avaliando a *história* do seu uso – tudo isso pode se transformar em um processo particularmente complicado. Essa análise também pode exigir que se leve em conta tudo o que se sabe sobre o assunto. No entanto, nossa opinião é que será possível avançar bastante se for utilizada a Pergunta de Asseribilidade e se for utilizado o nível de compreensão que se tiver sobre a questão.

O Princípio da Asseribilidade (p. 34) diz que, se uma pessoa compreende uma afirmação, então será capaz de fornecer ao menos algum tipo de explicação sobre que argumento ou prova mostraria que o que está sendo dito é verdadeiro ou falso. Portanto, o que poderia mostrar que é verdadeira ou falsa a afirmação de que "um padrão específico de impulsos nervosos produz uma idéia" ou de que "um pensamento decide que células nervosas devem entrar em ação"? Independentemente do seu grau de conhecimento a respeito desses assuntos, parece natural dizer sobre a primeira frase algo do tipo: "Caso se observe esse padrão de impulsos nervosos, será possível verificar que a pessoa em questão diz estar tendo uma determinada idéia (naquele momento)" e o mesmo se verifica no caso de diferentes pessoas em situações diferentes. A respeito da segunda frase, pode-se afirmar naturalmente algo do tipo: "Caso alguém afirme estar tendo um determinado pensamento, pode-se observar também que certas células nervosas realizam uma conexão (naquele momento)" e o mesmo se verifica no caso de diferentes pessoas em ocasiões diferentes. Pode-se ficar tentado também a afirmar que deve haver alguma "conexão" entre esses dois tipos de evento de forma a permitir a percepção de que o fato de ocorrerem juntos significa que esses eventos estão causalmente ligados e que não são apenas coincidentemente simultâneos. Outra forma de colocar a questão seria acreditar que há algum tipo de "mecanismo" ao qual se pode atribuir a função de ligar os dois tipos de evento (algo semelhante ao que ocorre com rodas dentadas que se encaixam: quando uma se mexe a outra também se mexe).

Nesse caso, Ayer realiza uma "análise" bastante elegante, questionando os fatos sobre os quais se baseiam as alegações de que "os impulsos nervosos produzem idéias" e de que "os pensamentos provocam uma ação". E defende que, com essas frases, tudo o que se *pode* querer dizer é que os dois tipos de observação citados – a observação dos impulsos nervosos e a observação das idéias – são "correlatos" e "costumam acompanhar um ao outro". Na opinião de Ayer, isso é tudo o que há para saber a esse respeito. Os fisiologistas notam o surgimento de impulsos nervosos no cérebro quando a pessoa conta estar tendo um pensamento, idéias ou impressões de uma determinada modalidade – e os dois, pura e simplesmente, "costumam acompanhar um ao outro". Nada mais há para ser dito a esse respeito – nada mais para ser compreendido –, nenhum mistério foi deixado para trás, segundo Ayer.

Neste ponto, o leitor pode sentir que ainda falta algo – de alguma maneira, pode querer compreender *por que* esses eventos acontecem juntos. Pode ficar imaginando, por exemplo, por que acontecem "as idéias e os pensamentos". Por que os impulsos elétricos nos nossos nervos não determinam apenas ações, sem a intervenção de "pensamentos"? Pode ficar imaginando qual "conexão" se estabelece entre os impulsos elétricos e os pensamentos – por meio de qual mecanismo um interfere no outro.

A opinião de Ayer é simples. Segundo o autor, uma vez compreendido que tudo o que se *poderia* querer dizer com a frase "os impulsos nervosos produzem pensamentos" etc. é que eles "costumam aparecer juntos", então não há nada mais para ser explicado e não há *nenhum mistério deixado para trás*. Em verdade, acrescenta Ayer, explicar essa conjunção habitual equivaleria simplesmente a incluir essas observações em um contexto mais amplo – um contexto com um número maior de correlações do mesmo tipo, correlações essas que permanecem unidas de uma maneira que faz sentido para nós em nossa tentativa de compreender como o cérebro e a mente funcionam e como se relacionam entre si. Ayer não acredita que possa haver ou que seja preciso haver uma "conexão" ou um "mecanismo" diferente de um conjunto de outras correlações semelhantes.

Dessa forma, a argumentação de Ayer, feitas as marcações conforme o método do Capítulo 2, ficaria mais ou menos assim:

(a) Os cientistas que falaram neste programa mostraram de forma bastante completa e convincente como os vários processos mentais – pensar, sentir, perceber, lembrar – dependem, do ponto de vista causal, de processos que ocorrem no cérebro. Mas, para ao menos alguns deles, o caráter dessa conexão ainda parece ser misterioso. Por isso, [...] o professor Adrian [...] diz que "a parte da imagem do cérebro que pode continuar faltando para sempre é aquela que deveria explicar como um padrão específico de impulsos nervosos consegue formar uma idéia; ou, olhando a questão pelo ângulo oposto, como um pensamento consegue decidir que células nervosas deverão entrar em ação".

(b) Se esse é um problema genuíno, não se percebe o mo-
1 tivo pelo qual informações adicionais sobre o cérebro
conseguiriam resolvê-lo. Porque, ⟨independentemen-
2 ↓ 1 te de quanto ampliemos a imagem do cérebro, ela conti-
2 nuará a ser a imagem de algo físico, e trata-se justamente da questão sobre como algo físico consegue interagir com algo que **não** é físico aquela que, supostamente, nos traz dificuldade.⟩ [...] Parece, realmente, que alguns dos palestrantes anteriores alimentavam a esperança de descobrir algo capaz de ser descrito como o local exato da mente; como se fosse possível imaginar a mente e o cérebro se encontrando em algum ponto do espaço ou se transformando um no outro gradualmente: mas, para mim, essa não é nem mesmo uma hipótese compreen-

sível. O que significaria chegar a esse ponto de junção? Quais sinais permitiriam reconhecer que se encontrou esse ponto? Descartes deparou com o mesmo problema e enfrentou-o sugerindo que a mente e o corpo unem-se na glândula pineal; mas nunca explicou como se poderia testar essa conjectura. O motivo pelo qual Descartes teve esse problema – e pelo qual nós ainda o temos – é que ⟨a matéria e a mente foram concebidas por ele, desde o princípio, como ordens distintas do ser;
3 era como se houvesse dois mundos separados, de forma
que cada acontecimento teria de pertencer a um deles, mas nunca aos dois.⟩ No entanto, partindo dessas
premissas, deduz-se necessariamente que não pode
4 haver nenhuma ponte ou junção; porque do que seria
5 feita essa ponte? ⟨Qualquer evento que se descobrisse
teria de ficar em um lado ou no outro.⟩ De forma que,
6 se há uma dificuldade aqui, essa não se deve à escassez de informações factuais, mas a um erro de lógica. Talvez seja errada essa forma de conceber a diferença entre a mente e a matéria. Em resumo, trata-se aqui de um problema não científico, mas filosófico.

3
↓
5
↓
4
↓
6

(c) Avaliemos, então, o que significa dizer que um padrão específico de impulsos nervosos "produz" uma idéia ou que "um pensamento determina" que células nervosas devem entrar em ação. Quais os fatos sobre os quais se baseiam tais pressuposições? Os fatos consistem em que o fisiologista realiza certas observações e essas observações encaixam-se em categorias diferentes. De um lado, há as observações que o levam a contar sua história sobre as células nervosas e os impulsos elétricos. Ou seja, a história apresenta uma interpretação das observações em foco. De outro lado, há as observações que interpreta para afirmar que o sujeito de seu experimento encontra-se em um estado "mental" assim ou assado, que ele está pensando ou está resolvendo-se sobre realizar uma ação ou que está sentindo alguma sensação ou o que quer que seja. Descobre-se, então, que, nesse caso, há a possibilidade de relacionar entre si os dois tipos de observação; que, independentemente do momento em que se faça uma observação do primeiro tipo, há bons motivos para acreditar que também seja possível realizar uma observação do segundo tipo. [...] ⟨Parece-me que, quando se assevera o fato de os dois eventos em questão – o mental e o físico – estarem causalmente conectados, de o padrão de impulsos nervosos "produzir" a sensação ou de o pensamento "decidir" quais células nervosas deverão entrar em operação, tudo o que se quer dizer, ou que se pode dizer de forma adequada, é que esses dois grupos de observação mantêm correlações segundo a maneira descrita por mim.⟩ Mas, se a situação resume-se a isso, qual a dificuldade? Não há nada especialmente misterioso sobre o fato de dois grupos diferentes de observação se mostrarem correlatos; que, dadas as condições apropriadas, esses dois grupos costumam acompanhar um ao outro. Pode-se argumentar que esse fato padece de uma explicação; mas tal explicação poderia ser apenas uma teoria a partir da qual o fato da correlação acabaria por ser deduzido. E, se não for apenas uma mera e nova descrição dos fatos que pretendia explicar, a teoria serviria apenas para encaixá-los em um contexto mais amplo. Aprenderíamos com isso que não apenas essas observações estariam correlacionadas, mas que outros tipos de observação estariam relacionados com elas. Perguntar *por que* algo ocorre não equivale a perguntar *como* algo ocorre, mas a perguntar quais outros elementos se associam com aquilo. Após os fatos terem sido descritos em sua inteireza, não há mais nenhum mistério.

(d) Se parece haver um mistério neste caso, isso se deve ao fato de sermos iludidos por nossos sistemas con-

ceituais; não pelos fatos em si, mas pelas imagens que
usamos para interpretar os fatos. [...] A imagem com a
qual deparamos fala de mensagens viajando pelo cére-
bro, atingindo uma entidade misteriosa chamada men-
te, recebendo ordens dela e, depois, regressando a sua
viagem. Mas, já que ⟨a mente não ocupa um lugar
8 no espaço – por definição, a mente não é algo capaz
8 ↓ de ocupar um lugar no espaço⟩ –, não faz sentido ne-
9 9 nhum, literalmente, falar sobre sinais físicos chegando
até ela [...]. Para ser conciso, as duas histórias não se
misturam. [...] Mas afirmar que as duas histórias não
se misturam não significa afirmar que uma delas seria
descartável. Cada uma representa a interpretação de
um certo fenômeno, e as duas estão ligadas pelo fato de
que, em certas condições, quando uma delas for verda-
deira a outra também o será.

(e) Sendo assim, minha conclusão é que a mente e o
corpo não devem ser concebidos como duas entidades
10 diferentes entre as quais devemos construir, ou encon-
trar, algum tipo de ponte anfíbia. Falar sobre a mente
e falar sobre o corpo são formas diferentes de classifi-
car e interpretar as experiências de alguém. Não estou
afirmando que esse procedimento deixa de dar vazão a
problemas filosóficos sérios, problemas do tipo: como
devemos analisar as declarações a respeito do com-
portamento observável das pessoas? Mas, uma vez
11 libertados da falácia cartesiana de ver a mente como
uma substância imaterial, não acredito que a desco-
berta das conexões causais entre o que optamos por
descrever respectivamente como ocorrências mentais
e físicas implique algo em vista do qual devamos ficar
perplexos.

Lançando mão da numeração feita acima, poderíamos representar a estrutura geral da argumentação de Ayer da seguinte forma:

3 Assumindo a postura cartesiana segundo a qual a mente e o cérebro são coisas diferentes

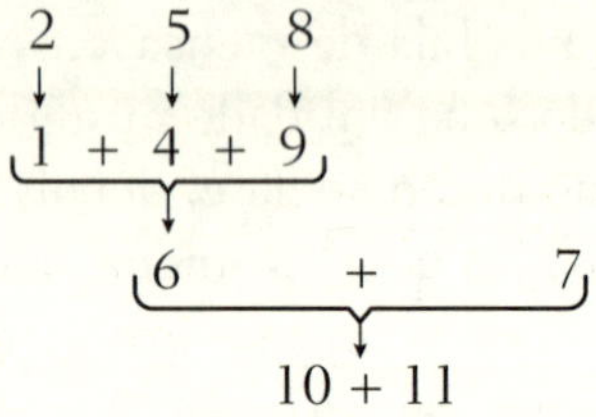

III "Testes para um bom argumento" aplicados a Ayer

Tendo determinado razoavelmente bem o argumento de Ayer, podemos nos perguntar se estabelece a sua conclusão (ou as suas conclusões). Para tanto, as premissas precisam ser *verdadeiras* e sua conclusão precisa ser dedutível a partir delas ajuizando-se o caso segundo os *padrões adequados*. Analisemos a linha de raciocínio de Ayer nos três argumentos identificados acima – (R), (S) e (T).

IIIa Os argumentos "negativos"

(R) Ao enfrentar esse problema, os cientistas identificaram, argumenta (de fato) Ayer, o seguinte:

1 Se há um problema genuíno a respeito de como a mente e o cérebro interagem, mais informações sobre o cérebro não ajudarão a resolver esse problema,

porque

2 independentemente de quanto ampliemos a imagem do cérebro, ela continuará a ser a imagem de algo físico, e trata-se justamente da questão sobre como algo físico consegue interagir com algo que **não** é físico aquela que, supostamente, nos traz dificuldade.

A premissa neste caso parece ser difícil de contraditar. Se tentarmos aprender mais sobre o cérebro, investigamos coisas como as células nervosas, os impulsos elétricos, o comportamento do órgão e coisas assim – mas esses são elementos identificáveis –, ao contrário das idéias e dos pensamentos que, *ex hypothesi*, pertencem ao reino das coisas não físicas. Não é fácil encontrar uma falha nessa linha de raciocínio; se os dois reinos – o da mente e o da matéria – são supostamente diferentes, de que forma poderia qualquer informação a respeito de um deles ajudar a explicar como interagem? (E, mais uma vez, se os dois reinos revelam-se tão diferentes, Ayer terá razão, certamente, ao sugerir ser absurda a idéia de Descartes de que os dois simplesmente se encontram na glândula pineal.) Por outro lado, pode-se prever o que se descobrirá no curso de um estudo sobre a mente ou o cérebro? Não se pode descobrir algo capaz de nos convencer de que compreendemos a ligação entre a atividade do cérebro e nossas idéias conscientes e nossos pensamentos? É totalmente inconcebível que, ao estudarmos o cérebro, descubramos "fatos científicos" que nos ajudarão a perceber como se dá a interação entre o cérebro e a mente? Um estudo científico do tipo pode nos fazer ver a mente de uma forma menos cartesiana (i.e., não como substâncias de tipos totalmente diferentes) e isso nos deixaria menos intrigados sobre como a mente e o cérebro interagem. De fato, Ayer sugere que algo do tipo é uma possibilidade ("Uma vez libertados da falácia cartesiana de ver a mente como uma substância imaterial [...]"). Alternativamente, não seria possível que venhamos a conceber a mente e o cérebro de uma forma diferente da concepção cartesiana, de uma forma que acabaria com parte de nossas indagações? Com certeza, algo do tipo está acontecendo hoje em dia, à medida que aprendemos mais e mais sobre os computadores e sobre como essas máquinas se parecem com nossos cérebro e mente e como divergem deles.

O que isso implica é que este fragmento de raciocínio de Ayer não estabelece realmente a conclusão a favor da qual argumenta. Em vez disso, acaba por estabelecer a seguinte conclusão:

> Se há um problema genuíno a respeito de como a mente e o cérebro interagem causalmente, mais informações sobre o cérebro não poderão ajudar na solução desse problema, a não ser que essas informações nos levem a mudar a forma como concebemos a mente.

(No entanto, na época em que Ayer escreveu o texto, era comum acreditar que a ciência e a filosofia pertenciam a ramos totalmente diferentes de atividade, e ele não imaginaria que as descobertas científicas poderiam mudar a maneira como pensamos nossa mente ou que idéias vindas de outras áreas poderiam mudar por inteiro a forma como pensamos nossos cérebro e mente. Essa postura alterou-se nas últimas décadas, principalmente em virtude das pesquisas de Kuhn, Rorty, Quine e outros. Para saber mais sobre o assunto, veja o livro de Everitt e Fisher *Modern Epistemology*, McGraw-Hill – [Epistemologia Moderna].)

(S) Parte da conclusão principal de Ayer (no parágrafo (e)) estatui que:

> a mente e o corpo não devem ser concebidos como duas entidades separadas entre as quais precisamos estabelecer, ou descobrir, algum tipo de ponte anfíbia.

Se nos perguntarmos como seria possível fundamentar uma conclusão do tipo (tendo a Pergunta de Asseribilidade em mente), a resposta óbvia seria que, ao se pensar dessa forma, obtêm-se resultados absurdos. E Ayer tentará mostrar precisamente isso no argumento (S), que é o seguinte:

3 Se a matéria e a mente são concebidas como ordens distintas do ser – como se houvesse dois mundos separados, de forma que cada acontecimento teria de pertencer a um deles, mas nunca poderia pertencer aos dois

3 **segue-se necessariamente**
↓ 4 que não pode haver uma ponte ou junção entre os dois
5 ↓ **porque**
4 5 qualquer acontecimento que se descobrisse teria de ficar em um lado ou no outro.

Se a mente e a matéria pertencem a ordens distintas do ser, então, com certeza, nada poderá realizar uma conexão entre os dois (já que tudo o que há tem de pertencer a um lado ou ao outro, mas nunca aos dois). Se isso não é uma dedução lógica e elegante, nada o é! Trata-se aqui de algo que os filósofos chamam de *reductio ad absurdum*; admite-se uma posição e "reduz-se essa posição ao absurdo". Retomaremos a discussão sobre esse tipo de argumento em seu devido tempo.

Observe-se, no entanto, que Ayer então conclui:

6 **Conseqüentemente**, se há uma dificuldade aqui, essa não se deve à escassez de informações factuais, mas a um erro de lógica. Talvez seja falha toda essa forma de conceber a diferença entre a mente e a matéria. Em resumo, trata-se aqui de um problema não científico, mas filosófico.

Nessa observação, Ayer traça novamente uma distinção clara entre a ciência e a filosofia. Mas já argumentei (resumidamente) contra essa postura, e o que eu disse acima serve também para derrubar essa última conclusão.

(T) O terceiro argumento dele para essa parte de sua conclusão principal afirma:

8 ↓ 9 **Já** que a mente não ocupa um lugar no espaço – por definição, a mente não é algo capaz de ocupar um lugar no espaço –, não faz sentido, literalmente, falar sobre sinais físicos chegando até ela.

Neste ponto, a premissa dele estatui que a mente, "por definição", não pode ocupar um lugar no espaço. Se alguém tenta analisar o que se quer dizer quando se discorre sobre idéias, pensamentos e a mente, pode concordar tranqüilamente com a opinião cartesiana de que esses entes não possuem um lugar no espaço. Por outro lado, caso se acredite que a mente fica na cabeça e que os pensamentos de um tipo ou outro podem ser ligados a certos lugares específicos do cérebro (talvez porque seja sabido que os danos produzidos em uma determinada área do cérebro podem impossibilitar uma pessoa de realizar um determinado tipo de raciocínio), então se pode discordar daquela opinião. No entanto, esse pequeno trecho argumentativo é, na realidade, antecedido pela suposição, baseada originariamente em Descartes, de que a mente e os pensamentos não ocupam um lugar no espaço. Quando os filósofos tentam determinar as características da mente – do ponto de vista cartesiano –, esse é um dos traços da "mente" que destacam a fim de distingui-la da matéria. Em vista disso, é certamente razoável dizer que não faz sentido falar em sinais físicos chegando à mente.

A fim de concluir meus comentários sobre esses três argumentos: *se* a mente e o cérebro forem concebidos como tipos totalmente diferentes de substância, como Descartes defendia, então o raciocínio de Ayer é poderoso e o escritor tem razão ao rejeitar aquela idéia. No entanto, na minha opinião, Ayer traça uma distinção radical demais entre a ciência e a filosofia, enfraquecendo as próprias idéias em alguns aspectos.

IIIb A alternativa "positiva"

Analisemos agora a sua alternativa positiva. Apesar de Ayer dizer que:

> falar sobre a mente e falar sobre o corpo são formas diferentes de classificar e interpretar as experiências de alguém,

ele não faz muitos comentários sobre o que isso significa. Então, incorporarei a resposta a essa questão em meus comentários, feitos a seguir, sobre sua outra afirmação positiva.

Depois de descrever como dois fenômenos podem ser observados ocorrendo juntos, Ayer diz o seguinte:

> ⟨Parece-me que, quando se assevera o fato de os dois
> eventos em questão – o mental e o físico – estarem
> 7 causalmente conectados, de o padrão de impulsos ner-
> vosos "produzir" a sensação ou de o pensamento "decidir" que células nervosas deverão entrar em operação, tudo o que se quer dizer, ou que se pode dizer de forma adequada, é que esses dois grupos de observação mantêm correlações segundo a maneira descrita por mim⟩ [parágrafo (c): quando os cientistas fazem observações que interpretam dizendo que tais e tais células nervosas sofrem tais e tais distúrbios elétricos, também podem fazer observações que interpretam dizendo que um sujeito está tendo sensações de um determinado tipo (e vice-versa)]. Mas, se a situação resume-se a isso, qual a dificuldade? Não há nada especialmente misterioso sobre o fato de os dois grupos diferentes de observação se mostrarem correlatos; que, dadas as condições apropriadas, esses dois grupos costumam acompanhar um ao outro.

Apesar de o leitor não estar ciente disso, Ayer adota a postura de Hume a respeito do que significa afirmar que um evento A provoca um evento B. David Hume criticou os que achavam haver algum tipo de "ligação" entre uma causa e seu efeito, dizendo que tudo o que podemos *saber* é que eventos como A e eventos como B aparecem constantemente juntos – ou, para usar a linguagem de Ayer, eles "costumam acompanhar um ao outro" e não há nada mais a descobrir a respeito disso. No entanto, apesar de a postura de Hume ter sido bastante aceita durante um longo período de tempo, ela parece deixar de lado a importância de descobrir coisas que "ficam juntas" – algo que faz sentido para nós como parte de um quadro geral ou de um "modelo" sobre o que está acontecendo no mundo.

Retomando nossa Pergunta de Asseribilidade, sugerimos que ao dizer "A provocou B", temos em mente alguma conexão ou mecanismo que, para nós, faz sentido em termos de correlação. Obviamente, alguns pares de eventos ocorrem juntos sem que haja nenhuma conexão causal entre os dois, e isso acontece talvez porque os dois tenham sido provocados por um terceiro elemento. Por exemplo, se alguém coloca uma barra de ferro em uma chama quente ela vai se expandir e mudar de cor. Tais mudanças ocorrem geralmente juntas, mas a expansão e a mudança de cor não são causa e efeito, mas efeitos de uma causa comum.

Essas considerações levam-me à conclusão de que Ayer deixou de lado algo importante ao relatar de que forma a mente e o cérebro produzem impactos recíprocos. Talvez tenhamos um dia mais detalhes sobre o funcionamento do cérebro e sejamos capazes de, em alguma medida, "ler" a partir dos impulsos elétricos do cérebro quais pensamentos ou idéias passam pela cabeça de alguém. Alternativamente, talvez, cheguemos à conclusão de que o cérebro e a mente são entidades tão diferentes (da tradição cartesiana) que nossos questionamentos sobre como interagem a mente e o cérebro acabarão por diminuir ou se evaporar.

Fazendo uma analogia parcial podemos nos perguntar por que, como no caso de especialistas em computação que conseguem dizer quais modulações físicas e elétricas em um computador correspondem à frase ou à imagem constante da tela, não poderíamos descobrir algo semelhante a isso em relação ao cérebro. Os cientistas então conseguiriam "ler" com base em suas observações sobre o funcionamento do cérebro qual pensamento ou imagem uma pessoa acaba de ter. Por outro lado, nossa compreensão sobre os computadores – o *hardware* e o *software* e as linguagens que descrevem sua atividade – poderia provocar uma "mudança de paradigma" na maneira como imaginamos nossa mente e nosso cérebro, uma maneira capaz de acabar com os questionamentos sobre a maneira como os dois interagem, de forma que não teríamos uma dificuldade maior para compreender como se relacionam do que temos para explicar como um ímã pode fazer a agulha de uma bússola se movimentar. No caso do magnetismo, temos uma imagem/modelo sobre o que acontece, modelo esse que serve para outros fenômenos associados; além disso, numerosas experiências e previsões encaixam-se perfeitamente em nosso modelo sobre como o magnetismo é provocado e como provoca outros eventos. Talvez o estudo científico do cérebro, o desenvolvimento dos computadores ou algum outro novo conceito, nos ajude a entender melhor como a mente e o cérebro interagem.

IV A título de conclusão

Na minha opinião, os argumentos de Ayer contra a postura cartesiana tradicional foram bem elaborados, mas seus argumentos em favor da própria postura a respeito do assunto deixam de fora algo importante. Além disso, segundo creio, a divisão radical entre a ciência e a filosofia incorre em erro. Você terá de decidir sobre se adotará ou não as mesmas opiniões. Lembre-se de que um dos objetivos de nosso método é convencê-lo de que você pode chegar sozinho a várias conclusões.

Antes de deixarmos essa argumentação para trás, há duas coisas a dizer sobre o método genérico para enfrentar os argumentos. Primeiro, neste capítulo tivemos de analisar com cuidado o que certas afirmações *significavam* e, de fato, conseguimos obter aqui algumas dicas mais sobre como responder à Pergunta de Asseribilidade em certos casos. Segundo, vale a pena observar que os argumentos (R), (S) e (T), na verdade, passam todos pela suposição de que a mente e o cérebro são tipos totalmente diferentes de coisas e que os três argumentos revelam-se, na verdade, argumentos de *reductio ad absurdum* interessados em mostrar que a idéia de Descartes e as dos cientistas seus seguidores estavam erradas. Talvez tivesse sido mais fácil apresentar alguns dos pontos destacados neste capítulo se tivéssemos tratado (R), (S) e (T) como argumentos "hipotéticos" – um tipo de argumento discutido nos dois próximos capítulos. Deixo ao leitor a função de regressar a este assunto a fim de decidir se as idéias e notações a serem introduzidas nos dois capítulos seguintes tornaram ou não mais fácil estruturar a linha de raciocínio de Ayer. Na minha opinião, isso fará o leitor perceber as vantagens de tais idéias e notações. Mas cabe a ele decidir-se a respeito dessa questão.

8

Suponha, por hipótese, que...

I Explicando a "suposição": ou como lidar com casos simples

Neste capítulo, trataremos de um tipo diferente de raciocínio – o raciocínio hipotético. A maior parte dos manuais de lógica informal ou pensamento crítico não menciona essa questão (há, porém, algumas exceções notáveis, como o livro *Practical Reasoning in Natural Language*, de Stephen Thomas). Isso é surpreendente porque este tipo de raciocínio é elegante, eficiente e bastante comum, como demonstraremos nos próximos três capítulos.

Os argumentos usados na maior parte dos manuais utilizam-se apenas de *asserções*: ao falar de *razões* e *conclusões*, sempre recorrem a proposições *asseridas* – proposições que os seus autores apresentam como verdadeiras (ver as observações que fizemos a respeito das asserções, no Capítulo 2, p. 35). No entanto, alguns argumentos chegam à sua conclusão sem asserir seus pontos de partida, mas *admitindo* ou *supondo* algo "hipoteticamente", conforme a expressão utilizada freqüentemente.

Se alguém dá início a um argumento afirmando: "Suponha que o oxigênio não arde", não está dizendo que o oxigênio não arde – não está *apresentando essa informação como verdadeira*. Ao contrário, essa pessoa deve estar bastante ciente de que o oxigênio arde e pode estar apresentando um argumento do tipo *reductio ad absurdum* a fim de provar que esse gás de fato faz isso. Ou seja, as suposições não são asserções.

Um ateu que dê início à defesa de sua posição afirmando "Suponha que haja um Ser onisciente semelhante àquele no qual os cristãos acreditam" não está asserindo (afirmando) que há um Deus cristão (porque essa pessoa não acredita na existência de Deus). Ela poderia ter dito simplesmente: "Se há um Ser onisciente semelhante àquele no qual os cristãos acreditam". E, conforme já observamos antes (p. 34), alguém que lance mão de uma hipotética desse tipo não assere a sua antecedente.

Um matemático que apresenta a prova euclidiana clássica sobre a existência de um número infinito de números primos parte da suposição de que *há um número finito deles*. Ele não está asserindo (dizendo-nos) que há apenas um número finito de números primos (porque ele está bem ciente de que isso não é verdade), mas está nos pedindo para considerar a proposição com o objetivo de deduzir as suas implicações.

Vários dos argumentos com os quais iniciamos este livro empregaram suposições: o argumento de Galileu supôs que "um corpo mais pesado é mais rápido ao cair"; a Aposta de Pascal avaliou diferentes suposições sobre as crenças e ações de uma pessoa; a argumentação de Hume começou assim: "Suponha que quatro quintos de todo o dinheiro existente na Grã-Bretanha venham a ser destruídos da noite para o dia". O raciocínio usado por John Stuart Mill no exemplo do Capítulo 5 baseava-se em uma suposição: "Suponhamos [...] que a redução generalizada da jornada de trabalho nas fábricas, digamos de dez para nove horas, beneficiaria os trabalhadores, que receberiam por nove horas de trabalho salários tão altos quanto ou quase tão altos quanto os que recebiam por dez". O mesmo se deu com a argumentação de Ayer citada no Capítulo 7.

O essencial sobre uma suposição é o fato de ela não se apresentar como uma verdade – não se trata de uma asserção. A suposição serve para que consideremos as suas implicações. Os argumentos nos quais há suposições costumam aparecer com freqüência nos contextos teóricos – na matemática, na física, na biologia, nas ciências sociais e na filosofia, para mencionar os mais óbvios –, de forma que, se não quisermos deixar para trás lacunas graves, precisamos explicar cuidadosamente a forma de manusear as suposições na análise de argumentos.

Neste livro, falaremos geralmente em *suposições*, apesar de que a maior parte das pessoas talvez optasse por referir-se a elas como *pressupostos*. Em muitos contextos, as palavras são intercambiáveis, mas muitos argumentos contêm pressupostos *implícitos* – proposições que o autor aceita como verdadeiras – sem preocupar-se em mencioná-las: apesar de o autor não *asserir* tais pressupostos (porque não os menciona), estaria disposto a fazê-lo, ou teria de fazê-lo caso fosse instado. Os argumentos sobre a dissuasão nuclear, por exemplo, costumam pressupor – sem na verdade o afirmar – que o seu suposto adversário *deseja atacá-lo e dominá-lo*. Esse pressuposto implícito costuma ser tomado como algo certo e não precisa ser mencionado explicitamente. Já encontramos vários pressupostos implícitos no Capítulo 1 e nos demais. No entanto, neste capítulo não nos interessaremos em destacar esses pressupostos implícitos. Estamos interessados agora nas vezes em que uma pessoa pressupõe ou supõe algo "hipoteticamente", conforme o sentido explicado aqui. E, a fim de concentrar nossa atenção nesse tipo de situação, utilizaremos o termo menos familiar *suposição*.

No Capítulo 10, trataremos das *hipóteses* científicas. Essas, claramente, possuem uma relação íntima com as suposições quando se trata da forma como funcionam em um raciocínio, mas, até lá, deixaremos de lado o termo "hipótese", e isso, mais uma vez, para concentrar nossa atenção, neste momento, no ato de "supor algo hipoteticamente".

Iniciamos nossa explicação sobre como enfrentar as suposições analisando um exemplo simples. Vejamos o seguinte trecho argumentativo:

> Suponha que a teoria evolucionista de Darwin seja verdadeira. Então, deveria haver provas fósseis mostrando a mudança e a evolução das espécies. Mas essas provas não existem, conseqüentemente a teoria de Darwin tem de estar errada.

Se tentarmos extrair a argumentação conforme o método descrito no Capítulo 2 (pp. 32 e seguintes), ficará claro que temos de fazer um círculo em torno do [conseqüentemente] e sublinhar aquela que, obviamente, é a conclusão principal do texto:

> C A teoria de Darwin tem de estar errada.

(Se o leitor for tentado a colocar um círculo ao redor do [então], aprenderá, ao longo deste capítulo, duas lições: uma sobre a fonte dessa tentação e outra sobre por que deve resistir-lhe em um caso simples como esse e enquanto as instruções do Capítulo 2 não forem revistas.)

Quando perguntamos: "Que razões imediatas apresentam-se no texto para que aceitemos C?", notamos com facilidade que uma razão é a seguinte:

(2) essas provas não existem

mas podemos hesitar ao nos decidirmos sobre como fazer a marcação no restante do texto. Uma breve reflexão deve mostrar-nos que o significado do trecho terá sido compreendido se interpretarmos a suposição como a antecedente de uma hipotética. Dessa forma, o argumento fica assim:

(1) Se a teoria evolucionista de Darwin é verdadeira, então deveria haver provas fósseis mostrando a mudança e a evolução das espécies

e (2) Essas provas não existem

logo

C A teoria de Darwin tem de estar errada

e o resultado da marcação nesse exemplo segundo as instruções do Capítulo 2 ficará mais ou menos assim:

(1) ~~Suponha~~ ⟨Se fosse a teoria evolucionista de Darwin verdadeira. Então, deveria haver provas fósseis mostrando a mudança e a evolução das espécies.⟩ Mas ⟨essas
(2) provas não existem,⟩ [conseqüentemente] a teoria de
C Darwin tem de estar errada.

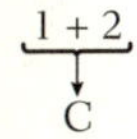

Esse exemplo mostra como enfrentar a suposição em um caso simples. No entanto, essa nem sempre se revelará a melhor forma de agir. Em casos mais complicados, pode ser algo trabalhoso e artificial encarar as suposições como antecedentes de hipotéticas. Ilustraremos isso com outro exemplo, em meio aos preparativos para sugerir uma forma alternativa de enfrentar as suposições. Vejamos o trecho argumentativo retirado do livro *Practical Reasoning in Natural Language*, de Stephen Thomas, e transcrito abaixo:

> Suponha que apenas bons pesquisadores podem se transformar em professores universitários competentes. Nesse caso, deduz-se que o membro de uma universidade se transformará em um professor competente *apenas se* ele ou ela for um bom pesquisador. Disso se deduz que, se o membro de uma universidade é um professor competente, então ele ou ela é um bom pesquisador. Portanto, todo professor universitário competente precisa ser um bom pesquisador. Sendo assim, se apenas bons pesquisadores podem ser professores universitários competentes, então todos os professores universitários competentes devem ser bons pesquisadores. Portanto, poderíamos garantir que uma universidade irá distinguir-se no campo da pesquisa tomando suas decisões administrativas com base exclusivamente na competência de seus professores.

Se tentarmos encarar a suposição, nesse caso, como parte de uma hipotética e, depois, reconstruir a argumentação dessa forma, teríamos algo parecido com isto:

> Se apenas bons pesquisadores podem ser professores universitários competentes, então o membro de uma universidade será um professor competente apenas se ele ou ela for um bom pesquisador. E, se o membro de uma universidade for um professor competente apenas se ele ou ela for um bom pesquisador, então, se o membro de uma faculdade é um professor competente, ele ou ela terá de ser um bom pesquisador.

Esse trecho proporciona uma leitura muitíssimo desagradável e, de pronto, obscurece a lógica das manobras bastante simples que se seguem à suposição inicial! E não apenas isso. Se ainda estivermos tentando seguir as instruções do Capítulo 2, colocaremos um círculo nos casos de segue-se que como indicadores de *conclusão*, o que significa que consideramos as frases às quais esses se referem como *asserções*. Mas essas frases não são asserções; são, na verdade, a conseqüência de uma hipotética.

Não nos aprofundaremos na descrição sobre como os métodos tradicionais de argumentação e análise, incluindo os do Capítulo 2, se mostram inadequados para enfrentar o que descrevemos como "contextos de suposição". Em vez disso, reformularemos nosso método de forma a permitir que continue funcionando com os contextos comuns (nos quais não há suposições) e que também dê conta dos contextos de suposição. O método resultante nos permitirá pensar de forma mais clara em ambos os contextos.

Obviamente, as argumentações transcorrem com a ajuda de suposições – ocorrem no "âmbito" de suposições – e qualquer método de análise de argumentos a ser proposto precisa dar conta disso. Na verdade, os contextos de suposição são muito importantes e instrutivos. Na maior parte dos manuais de lógica tradicional e de lógica informal, dedicou-se pouca atenção a esses contextos, e como resultado as afirmações condicionais foram mal compreendidas. Mas este não é o lugar adequado para nos aprofundarmos nessa questão. Tratemos agora de reformular nosso método de análise de argumentos antes de aplicar o método reformulado a um exemplo esclarecedor.

II O método de argumento informal reformulado

A chave para a versão reformulada do método resume-se a fazer a distinção entre uma proposição asserida e uma proposição não-asserida. Já deparamos com essa distinção no Capítulo 2 (p. 34) e no início deste capítulo. A fim de relembrar rapidamente os elementos dos quais precisamos: a proposição "o oxigênio arde" pode *apresentar-se como verdadeira* em uma proposição composta do tipo "se o oxigênio arde, então a teoria flogística está incorreta" ou do tipo "ou o oxigênio arde ou é o nitrogênio". Nesses casos, as proposições *não se apresentam como verdadeiras*. Se uma proposição apresenta-se como verdadeira, os especialistas em lógica (seguindo as lições de Gottlob Frege [1848-1925], fundador da lógica moderna) afirmam que ela foi asserida. No caso contrário, não foi asserida. Eis a distinção de que precisamos.

Em vista dessa distinção, o método descrito no Capítulo 2 não necessitará de grandes alterações. O que faremos será ampliar nossas listas de indicadores de razão e de conclusão (pp. 24 e 25). Teremos de reinterpretar R → C (p. 29). Teremos de colocar nossas observações anteriores sobre hipótese em um novo contexto (conf. pp. 34 e seguintes) E precisaremos reformular a exigência de que as premissas de um argumento terão de ser verdadeiras a fim de estabelecer a sua conclusão (p. 37).

A linguagem do raciocínio: algumas modificações

Nos livros de lógica informal, costuma-se dizer que raciocinar ou argumentar consiste em oferecer razões a favor de uma conclusão, mas as únicas razões e conclusões normalmente consideradas são as que foram asseridas. A forma mais simples e econômica de enfrentar os argumentos feitos a partir de suposições consiste em chamar as suposições de *razões* (ou premissas) e, de forma semelhante, chamar o que se depreende delas de *conclusões* (que, a seu turno, servirão de razões para as *suas* conclusões etc.) e reconhecer que nos contextos de suposição as razões e as conclusões não são necessariamente asseridas – e, portanto, que a ocorrência de indicadores de razão e de conclusão não implicam necessariamente que aquilo com que se relacionam foi asserido. (Esse procedimento pode envolver um certo grau de distorção quanto à utilização usual – ao chamar uma suposição de razão [ou premissa] –, mas permitamos que este capítulo e o próximo mostrem se a simplificação resultante se justifica ou não.) Se agirmos assim, nossos indicadores de razão e de conclusão incluirão todos os que já fornecemos. Mas a lista terá de ser ampliada de dois modos.

Em primeiro lugar, precisamos de uma lista de "indicadores de suposição" a serem acrescentados à nossa lista de indicadores de razão. Esses indicadores consistem em palavras ou expressões como as seguintes:

Indicadores de suposição
suponha que...
partamos do princípio (por hipótese) de que...
imagine que...
considere a hipótese/teoria de que...
postulemos que...

Da mesma forma como aconteceu com as listas de indicadores de razão e conclusão, não estamos dizendo que, *independentemente* de onde essas frases apareçam, sempre se encontrará uma suposição. Trata-se de marcadores que deverão ser usados de forma inteligente tendo em vista nossos interesses e nossa explicação sobre o que é uma suposição.

Em segundo lugar, uma suposição apresenta-se a fim de que consideremos suas implicações. É natural que se escreva depois delas algo como "deduz-se que" ou "então" (ver alguns de nossos exemplos anteriores). Sendo assim, precisamos agora incluir o "então" entre os indicadores de conclusão – isso explica a tentação mencionada na p. 173 – a tentação de colocar um círculo ao redor dela quando esse indicador surge em um contexto de suposição a fim de sinalizar que uma conclusão deduziu-se de uma suposição. Evidentemente, se decidirmos ser mais simples lidar com um contexto específico tratando-o como algo hipotético, não colocaremos um círculo ao redor do "então".

Todas as restrições apresentadas no Capítulo 2 a respeito do uso dos indicadores de argumento aplicam-se com força igual às listas ampliadas.

A estrutura do raciocínio: algumas modificações

Convenções e terminologia

Precisamos ser capazes de marcar a distinção entre proposições asseridas e proposições não-asseridas. E vamos "assinalar" a ocorrência de uma proposição não-asserida que funcione como uma razão ou uma conclusão por meio de um pequeno "na" sobrescrito (para "não-asserido") colocado antes dela. Sendo assim, o exemplo da p. 173 ficaria desta forma:

> [Suponha que] [na]⟨apenas bons pesquisadores podem ser professores universitários competentes.⟩ [Nesse caso, deduz-se que] [na]⟨o membro de uma universidade será um professor competente apenas se ele ou ela for um bom pesquisador.⟩ [etc.]

A forma mais simples de reformular o que dissemos no Capítulo 2 a respeito do símbolo "→" é a seguinte. Devemos aceitar agora que a seta "→" aponta para a relação lógica que se pretende manter entre uma razão R e sua conclusão C no contexto em que ocorra. Se um falante assere R e também acredita que C *deduz-se de* R, ou, de forma equivalente, que R implica C, então ele dirá naturalmente: "R logo C", valendo-se da relação lógica pressuposta entre R e C para justificar a afirmação "logo C". Continuaremos representando um caso do tipo desta maneira:

$$R \rightarrow C$$

e continuaremos lendo essa frase como "R logo C" ou como algum equivalente idiomático. Chamaremos esse de um contexto "categórico" a fim de diferenciá-lo de um contexto de suposição.

Se, por outro lado, o falante diz: "Suponha R. Então C será verdade", ele não está asserindo nem R nem C. Nós representaremos isso ou como a hipotética "se R então C" ou da seguinte forma:

$$\text{(Suponha) } {}^{na}R \downarrow {}^{na}C$$

O "(Suponha)" consta do gráfico para lembrar de que se trata de um argumento de suposição. A seta agora indica a relação lógica apresentada pelo falante como existente entre R e C. E deve ser lida como "então", ou "deduz-se que" ou qualquer formulação que pareça adequada do ponto de vista idiomático. Uma longa argumentação com suposições do tipo:

$$\text{(Suponha) } {}^{na}R \rightarrow {}^{na}C_1 \ldots {}^{na}C_n$$

pode ser lida como: "Suponha R. Então se deduz C_1. Conseqüentemente C_2. Logo C_3. Nesse caso, deduz-se C_4. (E assim por diante até a conclusão C_n.)".

Observe que há uma relação próxima entre dizer "se R então C" e dizer "suponha R; então C". Em vista do que temos em mente, consideramo-las equivalentes. E a maneira de construir um trecho de linguagem argumentativa cotidiana depende inteiramente do que parecer mais simples ou mais natural.

Exceto por essas revisões, continua válido todo o restante que ficou dito sob o subtítulo "Convenções e terminologia" (p. 29) a respeito das razões e conclusões: as razões continuam podendo ser *independentes* ou *conjuntas* e as conclusões continuam podendo ser *intermediárias* ou *finais* etc. Mas há dois acréscimos importantes aos diagramas de argumento. (Mais uma vez, os que detestam as notações e os diagramas precisam se preocupar apenas em entender as idéias subjacentes.)

Suposições óbvias podem ser combinadas, em um argumento, com asserções. A seguir, apresenta-se um exemplo simples, já com suas marcações corretas:

(1) [Suponha] que ^{na} ⟨o governo deseja elevar as taxas bancárias de juros⟩

(2) [Já que] ⟨o governo também deseja manter os juros hipotecários baixos⟩

C ^{na}ele terá, obviamente, de baixar normas em relação às construtoras.

Escrevemos o diagrama do argumento para esse raciocínio desta maneira:

$$\underbrace{(\text{Suponha})\ {}^{na}1 + 2}_{\downarrow}$$
$$^{na}C$$

(Por enquanto, e a título de exercício, a elaboração de uma forma linear clara ficará especialmente a cargo dos leitores que não gostam dos diagramas.)

Observemos que, de modo geral, se uma razão R é não-asserida em meio a um dado trecho argumentativo, esse caráter não-asserido irá, pode-se dizer, "contaminar" todas as proposições P inferidas dela (irá contaminá-las no sentido de que a verdade e a asseribilidade de P dependerão da verdade e da asseribilidade de R). Isso *exceto em um caso importante* que passamos agora a explicar, o de inferência por "condicionalização".

Condicionalização

Suponhamos haver um argumento que passe de uma determinada suposição R para uma conclusão C por meio de passos *logicamente sólidos* (i.e., a conclusão, em cada um dos passos, deduz-se das razões apresentadas), então a solidez do argumento nos permite inferir a seguinte *condicional* (daí o termo "condicionalização"):

se R então C.

Já vimos um exemplo de uma inferência do tipo feita por meio da condicionalização. Vejamo-la mais uma vez, agora com as marcações devidas:

(1) Suponha que [na]⟨apenas bons pesquisadores podem
se transformar em professores universitários competen-
tes.⟩ Nesse caso, deduz-se que [na]⟨o membro de uma
(2) universidade se transformará em um professor compe-
tente apenas se ele ou ela for um bom pesquisador.⟩
(3) Disso se deduz que, [na]⟨se o membro de uma univer-
sidade é um professor competente, então ele ou ela é
(4) um bom pesquisador.⟩ Logo, [na]⟨todo professor uni-
versitário competente precisa ser um bom pesquisador.⟩
Conseqüentemente, se apenas bons pesquisadores
podem ser professores universitários competentes,
C então todos os professores universitários competentes
devem ser bons pesquisadores.

Este argumento inicia-se com a suposição (1); com base nessa suposição apenas, chega à conclusão (4) por meio de passos logicamente sólidos; depois, apresenta a conclusão condicional C, i.e.: "se (1) então (4)". Observe que, conforme já mencionado, o caráter não-asserido de (1) contamina todas as conclusões que se tiram a partir dele *com exceção da conclusão C: "se (1) então (4)"*. Se os passos da argumentação no trânsito de (1) para (4) são sólidos, "se (1) então (4)" tem de ser verdade, *independentemente de (1) ser verdade ou não*. E podemos *asserir* isso simplesmente porque a solidez do raciocínio nos permite fazê-lo.

Em termos gerais, se um argumento parte de uma suposição R para chegar a uma conclusão C e, depois, conclui "se R então C", representaremos esse processo de condicionalização em um diagrama de argumento como este:

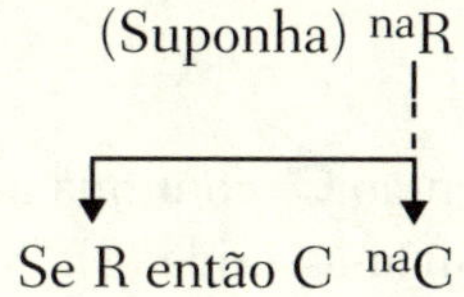

A seta desenhada *a partir da lateral da seta que aponta para* C serve para nos lembrar de que a razão a favor de "se R então C" é o *argumento* a favor de C (e não C propriamente dito). Em vista disso, nosso exemplo anterior deve ser diagramado da seguinte forma:

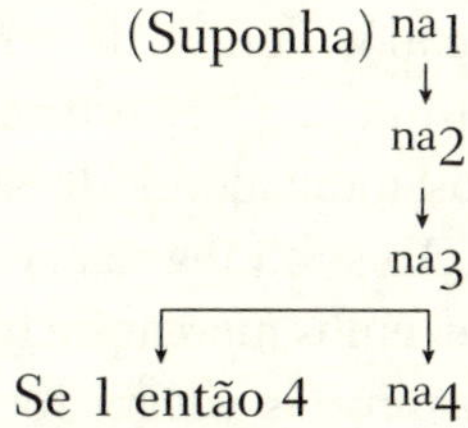

Há dois tipos de conclusão que precisamos mencionar. Um argumento pode partir de duas (ou mais) razões *conjuntas*, das quais apenas uma é não-asserida, e esse argumento pode então ser condicionalizado por essa premissa não-asserida. Um argumento do tipo será diagramado assim:

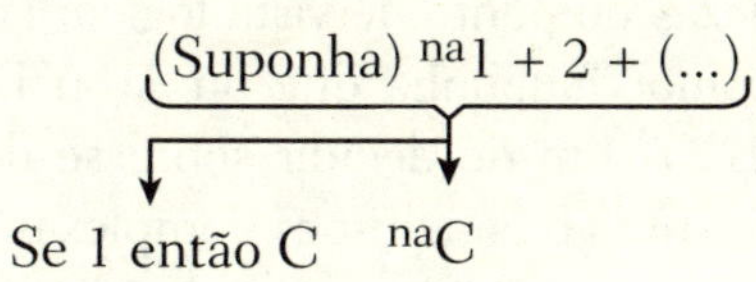

Alternativamente, podemos ter um argumento que contenha duas (ou mais) razões não-asseridas em meio a suas razões básicas conjuntas. Aquelas então condicionalizam apenas uma delas. Esse caso ficaria diagramado da seguinte maneira:

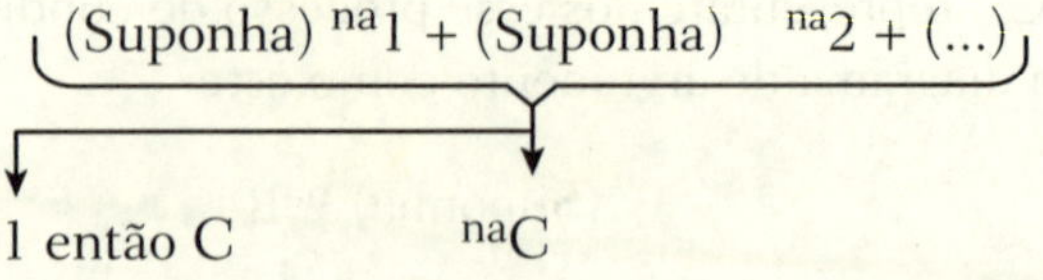

e a conclusão "se (1) então C" continua a ser não-asserida porque depende da razão não-asserida (2). Não precisamos, neste contexto, desenvolver mais detalhadamente as tecnicalidades dessa representação.

O método de extração de argumentos reformulado

O método apresentado no Capítulo 2 (pp. 32 e seguintes) precisa ser alterado apenas um pouco a fim de conseguir dar conta dos contextos de suposição. Os indicadores de inferência continuam a ser colocados dentro de círculos, como se fazia anteriormente, exceto que, agora, precisamos colocar dentro de círculos também os indicadores de suposição (já que são indicadores de razão⟩. Ao sublinhar as conclusões e colocar as razões entre chaves, devemos marcar de forma explícita os que, claramente, são não-asseridos (desta forma: ^{na}⟨...⟩) etc. Com exceção disso, tudo o mais será realizado como antes. (Talvez valha a pena mencionar, a respeito da Pergunta de Asseribilidade, que a resposta à questão "Que argumento ou indício me permitiria acreditar em 'se R então C'?" será freqüentemente: "Um argumento *sólido* que conduza de R a C".)

Continua a ser verdade que as razões e as conclusões poderão ser complexas do ponto de vista lógico. Podemos ter, por exemplo, algo como: "Suponha que ou A ou B" ou "Suponha que A implica B". A fim de decidir sobre se devemos ou não separar as justificativas e conclusões complexas (ver p. 34), devemos procurar o que parece mais simples: basta apenas ter em mente, sempre, o que é asserido e o que é não-asserido.

Testes para um bom argumento reformulados

Tudo o que ficou dito no Capítulo 2 sob o subtítulo "Testes para um bom argumento" continua a valer para a classe de argumentos, mais ampla, que consideramos agora, excetuando-se que:

(**A**) as premissas que são suposições não precisam ser verdadeiras para fundamentar suas conclusões, ou, dizendo isso de outra forma,

(**B**) Se temos um argumento que parte de uma suposição R para chegar a uma conclusão C e depois se condicionaliza para atingir a conclusão "se R então C", saber quando a conclusão condicional foi estabelecida é *independente* da verdade de R. Se as outras razões básicas forem verdadeiras e o argumento for sólido, então "se R então C" terá sido estabelecido *independentemente de R ser verdadeiro ou falso*.

Agora, acrescentamos mais alguns elementos a nosso método reformulado e, aplicando-o a um exemplo esclarecedor, mostramos como funciona.

III Aplicando o método reformulado: um exemplo tirado de Galileu

O teste sobre o que foi dito acima passará pela verificação de se isso funciona com verdadeiros argumentos – argumentos realmente utilizados. Assim, vamos aplicá-lo agora a um famoso texto argumentativo de Galileu. Na p. 1 fornecemos uma versão modernizada da argumentação de Galileu. Agora analisaremos essa argumentação em sua versão original. O trecho saiu dos *Diálogos sobre Duas Novas Ciências* e será transcrito por completo no exercício 10, pp. 301-305.

No começo do século XVII, havia uma tradição decorrente de Aristóteles (por isso aceita de forma genérica) segundo a qual os corpos mais pesados caíam *mais rapidamente* do que os corpos mais leves. Conforme explica Galileu em nosso exemplo (ao falar sobre corpos com o mesmo formato):

> Aristóteles declara que os corpos com pesos diferentes e colocados no mesmo substrato movimentam-se (caso sua movimentação dependa da força da gravidade) com velocidades proporcionais a seus pesos.

Essa é a afirmação que Galileu se dispõe a *refutar*, e ele fará isso *não por meio de experiência com corpos de pesos diferentes*, mas por meio de um belo raciocínio em que tratará a teoria aristotélica como uma suposição da qual, em seguida, deduzirá implicações. Na parte preliminar do argumento, Galileu aceita que "cada corpo em queda adquire uma determinada velocidade estabelecida pela natureza", à qual chama de sua "velocidade natural". O seu argumento prossegue assim:

> Se, então, considerarmos dois corpos cujas velocidades naturais são diferentes, ficará claro que, ao unir esses dois corpos, o mais veloz será parcialmente retardado pelo mais lento, e o mais lento será, em alguma medida, acelerado pelo mais rápido. [...]
>
> [...] Mas, se isso for verdade, e se uma pedra grande locomove-se a uma velocidade de, digamos, 8 enquanto uma menor locomove-se a uma velocidade de 4, então, quando unimos as duas, o sistema locomover-se-á a uma velocidade menor do que 8; mas as duas pedras, quando unidas, formam uma pedra maior do que a que se locomovia antes com uma velocidade de 8. Portanto, o corpo mais pesado locomove-se a uma velocidade menor do que o mais leve; um resultado que contraria nossa suposição. Logo, pode-se perceber como, a partir da pressuposição de que os corpos mais pesados se locomovem mais rapidamente do que os mais leves, inferimos que os mais pesados se locomovem mais lentamente.

Trata-se de um texto argumentativo ilusoriamente difícil. O leitor perceberá isso caso, antes de avançar, tente responder às seguintes perguntas.

Perguntas

(1) Qual a conclusão principal do argumento de Galileu?

(2) Qual o raciocínio a favor dessa conclusão?

(3) O que mostraria ser *verdadeira* ou *falsa* a seguinte afirmação:

> "Se tomarmos dois corpos cujas velocidades naturais são diferentes, ao uni-los, o mais rápido será parcialmente retardado pelo mais lento, e o mais lento será, em alguma medida, acelerado pelo mais veloz".

(4) O argumento de Galileu estabelece a sua conclusão?

IV Extraindo o argumento do texto de Galileu

A fim de extrair o raciocínio do texto de Galileu utilizando a versão reformulada de nosso método, precisaremos, em primeiro lugar, colocar dentro de círculos os indicadores explícitos de argumento. Há um óbvio na terceira frase: "Portanto". Na última frase, o "Sendo assim" e o "inferimos" são quase igualmente evidentes. Menos óbvio mostra-se, provavelmente, o "então" que aparece no começo da primeira frase: o leitor que ignorar esse indicador em um primeiro momento acabará simplesmente por deixar de lado uma pista sobre a estrutura da argumentação, mas isso não afetará a aplicação do método. Uma análise subseqüente pode revelar indicadores de argumento ignorados na primeira leitura.

A seguir, usando os indicadores de inferência como apoio, colocamos entre chaves todas as razões indicadas e sublinhamos quaisquer conclusões. A conclusão mais clara é a seguinte:

> o corpo mais pesado locomove-se a uma velocidade menor do que o mais leve.

Não é tão fácil estruturar a última frase do texto. Galileu pode ter dito: "Veja, eu mostrei como inferi uma conclusão contrária à sua suposição". Ou pode ter dito algo condicional, como: "(Assim,) a partir da sua suposição de que os corpos mais pesados se locomovem mais rapidamente do que os mais leves, deduz-se que os mais pesados se locomovem mais lentamente". Podemos nos decidir posteriormente a respeito de qual alternativa escolher – se for importante. No entanto, as duas últimas frases de Galileu mostram com clareza que a sua argumentação parte de uma suposição, de modo que podemos registrar isso (e, imediatamente, torna-se mais fácil perceber que o "então" da frase (1) é um indicador de inferência).

Caberá ao leitor notar os demais detalhes. Se analisarmos o argumento de Galileu que leva à conclusão:

> o corpo mais pesado locomove-se a uma velocidade menor do que o mais leve,

haverá várias maneiras de estruturar e marcar o trecho. Mas a marcação apresentada abaixo parece a mais natural:

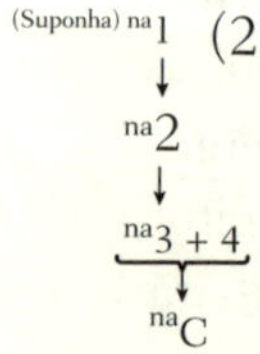

(1) [Suponha que] na⟨o corpo mais pesado locomove-se a uma velocidade maior do que o mais leve⟩]

(2) na ⟨Se, [então,] considerarmos dois corpos cujas velocidades naturais são diferentes, ficará claro que, ao unir esses dois corpos, o mais veloz será parcialmente retardado pelo mais lento, e o mais lento será, em alguma medida, acelerado pelo mais rápido.⟩[...]

(3) [...] Mas, se isso for verdade, e na⟨se uma pedra grande locomove-se a uma velocidade de, digamos, 8 enquanto uma menor locomove-se a uma velocidade de 4, então, quando unimos as duas, o sistema locomover-se-á a uma velocidade menor do que 8;⟩

(4) mas ⟨as duas pedras, quando unidas, formam uma pe-
C dra maior do que a que se movimentava antes com uma velocidade de 8.⟩ [Portanto,] na o corpo mais pesado locomove-se a uma velocidade menor do que o mais leve; um resultado que contraria nossa suposição. [Assim,] pode-se perceber como, a partir da suposição de que os corpos mais pesados se locomovem mais rapidamente do que os mais leves, [inferimos] que os mais pesados se locomovem mais lentamente.

Se interpretarmos a última frase de Galileu como uma condicionalizante, devemos sublinhar a última frase e o diagrama ficaria assim:

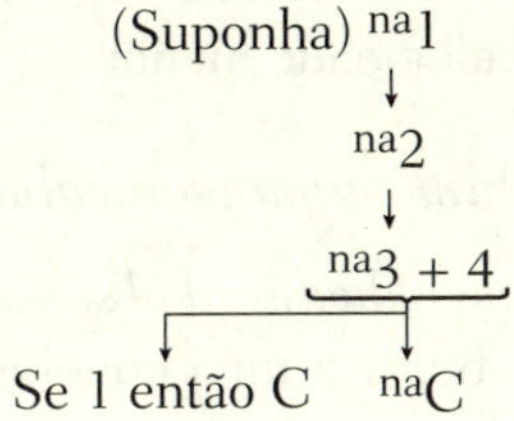

Os que odeiam diagramas talvez prefiram a seguinte forma linear de notação:

Suponha

^{na}(1) o corpo mais pesado locomove-se a uma velocidade maior do que o mais leve

disso se segue que

^{na}(2) Se tomarmos dois corpos cujas velocidades naturais são diferentes, ficará claro que, ao unir esses dois corpos, o mais veloz será parcialmente retardado pelo mais lento, e o mais lento será, em alguma medida, acelerado pelo mais rápido.

Disso se segue que

^{na}(3) se uma pedra grande locomove-se a uma velocidade de, digamos, 8 enquanto uma menor locomove-se a uma velocidade de 4, então, quando unimos as duas, o sistema locomover-se-á a uma velocidade menor do que 8.

Mas (4) as duas pedras, quando unidas, formam uma pedra maior do que a que se locomovia antes com uma velocidade de 8.

Logo, segue-se de (3) e (4) que

^{na}C o corpo mais pesado locomove-se a uma velocidade maior do que o mais leve.

Logo, por condicionalização:

> Se o corpo mais pesado locomove-se a uma velocidade maior do que o mais leve, o corpo mais pesado locomove-se a uma velocidade menor.

"Reductio ad absurdum": uma tecnicalidade

Um argumento do tipo *reductio ad absurdum* parte de uma suposição inicial para chegar a uma conclusão absurda ou contraditória (daí seu nome), e isso nos permite inferir que a suposição inicial *tem de ser falsa*. A argumentação de Galileu apela a uma *reductio* desse tipo. A forma mais simples de estruturar e diagramar uma argumentação desse tipo, segundo o que desejamos mostrar neste momento, dá-se da seguinte forma. Se uma suposição ^{na}R resulta em uma conclusão ^{na}C *que também não pode ser verdadeira*, construiremos o diagrama assim:

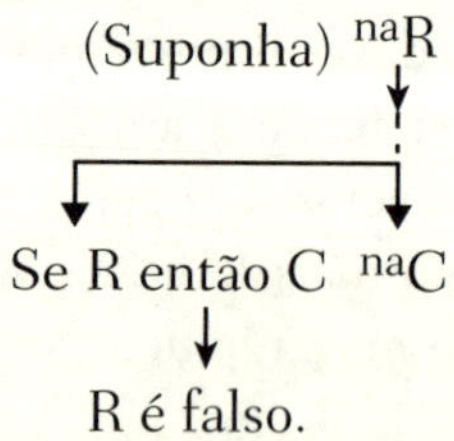

A seguir, analisaremos os passos do argumento por meio dos "padrões adequados".

V "Testes para um bom argumento" aplicados a Galileu

Tendo esclarecido qual é o argumento de Galileu, podemos nos perguntar se é bom – se esse argumento estabelece ou não sua conclusão. Lembre-se de que nos exemplos analisados anteriormente, para um argumento estabelecer a sua conclusão, *deve ter premissas verdadeiras* e deve fazer inferências sólidas a partir delas. Mas, num argumento que parte de uma suposição, a suposição não precisa ser verdadeira a fim de estabelecer a conclusão. Ao lidarmos com argumentos nos quais não há suposições, se uma premissa se revela falsa, esse fato costuma ser fatal para o argumento (exceto no caso das premissas independentes). Mas, no caso de uma suposição – apesar de a considerarmos inicialmente verdadeira tanto para fins de argumentação quanto para fins de análise –, se ela se mostra falsa, isso não enfraquece necessariamente o argumento. De fato, em uma argumentação do tipo *reductio ad absurdum*, como é o caso de Galileu, o raciocínio *visa* exatamente provar ser falsa a suposição/premissa inicial. Essa manobra realiza-se pressupondo a suposição como verdadeira e tirando, a partir dessa pressuposição, implicações absurdas.

No exemplo analisado, a única premissa asserida:

(4) as duas pedras, quando unidas, formam uma pedra maior do que a que se locomovia antes com uma velocidade de 8

é, claramente, verdadeira. Além dela, precisaremos analisar a solidez de cada uma das inferências sucessivas a fim de decidir sobre se o argumento estabelece ou não a sua conclusão. A pergunta seria esta: "Temos *boas razões* para aceitar as inferências de (1) para (2), de (2) para (3) etc.?".

Na realidade, o único ponto complicado da linha de raciocínio aparece na passagem inicial de (1) para (2), i.e.:

Suponha que

^{na}(1) o corpo mais pesado locomove-se a uma velocidade maior do que o mais leve

disso segue-se que

^{na}(2) Se tomarmos dois corpos cujas velocidades naturais são diferentes, ficará claro que, ao unir esses dois corpos, o mais veloz será parcialmente retardado pelo mais lento, e o mais lento será, em alguma medida, acelerado pelo mais rápido.

Importa para nós saber se há aí uma inferência sólida, se, a julgar pelos padrões adequados, a premissa poderia ser verdadeira e a conclusão, falsa (etc.). A maior parte dos filósofos afirma que (2) não pode ser deduzido de (1) porque, se pressupormos, como Galileu, que:

(1) o corpo mais pesado se locomove a uma velocidade maior do que o mais leve

nada pode ser deduzido a partir disso a respeito do comportamento dos dois corpos *quando unidos*: se, quando unidos, esses dois corpos formam um corpo mais pesado, então (1) nos diz que eles cairão a uma velocidade maior, mas nada diz sobre como os dois corpos, quando unidos, vão agir um sobre o outro. (Ver o Posfácio a este capítulo, nas pp. 193-94, para uma afirmação muito clara desse tipo de resposta ortodoxa.) Deveremos argumentar que se trata aqui de uma resposta inapropriada. Mas, já que nos deparamos aqui com uma opinião ortodoxa, deveremos, antes de apresentar nossa opinião, fortalecer nossas defesas apelando a uma autoridade.

Karl Popper, no livro *A Lógica da Pesquisa Científica*, descreve a argumentação de Galileu desta forma:

> Um dos mais importantes experimentos imaginários da história da filosofia natural, e um dos mais simples e mais engenhosos da história do pensamento racional sobre nosso universo, integra a crítica de Galileu à teoria de Aristóteles. Ele contesta a suposição aristotélica de que a velocidade natural de um corpo mais pesado é maior do que a de um corpo mais leve.

Popper percorre a argumentação e, depois, continua:

> já que foi da suposição aristotélica que começou o argumento, aquela suposição restou agora descartada: ela mostrou-se absurda.

> Considero o experimento imaginário de Galileu um modelo perfeito para a melhor forma de utilização dos experimentos imaginários.

O filósofo discute as condições para "a melhor forma de utilizar os experimentos imaginários". Em vista do que pretendemos neste momento, o requisito crucial identificado por Popper consiste no fato de o argumento ter de pressupor o mesmo que o autor criticado pressupõe ou que teria de vir a pressupor se fosse chamado a se manifestar sobre essa questão. Logo, no caso em pauta, o argumento de Galileu, caso pretenda ser uma crítica legítima à teoria de Aristóteles sobre o movimento dos corpos, precisa pressupor o mesmo que Aristóteles pressupôs (ou teria de vir a pressupor).

Fortalecidos pela análise de Popper em apoio ao argumento de Galileu, regressemos agora à explicação dos motivos pelos quais se trata, aqui, de um bom argumento. Lembre-se de que, segundo nossa opinião, temos de avaliar se a frase (1) poderia ser verdadeira e a (2), falsa, a "julgar pelos padrões adequados sobre o que é possível ou pelos padrões adequados de prova". Em vista disso, quais os padrões adequados nesse caso?

O que determina a resposta para essa pergunta é o *modelo* utilizado – a "imagem" subjacente ao que afirmamos – e as *suposições* inseridas nesse modelo ou nessa imagem. A questão sobre se esse modelo e essas suposições constituem uma parte do *significado* do que vem sendo explicitamente dito pode ser discutida, mas isso, em vista de nossos objetivos, não nos interessa. Segundo nossa opinião, conhecer o significado de uma proposição trata-se de uma questão de grau – alguém pode compreender algo apenas superficialmente ou em sua inteireza –, e conhecer a imagem ou as suposições subjacentes ao que vem sendo dito é algo que pode ser parcial ou completo, e é algo que pode ou não ser contabilizado como parte de seu significado.

A mecânica aristotélica baseou-se em idéias bastante diferentes das de Galileu, mas, quase com certeza, Aristóteles teria concordado com a teoria de que um corpo menos pesado funcionaria como um "breque" para um corpo mais pesado etc., teria concordado com o fato de que:

> o mais veloz será parcialmente retardado pelo mais lento, e o mais lento será, em alguma medida, acelerado pelo mais rápido.

As discussões realizadas por Aristóteles giravam, muitas vezes, em torno de exemplos práticos, como homens arrastando uma embarcação pela água ou um cavalo puxando uma pedra. Aristóteles teria aceitado como um fato "observado" a possibilidade de um homem capaz de correr velozmente ser retardado ao ter de puxar uma embarcação pela água (etc.). E é basicamente por causa disso, porque Aristóteles teria aceitado a manobra central do raciocínio de Galileu, que Popper considera esse raciocínio um argumento modelar contra Aristóteles.

Obviamente, o quadro descrito por Galileu era completamente diferente. Nele, dois corpos grudados um no outro podem ser pensados como *um único* corpo *ou* como *dois* corpos (e, de fato, se poderia falar em "n" corpos, sendo "n" um número qualquer!). Nesse quadro, ainda, o comportamento do corpo conjunto pode ser identificado ou deduzido a partir das forças que atuam em cada um dos corpos (ou vice-versa). Adotadas essas suposições, o argumento de Galileu não apresenta falhas. A partir dessas suposições, deduz-se que os corpos mais pesados precisam cair com a mesma aceleração que os corpos mais leves sob pena de, caso contrário, qualquer corpo (que pode ser concebido como um conjunto de "n" corpos menores) ter de cair a uma quantidade infinita de diferentes velocidades!

As suposições de Galileu foram as mesmas de Newton. Não há dúvida de que o resultado encontrado por Galileu pode ser provado por meio da mecânica newtoniana: esse resultado deduz-se facilmente das definições iniciais e das três leis da mecânica de Newton (ver, de Newton, *Princípios Matemáti-*

cos da Filosofia Natural, Escólio às Definições, Corolário 3). Já que a maior parte das pessoas conheceu a mecânica newtoniana na escola (mesmo que não com esse nome) e já que essas idéias integram hoje o conhecimento universal, o quadro do qual a maior parte das pessoas se serve – o quadro resultante dos ensinamentos de Galileu e de Newton – emprega as mesmas suposições que tornam sólido o argumento de Galileu, de forma que temos todos os motivos para aceitar que os argumentos de Galileu estabelecem a sua conclusão.

Há ainda uma questão pendente sobre a relação entre o argumento de Galileu e o que *de fato* acontece com os objetos em queda: essa é a questão básica por meio da qual podemos determinar se nossos modelo, quadro, teoria ou suposições estão *corretos*. Discutiremos detalhadamente a relação entre fato e teoria em casos do tipo no Capítulo 10 ("Avaliando argumentos 'científicos'"), mas já concluímos estas observações ressaltando que um argumento como o de Galileu não pode ser avaliado fora de seu contexto adequado, fora do contexto fornecido por aquilo que Toulmin chamou de as "garantias" e o "arcabouço" de uma dada teoria ou área do conhecimento. (Ver *Os Usos do Argumento*, de Stephen Toulmin.)

Post scriptum: uma perspectiva alternativa a respeito do argumento de Galileu

(Esta nota foi escrita por N. Everitt, da Universidade East Anglia, e é publicada com a sua autorização.)

O argumento de Galileu insta-nos a supor o seguinte princípio a fim de mostrar que esse princípio leva a uma contradição:

> Quanto mais pesado for um corpo, maior a velocidade com que cairá.

Chamemos esse de o princípio P. P nos diz o que acontece com um corpo em queda. Não nos diz o que acontece com um grupo de corpos (exceto se aceitarmos que o comportamento de um conjunto de corpos poderá ser deduzido a partir do comportamento de seus elementos integrantes); e não nos diz o que acontece com as partes do corpo (exceto se aceitarmos que o comportamento das partes de um corpo pode ser deduzido a partir do comportamento do corpo como um todo).

Sendo assim, temos de decidir se M + m (o corpo grande e o corpo pequeno) da demonstração de Galileu é ou não *um corpo*. Se sim, então certamente será mais pesado do que M sozinho, e P, portanto, prevê que cairá mais rapidamente. Se não for um corpo (mas, por exemplo, uma coleção de dois corpos), então P não permitirá que façamos nenhuma previsão a seu respeito.

Mas a demonstração de Galileu, segundo a qual P implica tanto que M + m cairá mais rapidamente quanto que cairá mais lentamente, equivoca-se nesse ponto. A prova de que M + m cairá mais rapidamente exige que vejamos M + m como *um corpo*: a prova de que M + m cairá mais lentamente exige que encaremos M + m como dois corpos, apesar de unidos por uma cola sem peso. Se M + m *é* um corpo, então P nada nos diz a respeito do efeito que as *partes* de M + m terão sobre o comportamento de M + m. P nos informa apenas como aquelas partes *se comportariam* caso fossem separadas, ou seja, caso cada uma se transformasse em um corpo genuíno e, portanto, deixasse de ser parte de M + m. Então, não podemos inferir que, no corpo único formado por M + m, a parte m funcionará como um freio sobre a parte M. Sabemos que a parte m cairia mais lentamente do que a parte M se os dois fossem corpos separados. Mas isso não nos permite inferir que, *quando unidos para formar um único corpo*, a parte m age como um freio sobre a parte M. Logo, o princípio P não nos leva a previsões incompatíveis a respeito da velocidade de queda de M + m, e, conseqüentemente, o argumento de Galileu não funciona.

9

Um exemplo de Karl Marx

Neste capítulo, usaremos o método discutido até agora com um exemplo real e bastante complicado extraído da obra de Karl Marx. Aconselho o leitor a primeiro ler todo o trecho destacado e então tentar resolver as questões apresentadas logo depois. Se não fizer isso, corre o risco de subestimar as dificuldades do argumento de Marx.

Os leitores que conseguirem responder às perguntas sem recorrer ao método que esboçamos não precisam avançar neste capítulo. Mas esperamos que muitos vejam no método uma forma de permitir-lhes que respondam às perguntas que, não fosse assim, representariam um desafio insuperável.

Karl Marx: *Valor, Preço e Lucro*

Karl Marx nasceu em 1818, filho de um advogado. Estudou em universidades de Bonn e Berlim antes de enveredar por uma carreira no jornalismo e no ativismo político. Marx foi expulso da Prússia em 1849, apesar de ter sido absolvido de uma acusação de alta traição. Mudou-se definitivamente para Londres, onde passou o resto da vida, muitas vezes mergulhado na miséria. Morreu em 1883 e foi enterrado no cemitério Highgate, na região norte da capital britânica.

Sua maior obra, *Das Kapital*, oferece uma leitura bastante difícil, mas o trecho usado aqui saiu do texto *Valor, Preço e Lucro*, no qual as idéias de Marx apresentam-se de uma forma muito mais simples. O texto veio a público pela primeira vez como um artigo divulgado em um congresso internacional de operários, em 1865. Na época, havia no continente europeu uma "verdadeira epidemia de greves e um clamor generalizado por aumentos salariais", conforme descreve o próprio Marx. E a questão central girava em torno de saber se a classe trabalhadora conseguiria elevar seus salários por meio dessas ações. Weston, o alvo das críticas de Marx, havia argumentado que os trabalhadores *não* conseguiriam elevar seus salários reais. Apesar de a argumentação de Weston ter mais de cem anos, algo do tipo continua a ser usado hoje, ou seja, há ainda algum interesse em saber se Marx tinha ou não razão. O pensador alemão tenta refutar os argumentos de Weston no trecho apresentado a seguir.

I Trecho do texto *Valor, Preço e Lucro*, de Karl Marx

I Produção e Salários

(a) O argumento do cidadão Weston apóia-se, na realidade, sobre duas premissas: primeiramente, a de que o *volume da produção nacional* é *algo fixo*, uma quantidade ou grandeza constante, como diriam os matemáticos; em segundo lugar, a de que o *montante dos salários reais*, ou seja, os salários medidos segundo a quantidade de mercadorias que permitem adquirir, é um montante *fixo*, uma grandeza *constante*.

(b) Para começo de conversa, a sua primeira asserção revela-se manifestamente errônea. Ano após ano, pode-se verificar que o valor e a massa da produção aumentam, que as capacidades produtivas da força de trabalho nacional aumentam e que a quantidade de dinheiro necessária para fazer circular esse aumento da produção sofre alterações constantes. O que é válido para o final do ano, e para os diferentes anos quando comparados entre si, é válido para todos os dias normais do ano. O montante ou o volume da produção nacional sofre alterações freqüentes. Trata-se não de uma grandeza *constante*, mas de uma grandeza *variável*, e, se não se levarem em conta as mudanças na dimensão da população, isso deve-se dessa maneira devido às constantes alterações na *acumulação de capital* e na *produtividade dos trabalhadores*. É verdade, seguramente, que, se um *aumento da taxa geral de salários* ocorresse hoje, esse aumento, independentemente dos efeitos posteriores que viesse a ter, não mudaria *imediatamente*, e por si só, o volume da produção. Teria de haver resultado, primeiramente, do estado atual das coisas. No entanto, como antes do aumento dos salários o volume da produção nacional era *variável*, e não *fixo*, continuará a ser variável, e não fixo, *depois* do aumento dos salários.

(c) Mas suponha que o volume da produção nacional seja *constante*, e não *variável*. Mesmo assim, o que nosso amigo Weston considera uma conclusão lógica ainda continuaria a ser uma asserção gratuita. Caso se tenha um determinado número, digamos 8, por exemplo, os limites absolutos desse número não impedem seus componentes de alterar seus limites *relativos*. Se os lucros respondessem por 6 e os salários, por 2, ainda assim o total permaneceria sendo 8. Portanto, o volume fixo da produção não demonstraria, de forma nenhuma, a fixidez do montante de salários. Como então nosso amigo Weston comprova essa fixidez? Asserindo-a.

(d) Mas, mesmo que admitamos a sua asserção, dela resultariam duas conseqüências, e não apenas uma, conforme defende Weston. Sendo o montante de salários uma grandeza constante, então esse montante não pode nem ser aumentado nem ser diminuído. No entanto, se os trabalhadores quiserem agir, em vista disso, tolamente arrancando um aumento temporário de salários, então os capitalistas não agirão menos tolamente ao arrancar um achatamento temporário dos salários. Nosso amigo Weston não mente ao dizer que os trabalhadores, em determinadas condições, *são capazes de* impor um aumento de salários, mas, então, como o montante dos salários deve ser, por natureza, fixo, dar-se-á cedo ou tarde um revés. Por outro lado, Weston está ciente também de que os capitalistas *são capazes de* impor um achatamento dos salários e que eles, na realidade, buscam incessantemente fazer algo do tipo. Segundo o princípio da constância dos salários, deveria ocorrer nesse caso, como aconteceria no outro, um revés. Se, portanto, os trabalhadores se opuserem à tentativa de achatar os salários, ou caso se opusessem ao seu efetivo achatamento, agiriam de forma seguramente correta. Agiriam corretamente, portanto, ao pressionar por um aumento de salários porque qualquer *ação de resistência* contra um decréscimo dos salários é uma *ação* por um aumento dos salários. Segundo o próprio princípio do cidadão Weston a respeito da *constância dos salários*, os trabalhadores deveriam, portanto, em determinadas circunstâncias, unir-se para lutar por um aumento dos salários.

(e) Se ele rejeita essa conclusão, deverá abrir mão das premissas nas quais aquela se baseia. Em vez de dizer que o montante dos salários é uma grandeza constante, deveria dizer que, apesar de os salários não poderem nem deverem *subir*, eles podem ou devem, com certeza, *diminuir* tão logo o capital deseje achatá-los. Aos capitalistas, agrada dar a você, para comer, batatas em vez de carne e aveia em vez de trigo, de forma que você deve enxergar na vontade deles leis da política econômica e submeter-se a essa vontade. Caso em algum país, por exemplo nos EUA, a taxa de salários seja maior do que em um outro, por exemplo na Inglaterra, então você terá de explicar essa diferença apelando a uma diferença entre a vontade dos capitalistas norte-americanos e a dos ingleses, um método que, sem dúvida, tornaria muito mais simples não apenas o estudo dos fenômenos econômicos, mas de todos os demais fenômenos.

(f) Mas, mesmo nesse caso, ainda vale a pena perguntar por que então a vontade dos capitalistas norte-americanos diferencia-se da vontade dos ingleses. E, a fim de responder a essa pergunta, seria preciso avançar além do terreno da vontade. Um padreco qualquer pode querer me convencer de que a vontade de Deus na França é uma e na Inglaterra, outra. Se eu lhe pedisse para explicar esse conflito de vontades, ele poderia ter a coragem de me responder que a vontade de Deus é ter uma vontade na França e outra diferente na Inglaterra. Nosso amigo Weston, no entanto, seria seguramente o último a tentar fazer valer como argumento uma tal renúncia a qualquer tipo de pensamento racional.

(g) Com certeza, a *vontade* do capitalista é tomar para si tudo o que há para ser tomado. A nós cabe, em vez de divagar a respeito da sua *vontade*, investigar seu *poder*, os *limites desse poder* e o *caráter desses limites*.

Perguntas

(1) Qual o argumento atribuído por Marx ao cidadão Weston?

(2) O que poderia mostrar que:

(i) é *falsa* a frase "o volume da produção nacional é algo fixo"?

(ii) é *falsa* a frase "o volume dos salários reais [...] é fixo"?

(iii) é *verdadeira* a frase "os trabalhadores não deveriam se unir para lutar para conseguir um aumento de salário"?

(3) Marx afirma que:

Segundo o próprio princípio do cidadão Weston a respeito da *constância dos salários*, os trabalhadores de-

> veriam, [...] em determinadas circunstâncias, unir-se para lutar por um aumento dos salários.

Qual é o raciocínio que leva Marx a aceitar essa conclusão?

(4) Como Marx critica o argumento de Weston e como os argumentos dele conseguem refutar, com sucesso, Weston?

(5) Transcreva o argumento de Marx em uma linguagem contemporânea.

II Extraindo os argumentos do texto de Marx

Todo esse trecho desfere uma crítica contra um argumento que Marx atribui ao cidadão Weston. O parágrafo (c) sugere que o argumento em questão é o seguinte (indicamos a conclusão do cidadão Weston com um C^w):

(1) o volume da produção nacional é algo fixo, uma quantidade ou grandeza constante

1 ↓ 2 ↓ C^w

logo

(2) o montante dos salários reais, ou seja, os salários medidos segundo a quantidade de mercadorias que permitem adquirir, é um montante fixo, uma grandeza constante

logo

C^w os trabalhadores não deveriam unir-se para lutar por um aumento de salário.

A referência inicial de Marx às "duas premissas" de Weston pode sugerir que o argumento aventado por Marx é do tipo ((1) *e* (2)) logo C^w. Do ponto de vista lógico, não importa a diferença existente entre essas alternativas. De qualquer forma, Marx age da maneira devida para demolir o argumento de Weston: tenta mostrar que (1) é *falso*, que (2) é *falso* (e/ou *não se deduz* de (1)) e que, mesmo sendo (2) verdadeiro, ainda assim C^w *não pode ser deduzido dele*. Levando em conta o que já dissemos anteriormente a respeito dos "testes para um bom argumento", fica evidente que a estrutura da crítica de Marx revela-se impecável do ponto de vista lógico. Agora, devemos ver qual é o seu argumento e se este é bem-sucedido.

A fim de extrair o argumento do texto de Marx, devemos lê-lo por completo e fazer um círculo ao redor dos indicadores de inferência à medida que avançamos. Observe-se que agora devemos colocar um círculo ao redor do "suponha" no parágrafo (c) e no "então" em (d). Os outros indicadores facilmente identificáveis são o "primeiramente" e o "em segundo lugar" do parágrafo (a), o "porque" em (b), o "Portanto" em (c), três vezes "logo" e um "porque" em (d).

O próximo passo consiste em sublinhar as conclusões e colocar entre chaves as razões usando os indicadores de inferência como pontos de apoio.

A seguir, identificamos a principal conclusão do texto. Marx empenha-se para refutar tanto as premissas de Weston quanto o raciocínio empregado no seu argumento. De forma que atinge várias conclusões importantes. Mas, sem perder de vista o argumento criticado, consideramos que a conclusão principal é esta:

> C Segundo o próprio princípio do cidadão Weston a respeito da *constância dos salários*, os trabalhadores deveriam, [...] em determinadas circunstâncias, unir-se para lutar por um aumento dos salários.

Devemos tentar agora elaborar a linha de raciocínio que nos levou a essa conclusão. Se o leitor não compreendeu bem o processo de condicionalização, fica difícil acompanhar o raciocínio de Marx; mas, tendo compreendido aquele processo, não será complicado perceber que C obtém-se por condicionalização e que toda a argumentação do parágrafo (d) serve para justificá-la. O parágrafo poderia afirmar tranqüilamente:

"Suponha ser verdade o que Weston diz, que os salários são constantes. Essa é uma faca de dois gumes". A partir daí, a argumentação avança *com base nessa suposição* para chegar à conclusão de que, em certas circunstâncias, os trabalhadores "agiriam corretamente ao pressionar por um aumento dos salários": o condicionamento, assim, produz a conclusão principal C. Portanto, para identificar a linha de raciocínio que levou a C precisamos acompanhar todo esse argumento. (Vale a pena observar que, se alguém encontrou alguma dificuldade para perceber qual a razão oferecida por Marx para dar apoio a C e chegou longe o suficiente para, seguindo nosso método, levantar a Pergunta de Asseribilidade, ou seja, "o que demonstraria que C é verdade?", a resposta natural a essa pergunta deveria ser esta: "Um argumento sólido que parta da suposição de que os salários são constantes".)

Se seguirmos o que dita a versão reformulada de nosso método, usando os indicadores de argumento como pistas, caminhando "para trás" a partir da conclusão de que:

> agiriam corretamente ao pressionar por um aumento dos salários

procurando as razões imediatas apresentadas no texto para que aceitemos cada um dos passos e usando a Pergunta de Asseribilidade se necessário, não será difícil extrair do texto de Marx a seguinte linha de raciocínio:

(*Suponha que*)

(Suponha)

$^{na}2$ $^{na}(2)$ o montante de salário é uma grandeza constante,

↓

$^{na}3$ *então*

↓

$^{na}4$ $^{na}(3)$ ele não pode ser nem aumentado nem diminuído

logo

$^{na}(4)$ se os capitalistas impuserem um achatamento dos salários deve dar-se um revés [já que o montante dos salários é fixo por natureza]

$^{na}4$ *logo*

↓

$^{na}5$ ^{na}(5) os trabalhadores que se opuserem à tentativa de achatar os salários ou ao seu efetivo achatamento agiriam de forma correta.

Além disso

(6) qualquer ação de resistência contra um decréscimo dos salários é uma ação por um aumento dos salários

+ $^{na}6$ → $^{na}7$ logo

^{na}(7) Eles [os trabalhadores] agiriam corretamente ao impor um aumento dos salários

(se 2 então 7) *logo*

C Segundo o princípio do próprio cidadão Weston a respeito da constância dos salários, os trabalhadores deveriam, em determinadas circunstâncias [aquelas nas quais o capitalista impõe ou tenta impor um achatamento dos salários], unir-se para lutar por um aumento dos salários.

Há outros argumentos nesse parágrafo. Consta dele, por exemplo, a inferência de que:

> Se o montante de salários é uma grandeza constante, então não pode nem ser aumentado nem ser diminuído

logo

(8) Se os trabalhadores quiserem agir [...] tolamente arrancando um aumento temporário de salários, então os capitalistas não agirão menos tolamente ao arrancar um achatamento temporário dos salários.

Há outros argumentos e outras formas de montar o raciocínio de Marx, mas sempre devemos tentar extrair o melhor argumento possível do texto, e foi isso que acabamos de fazer.

Conforme mencionado antes, Marx também tenta mostrar que a primeira premissa de Weston – (1) – é falsa e que a segunda premissa dele – (2) – não pode ser deduzida da primeira. Os argumentos podem ser encontrados facilmente. O argumento básico de Marx para rejeitar (1) é o seguinte:

(9) Ano após ano, pode-se verificar que o valor e a massa da produção aumentam, que as capacidades produtivas da força de trabalho nacional aumentam e que a quantidade de dinheiro necessária para fazer circular esse aumento da produção sofre alterações constantes

9 + 10
↓
11(1 é falso)

e

(10) O que é válido para o final do ano, e para os diferentes anos quando comparados entre si, é válido para todos os dias normais do ano

logo

(11) o volume da produção nacional sofre alterações freqüentes. Trata-se não de uma grandeza *constante*, mas de uma grandeza *variável*

Há ainda uma argumentação *independente* a respeito do volume da produção nacional, que *precisa* sofrer alterações constantes por causa:

(12) das constantes alterações na acumulação de capital e na produtividade dos trabalhadores.

O argumento essencial de Marx para provar que (2) não pode ser deduzido de (1) resume-se ao seguinte:

13
↓
14
↓
15

(13) Caso se tenha um determinado número, digamos 8, por exemplo, os limites absolutos desse número não impedem seus componentes de alterar seus limites relativos

logo

(14) Se os lucros respondessem por 6 e os salários, por 2, ainda assim o total permaneceria sendo 8.

logo

(15) O volume fixo da produção não demonstraria, de forma nenhuma, a fixidez do montante de salários (i.e., (2) não pode ser deduzido de (1)).

Tendo em vista o que se disse acima e realizando as marcações correspondentes, o texto de Marx ficaria assim:

I Produção e Salários

O argumento do cidadão Weston apóia-se, na realida-
(1) de, sobre duas premissas: primeiramente, ⟨a de que
o *volume da produção nacional* é *algo fixo*, uma quan-
tidade ou grandeza constante, como diriam os mate-
(2) máticos;⟩ em segundo lugar, ⟨a de que o *montante
dos salários reais*, ou seja, os salários medidos segundo
a quantidade de mercadorias que permitem adquirir, é
um montante *fixo*, uma grandeza *constante*.⟩

Para começo de conversa, a sua primeira asserção reve-
(9) la-se manifestamente errônea. ⟨Ano após ano, pode-se
verificar que o valor e a massa da produção aumentam,
que as capacidades produtivas da força de trabalho
nacional aumentam e que a quantidade de dinheiro
necessária para fazer circular esse aumento da produ-
(10) ção sofre alterações constantes.⟩ ⟨O que é válido para 9 + 10
o final do ano, e para os diferentes anos quando com- ↓
parados entre si, é válido para todos os dias normais 11 (1 é falso)
(11) do ano.⟩ O montante ou o volume da produção nacio-
nal sofre alterações freqüentes. Trata-se não de uma 12
grandeza *constante*, mas de uma grandeza *variável*, e, ↓
(12) se não se levarem em conta as mudanças no tamanho 11
da população, isso deve dar-se dessa maneira devido
às ⟨constantes alterações na *acumulação de capital* e
na *produtividade dos trabalhadores*.⟩ É verdade, segu-
ramente, que, se um *aumento da taxa geral de salários*

ocorresse hoje, esse aumento, independentemente dos efeitos posteriores que viesse a ter, não mudaria *imediatamente*, e por si só, o volume da produção. Teria de haver resultado, primeiramente, do estado atual das coisas. No entanto, como antes do aumento dos salários o volume da produção nacional era *variável*, e não *fixo*, continuará a ser variável, e não fixo, *depois* do aumento dos salários.

(1) Mas [suponha que] ⟨o volume da produção nacional
seja *constante,* e não *variável.*⟩ Mesmo assim, o que
nosso amigo Weston considera ser uma conclusão
(13) lógica ainda continuaria a ser uma asserção gratuita.
⟨Caso se tenha um determinado número, digamos 8,
por exemplo, os limites absolutos desse número não
impedem seus componentes de alterar seus limites *re-*
(14) *lativos.*⟩ [Logo,] ⟨Se os lucros respondessem por 6 e os
salários, por 2, ainda assim o total permaneceria sendo
(15) 8.⟩ [Assim,] o volume fixo da produção não demonstraria, de forma nenhuma, a fixidez do montante de salários. Como então nosso amigo Weston comprova essa fixidez? Asserindo-a.

Mas, mesmo que admitamos a sua asserção, dela re-
(2) sultariam duas conseqüências, e não apenas uma,
(3) conforme defende Weston. [Suponha que] ⟨Sendo
(8) o montante de salários uma grandeza constante⟩,
[então] ⟨esse montante não pode nem ser aumentado nem ser diminuído.⟩ No entanto, se [então] os trabalhadores quiserem agir, em vista disso, tolamente arrancando um aumento temporário de salários, então os capitalistas não agirão menos tolamente ao arrancar um achatamento temporário dos salários. Nosso amigo Weston não mente ao dizer que os trabalhadores, em determinadas condições, *são capazes de* impor um aumento de salários, mas, então, como o montante dos salários deve ser, por natureza, fixo, dar-se-á cedo

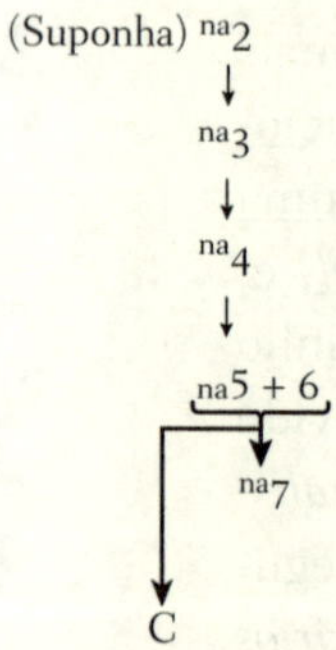

ou tarde um revés. Por outro lado, Weston está ciente também de que os capitalistas *são capazes de* impor um achatamento dos salários e que eles, na realidade, buscam incessantemente fazer algo do tipo. Segundo
(4) o princípio da constância dos salários, ⟨deveria ocorrer nesse caso, como aconteceria no outro, um revés⟩.
(5) [na]⟨Logo, os trabalhadores agiriam de forma seguramente correta ao se opor à tentativa de achatar os salá-
(7) rios ou ao seu efetivo achatamento.⟩ [na]Logo, agiriam corretamente ao pressionar por um aumento de salá-
(6) rios porque ⟨qualquer *ação de resistência* contra um decréscimo dos salários é uma *ação* por um aumento dos salários.⟩ Logo, segundo o próprio princípio do
C cidadão Weston a respeito da *constância dos salários*, os trabalhadores deveriam, em determinadas circunstâncias, unir-se para lutar por um aumento dos salários.

Se ele rejeita essa conclusão, deverá abrir mão das premissas nas quais aquela se baseia. Em vez de dizer que o montante dos salários é uma grandeza constante, deveria dizer que, apesar de os salários não poderem nem deverem *subir*, podem ou devem, com certeza, *diminuir* tão logo o capital deseje achatá-los. Aos capitalistas, agrada dar a você, para comer, batatas em vez de carne e aveia em vez de trigo, de forma que você deve enxergar na vontade deles leis da política econômica e submeter-se a essa vontade. Caso em algum país, por exemplo nos EUA, a taxa de salários seja maior do que em um outro, por exemplo na Inglaterra, então você terá de explicar essa diferença apelando a uma diferença entre a vontade dos capitalistas norte-americanos e a dos ingleses, um método que, sem dúvida, tornaria muito mais simples não apenas o estudo dos fenômenos econômicos, mas de todos os demais fenômenos.

Mas, mesmo nesse caso, ainda vale a pena perguntar por que então a vontade dos capitalistas norte-americanos diferencia-se da vontade dos ingleses. E, a fim de responder a essa pergunta, seria preciso avançar para além do terreno da vontade. Um padreco qualquer pode querer me convencer de que a vontade de Deus na França é uma e na Inglaterra, outra. Se eu lhe pedisse para explicar esse conflito de vontades, ele poderia ter a coragem de me responder que a vontade de Deus é ter uma vontade na França e outra diferente na Inglaterra. Nosso amigo Weston, no entanto, seria seguramente o último a tentar fazer valer como argumento uma tal renúncia a qualquer tipo de pensamento racional.

Com certeza, a *vontade* do capitalista é tomar para si tudo o que há para ser tomado. A nós cabe, em vez de divagar a respeito da sua *vontade*, investigar seu *poder*, os *limites desse poder* e o *caráter desses limites*.

III "Testes para um bom argumento" aplicados a Marx

Depois de termos esclarecido o máximo possível a argumentação de Marx, podemos nos perguntar se o autor conseguiu refutar o argumento de Weston. Para fazer isso, Marx precisa mostrar ou que a tese de Weston se apóia sobre premissas falsas ou que as inferências feitas por ele não são sólidas. Na realidade, Marx empenha-se para, conforme ficou dito acima, realizar essas duas tarefas.

Hoje em dia, não nos é difícil acreditar que o volume da produção nacional varia continuamente e que *não* é algo fixo. Estamos tão acostumados a ouvir notícias sobre a queda ou o aumento da produção nacional que nos parece difícil entender como Weston pôde acreditar em sua primeira premissa. Para decidir se a frase "o volume da produção nacional é algo fixo" é verdadeira ou falsa, precisamos simplesmente analisar os registros históricos, e parece ter sido isso o que Marx fez nos parágrafos (9) e (10). A respeito do outro argumento, de que o volume do produto nacional *precisa* sofrer alterações por causa das "constantes alterações na acumulação de capital e na produtividade dos trabalhadores", não podemos julgar se está correto ou não sem conhecer as teorias econômicas e as pressuposições subjacentes a esse argumento.

O argumento de Marx para afirmar que:

(15) o volume fixo da produção não demonstraria, de forma nenhuma, a fixidez do montante de salários

apresenta, novamente, dificuldades quando se tenta avaliá-lo. Não se pode simplesmente deduzir do fato de o volume da produção nacional ser fixo o fato de que os salários não variam, e isso porque a proporção entre esses dois elementos pode sofrer alterações, conforme deixa claro o autor. Mas pode haver outros motivos, motivos esses implícitos, que tornam o argumento de Weston inquestionável. (Marx, certamente, não estava livre do erro de representar de forma distorcida as idéias de seus adversários.) Weston poderia estar pensando em um quadro com o seguinte perfil: a produção total resulta do investimento em trabalho L e do investimento de capital C. Se metade do capital é gasta dentro de um ano, será necessário repor esse capital a fim de preservar a produção. Sendo assim, o montante total dos salários limita-se à metade da produção total. Se o montante dos salários ultrapassar essa marca, o capital não será reposto e o volume final da produção diminuirá, resultando em uma queda dos salários. Se os salários abocanharem uma fatia menor, o montante total de capital poderá ser expandido, de forma a ampliar a produção e, conseqüentemente, elevar o montante total dos salários. Esse quadro – simples demais, conforme se percebe – representa uma forma capaz de explicar como os salários poderiam ser determinados pelo volume total da produção. Uma eventual teoria bem estabelecida e correta poderia mostrar com tranqüilidade que o montante dos salários é fixo se o volume da produção for fixo. Mas não podemos decidir a respeito dessa questão limitando-nos a raciocinar.

Analisemos agora o principal argumento atribuído a Marx. Trata-se de uma crítica bastante elegante a respeito da postura adotada por Weston. Inicia-se incorporando a premissa de Weston segundo a qual:

o montante dos salários é uma grandeza constante

e chega à conclusão contrária de Weston. Resta perguntar se o argumento de Marx está correto.

Em um primeiro momento, o argumento de Marx parece convincente. Qualquer interpretação do texto de Marx que venha de imediato à mente concordaria que o autor percorreu o seguinte caminho para chegar à sua conclusão: se o montante dos salários é "constante" e se, mesmo assim, os capitalistas impõem um "achatamento dos salários", então parece possível deduzir que os trabalhadores "agiriam corretamente" (i.e., de acordo com as forças econômicas?) caso se unissem para lutar por aumentos salariais a fim de repor o montante dos salários a seu nível "adequado". (De forma semelhante, os capitalistas "agiriam corretamente" se, depois de os trabalhadores terem conseguido impor um aumento dos salários, se mobilizassem para obter um achatamento dos salários.)

Evidentemente, a forma como o texto foi escrito abre-o a diferentes interpretações. Um exemplo: o "agir corretamente" significa "agir segundo as forças econômicas", conforme sugerimos? Outro ponto, este mais importante: a proposição de que os salários são "constantes" não parece significar apenas que o gasto (total?) com os salários (em termos reais) é (mais ou menos?) o mesmo (em um período de média duração?); há também a sugestão de que esse nível constante dos salários decorre de forças econômicas que, ao menos parcialmente, não dependem da *vontade* dos capitalistas e dos trabalhadores.

(Há uma sugestão de teorias explicativas por trás do que ficou dito.)

Suponha que seja feita a Pergunta de Asseribilidade: "O que poderia demonstrar que o montante dos salários é uma grandeza constante?". Depois de esquecer as questões interpretativas indicadas acima, seria necessário analisar os registros históricos e explicá-los por meio de sua inserção em uma teoria econômica capaz de explicar também muitos outros aspectos da atividade econômica: tudo isso teria de "manter-se coeso", conforme dissemos páginas atrás. Sem dúvida, nesse caso, seria possível perceber os requisitos – e as limitações – de uma ação sindical eficiente com vistas a elevar os salários.

Este não é o local para realizarmos o tipo de pesquisa histórica cuidadosa capaz de elucidar o significado das teorias de Weston e de Marx. E nem precisamos especular sobre as teorias econômicas eventualmente talhadas para dar sustentação à idéia de Weston ou defender a refutação de Marx. Na ausência de argumentos suplementares capazes de mostrar que os trabalhadores e os capitalistas não são comparáveis (que os salários "não podem e não devem *subir*", mas que "podem e devem *cair*, tão logo o capital assim o deseje"), é difícil encontrar falhas no raciocínio de Marx, independentemente de como o interpretamos, e isso explica, em parte, por que se trata de um raciocínio fascinante.

10

Avaliando argumentos "científicos". Alguns exemplos iniciais

Ao mostrarmos, em termos genéricos, como enfrentar as suposições, explicamos como extrair os argumentos de seu contexto e como representar a sua estrutura de forma suficientemente detalhada para nos permitir mergulhar mais profundamente na terceira parte do exercício – avaliar a solidez de um argumento – em relação a uma ampla gama de argumentos relevantes.

Lembremo-nos de que, a fim de averiguar se um argumento é ou não sólido, temos de nos perguntar:

> As premissas poderiam ser verdadeiras e a conclusão, falsa, a julgar pelos padrões adequados de prova ou os padrões adequados do que é possível?

e, a fim de determinar os padrões adequados, fazemos a Pergunta de Asseribilidade:

> PA Que argumento ou indício me permitiria asseverar a conclusão? (O que teria eu de conhecer ou em que teria de acreditar para poder aceitar a conclusão?)

Lembremo-nos ainda de que, conforme insistimos desde o princípio, qualquer um pode "participar deste jogo": este *não* é um assunto exclusivo de "especialistas".

Dois exemplos iniciais

Suponha que deparamos com a afirmação: "Pólos magnéticos iguais sempre se repelem" (M). O que demonstraria que isso é verdadeiro ou falso (sendo essa uma paráfrase da Pergunta de Asseribilidade)? Se o sentido da afirmação M foi compreendido, então será possível oferecer algum tipo de resposta a essa pergunta (lembre-se do princípio *, na p. 34). E, se quisermos ser capazes de avaliar um argumento relativo a M na qualidade de conclusão sua, teremos de conseguir – antes de ouvir esse argumento – dizer qual *seria* um bom argumento nesse caso. Antes de continuar, o leitor deveria tentar responder à pergunta feita algumas linhas atrás. (Escreva sua resposta para poder regressar a ela mais tarde.)

Alguém nos garante ter compreendido a afirmação M. Suponha que responda nossa pergunta assim:

> Depois de pegar duas barras magnéticas e descobrir qual é o pólo norte delas (deixando-as movimentar sozinhas no espaço), aproxime o pólo norte de uma do pólo norte da outra e perceba como vão "se repelir". É isso que sempre ocorre em casos semelhantes e isso é o que demonstra a verdade de M. A afirmação seria falsa se o fenômeno não ocorresse dessa forma.

A questão é saber o seguinte: "A resposta é correta e conseguirá essa pessoa avaliar corretamente um argumento em relação a M?".

Tomemos a afirmação de que "corpos de massa diferente caem com a mesma aceleração" (B). O que demonstraria ser a afirmação B verdadeira ou falsa? A maior parte das pessoas não conhece a prova de Galileu, e a resposta típica de alguém que compreendeu o sentido de B poderia ser algo do tipo:

> Se você pegar dois corpos com massa diferente e jogá-los da mesma altura, os dois atingirão o solo ao mesmo tempo. É sempre isso o que acontece em casos semelhantes (etc.).

Dessa forma, aprendemos na escola as lições sobre os corpos em queda, e é isso o que determina nossa resposta. Mas a situação poderia ter sido outra. Nós, por exemplo, podemos já ter entrado em contato com a resposta de Galileu. Mais uma vez, a pergunta deveria descobrir se essa resposta está correta e se alguém que a forneça terá avaliado corretamente um argumento referente à conclusão B. Nesse exemplo, no entanto, se considerarmos como correta a resposta fornecida acima, surgirá o problema adicional de saber como avaliar o argumento de Galileu.

Algumas vezes, as pessoas ficam espantadas quando questionadas sobre o que demonstraria ser falsa a afirmação M ou B. Talvez ajam assim porque consideram essas afirmações *obviamente verdadeiras*, como é o caso da afirmação de Malthus sobre "o homem precisar de alimentos para sobreviver". Ou talvez ajam assim também porque acreditam que essas afirmações são, em certo sentido, "teóricas", de forma que não se poderia, por exemplo, simplesmente demonstrar que B é falsa fazendo com que dois corpos de massa diferente atingissem o chão em momentos diferentes, e isso porque outros fatores teriam entrado na equação. Discutimos o primeiro caso páginas atrás (pp. 63-64 e seguintes) e a resposta para o segundo surgirá dentro em breve.

Como foi dito no Capítulo 2, não há como escapar de questões epistemológicas se desejamos avaliar a solidez de verdadeiros argumentos, e não podemos evitar entrar em contato com algumas lições de filosofia se desejarmos responder às perguntas levantadas pelos nossos dois exemplos iniciais.

David Hume: observação e indução

O empirista britânico David Hume (1711-1776) tem uma opinião bastante simples sobre afirmações como as discutidas até aqui, e uma opinião de tal importância histórica que é impossível ignorá-la.

Hume divide tudo o que conhecemos ou sobre o qual raciocinamos em dois grupos. Primeiro, há as coisas que podemos conhecer meramente pensando a respeito delas. É o caso, por exemplo, de verdades geométricas como o Teorema de Pitágoras: diz-se que essas coisas são conhecidas *a priori* e Hume as chama de *Relações de Idéias*. Em segundo lugar, há as coisas que aprendemos por meio da experiência, por meio da observação do mundo. Hume chama essas de *Questões de Fato*. Para Hume, "todos os raciocínios relativos a questões de fato parecem fundar-se na relação de *causa* e *efeito*" (*Investigações sobre o Entendimento Humano*, §22) e "o conhecimento a respeito dessa relação não deriva de raciocínios *a priori;* mas resulta exclusivamente da experiência, do fato de descobrirmos que quaisquer dois objetos específicos estão unidos um ao outro" (§23). E, dado que "todos os objetos semelhantes ao primeiro se fazem seguir por objetos semelhantes ao segundo" (§60), fica-se então ciente de que o primeiro *é a causa* do segundo.

Acreditamos que o pão nos alimenta, conforme o exemplo de Hume, por causa de todas as ocasiões passadas nas quais ingerimos pão (ou algo semelhante) e em que fomos alimentados por ele. De forma semelhante, aceitamos que "os pólos magnéticos iguais se repelem" e "os corpos de massa diferente caem com a mesma aceleração" porque casos aparentemente similares passaram-se dessa forma. Mas essas respostas abrem espaço para uma pergunta óbvia: "Por que essa experiência deveria ser estendida ao futuro e a outros objetos que, segundo sabemos, podem ser semelhantes apenas na aparência?" (§29). Para Hume, a resposta a essa pergunta diz o seguinte: "Todas as inferências tiradas da experiência são resultado do costume, e não do raciocínio" (§36). Se estamos acostumados ao fato de o pão nos alimentar, em descobrir que os pólos magnéticos iguais se repelem ou que os corpos de massa diferente caem com a mesma aceleração, então esperamos que tais coisas continuem acontecendo dessa forma no que *parecem* ser *casos semelhantes*. Agimos assim por força do *costume* ou do *hábito*, e não porque temos *motivos suficientes* para realizar tais generalizações: assim diz Hume.

Segundo a teoria de Hume, então, os nossos raciocínios sobre afirmações como M e B, que são obviamente *Questões de Fato*, "parecem apoiar-se na relação de causa e efeito", das quais temos conhecimento apenas quando descobrimos que "quaisquer dois objetos específicos estão unidos um ao outro". E, segundo a teoria de Hume, afirmativas como M e B são *generalizações universais* que não temos o direito de fazer. Em várias oportunidades (um número finito delas, de toda forma), observamos objetos que pareciam ser semelhantes aos pólos magnéticos e eles sempre se repeliram – sem exceção –, de forma que generalizamos a partir desses casos aparentemente semelhantes, casos *transcorridos* e *observados*, para falar sobre todos os casos aparentemente semelhantes que *venham a acontecer e que não foram ainda observados*, chegando assim a M. O mesmo se dá a respeito de B. Em vista de nossas convenções para representar os argumentos, o quadro descrito por Hume para referir-se a esse "raciocínio" poderia ser diagramado desta forma:

$$\underbrace{O_1 + O_2 + \ldots + O_n \text{ Não foram observadas exceções}}_{\downarrow}$$

$$\text{Gen}$$

onde $O_1 \ldots O_n$ são observações, numericamente *finitas*, que foram de fato realizadas e onde Gen é a generalização a respeito do mundo, generalização a que chegamos a partir daquelas observações. Como ficou dito, na opinião de Hume, não temos estritamente o direito de realizar uma inferência desse tipo, não temos *razão suficiente* para chegar à nossa conclusão, mas essa é a melhor prova que podemos obter e, em situações como essa, costumamos habitualmente generalizar a partir do que conhecemos para abarcar os casos semelhantes e desconhecidos, e o fazemos porque não poderíamos continuar a viver da maneira como vivemos sem agir dessa forma.

Os textos de Hume ganharam uma enorme importância ao longo da história da filosofia. Esses textos oferecem muitos modelos excepcionais de raciocínios claros e argumentos elegantes, mas também fizeram nascer alguns problemas insolúveis, dois dos quais dizem respeito ao nosso contexto. Primeiro, a divisão do conhecimento em duas categorias mutuamente excludentes e exaustivas mostrou-se infinitamente problemática. E, segundo, Hume não nos ofereceu instrumentos para decidir quais generalizações feitas a partir de experiências do passado são confiáveis e quais não o são – o chamado *problema da indução*. A galinha que sempre foi alimentada pelo criador deve esperar ser alimentada também no Natal ou deve esperar ser morta e comida no Natal (o exemplo citado por Bertrand Russell no livro *Os Problemas da Filosofia*)? Deveríamos acreditar que a "dissuasão funciona" porque *sempre funcionou* ou acreditar que nossa sobrevivência torna-se, a cada ano, mais ameaçada (ver Capítulo 4)? Mais uma vez, deveríamos esperar que os pólos magnéticos iguais continuarão se repelindo como fizeram até agora ou deveríamos também esperar que os corpos de massa diferente continuarão a cair com a mesma aceleração conforme fizeram antes?

Os filósofos chamam de argumento indutivo (ou inferência indutiva) um argumento concernente a uma generalização sobre *todos os casos semelhantes* feita a partir de dados tirados de *todos os casos conhecidos*. Um argumento desse gênero *ultrapassa* os limites dos casos observados para fazer afirmações sobre os casos *não observados*. Os argumentos indutivos, obviamente, não são *dedutivamente válidos* (ver pp. 263 e seguintes): não se pode deduzir da afirmação "todos os casos *observados* são X" que "*todos* os casos são X" – a premissa poderia ser verdadeira e a conclusão, falsa. É difícil dizer em geral que argumentos deste tipo são sólidos. É difícil encontrar qualquer princípio capaz de distinguir entre um bom argumento indutivo e um mau argumento indutivo, uma fórmula geral para determinar "os padrões adequados de prova" em casos desse tipo. (Para um exercício relacionado com essa discussão, ver o texto de Reichenbach transcrito nas pp. 316-318.) Coloquemos essas dificuldades de lado, por um momento, para tentar abordá-las segundo outro ponto de vista, o ponto de vista estabelecido por Karl Popper.

Karl Popper: conjecturas e refutações

Karl Popper negou a possibilidade de existir algo como uma inferência indutiva sólida. Ademais, negou que cheguemos a generalizações como M e B recorrendo ao costume ou ao hábito, depois de termos observado regularidades aparentes. De fato, Popper ofereceu uma descrição totalmente diferente para a estrutura de nosso raciocínio em casos como esse, e o fez, em parte, refletindo a respeito da fragilidade dos argumentos de Hume e, em parte, refletindo a respeito das várias *teorias* existentes sobre o mundo.

As teorias que incomodavam Popper em sua juventude (1919) eram a teoria histórica de Marx, a psicanálise de Freud e a "psicologia individual" de Alfred Adler. A teoria que mais o impressionou foi a teoria da relatividade elaborada por Einstein.

O que o incomodava a respeito das três primeiras teorias consistia exatamente naquilo que impressionava os seus adeptos: o fato de que pareciam compatíveis com quase todos os mais diferentes comportamentos humanos, o fato de que explicavam quase tudo o que acontecia dentro dos âmbitos aos quais se referiam. As três pareciam *irrefutáveis*. Independentemente do que ocorresse, os seus adeptos conseguiriam explicar esse fato com base nelas, encaixar o fato nelas e encontrar nos fatos uma confirmação das teorias e da sua eficácia. "Um marxista não seria capaz de abrir um jornal sem encontrar em cada uma de suas páginas provas confirmando sua interpretação da história" (*Conjecturas e Refutações*).

Por outro lado, o que chamou a atenção de Popper no caso da teoria de Einstein havia sido o *risco* envolvido nas suas previsões. "Se a observação mostra que um efeito previsto está definitivamente ausente, então a teoria acaba de ser, pura e simplesmente, refutada. A teoria é *incompatível com certos resultados eventuais da observação* – na realidade, incompatível com resultados que todos antes de Einstein teriam esperado" (*Conjecturas e Refutações*).

Como todas essas teorias pretendiam-se "científicas", Popper propôs-se responder à seguinte pergunta: "Quando deve uma teoria ser classificada como científica?". Ele sabia que a opinião dominante (derivada principalmente de Hume) rezava que a ciência distingue-se da pseudociência e da metafísica – e, podemos acrescentar hoje, em vista de sua disseminada importância, da ideologia, no caso das ciências sociais – por "seu *método empírico*, que é essencialmente indutivo, calcado na observação e em experimentos" (*Conjecturas e Refutações*). Essa definição não convenceu Popper. Afinal de contas, a astrologia vale-se de um método semelhante e, de toda forma, uma definição do tipo não ajudava Popper a aplacar suas dúvidas a respeito de Marx, Freud e Adler.

Em vista dessas teorias, Popper chegou a algumas conclusões, hoje famosas:

(1) Podem-se facilmente obter confirmações, ou comprovações, para quase todas as teorias – se procuramos confirmações.
(2) As confirmações deveriam ser levadas em conta apenas se forem resultado de *previsões arriscadas*; ou seja, caso, sem conhecer a teoria em pauta, possamos esperar a ocorrência de um evento incompatível com a teoria – um evento que teria refutado a teoria.
(3) Todas as "boas" teorias científicas impõem uma proibição: proibe-se que certos fatos ocorram. Quanto mais uma teoria proibir, melhor será.
(4) Uma teoria impossível de ser refutada por ao menos um evento concebível não é científica. A irrefutabilidade não é uma virtude da teoria (como se costuma acreditar), mas um vício.
(5) Todos os testes genuínos a respeito de uma teoria passam pela tentativa de torná-la falsa ou de refutá-la. A testabili-

dade equivale à falsificabilidade. Mas há graus de testabilidade. Algumas teorias estão mais sujeitas a ser testadas, estão mais expostas à refutação, do que outras. Aquelas correm, se poderia dizer, riscos maiores.

(6) As provas confirmatórias deveriam ser desconsideradas *se não forem resultado de um teste genuíno a respeito da teoria*; isso significa que as provas podem ser apresentadas como uma tentativa séria, porém malsucedida, de tornar falsa a teoria. (A partir de agora, ao me referir a casos do tipo, falarei em "provas corroborativas".)

(7) Algumas teorias genuinamente testáveis, quando se revelam falsas, continuam sendo defendidas por seus admiradores – esses admiradores podem, por exemplo, introduzir alguma pressuposição *ad hoc* ou reinterpretar de maneira *ad hoc* a teoria de forma a impedir sua refutação. Um procedimento desse tipo poderá sempre se apresentar, mas salvará a teoria da refutação apenas pagando o preço de destruir, ou abalar, seu estatuto científico. (À frente, refiro-me a essas operações de resgate como "*desvio convencionalista*" ou "*estratagema convencionalista*".)

Popper resume esses pontos afirmando que "*o critério para determinar o estatuto científico de uma teoria é sua falsificabilidade ou refutabilidade ou testabilidade*". Claramente, a astrologia não passaria no teste. Como os astrólogos elaboram suas profecias e interpretações de forma bastante vaga, conseguem explicar qualquer evento – e nada refuta a teoria deles. "Trata-se de um truque típico dos adivinhos prever as coisas de forma tão vaga que as previsões dificilmente falham. Elas se tornam irrefutáveis." Mas o fato de uma teoria ser irrefutável tampouco indica que seja científica. O mesmo vale para a teoria histórica de Marx.

> A teoria histórica de Marx, apesar dos esforços sérios de alguns de seus fundadores e seguidores, acabou por adotar essa prática dos adivinhos. Em algumas de suas

> primeiras formulações (por exemplo, a análise de Marx sobre o perfil da "revolução social vindoura"), as previsões eram testáveis e, de fato, sujeitas a ser mostradas como falsas. Ainda assim, em vez de aceitarem as refutações, os seguidores de Marx reinterpretaram tanto a teoria como as provas a fim de fazer com que concordassem. Agindo assim, salvaram a teoria da refutação; mas o fizeram pagando o preço de adotar um mecanismo responsável por torná-la irrefutável. Acabaram, dessa forma, realizando um desvio convencionalista com a teoria. E, recorrendo a esse estratagema, destruíram o tão aclamado estatuto científico da teoria.

Os cientistas sociais estão acostumados a ver esse tipo de coisa acontecendo com as teorias. Evidentemente, teorias que não são científicas podem ter as características de uma teoria científica (caso tornadas refutáveis – e isso poderia ser feito com a astrologia) ou as características de um dogma (caso tornadas irrefutáveis – o que certamente aconteceu com algumas teorias políticas e econômicas).

Além de pensar sobre teorias – e, em particular, sobre como identificar as teorias científicas –, Popper também meditou cuidadosamente a respeito das fragilidades existentes nas idéias de Hume. Em *Conjecturas e Refutações*, o autor oferece uma crítica excelente a respeito da teoria de Hume sobre observarmos que eventos *aparentemente similares* aparecem sempre juntos e, por força do hábito, fazermos inferências a partir disso. E essa postura levou-o a rejeitar a opinião de Hume sobre a estrutura de nosso raciocínio nos contextos científicos, privilegiando um ponto de vista hoje largamente aceito:

> Fui levado por considerações puramente lógicas [sobre a similaridade aparente] a substituir a teoria psicológica da indução pelo seguinte posicionamento. Sem esperar, passivamente, que as repetições provoquem em nós uma impressão ou nos convençam de sua re-

> gularidade, impomos ativamente regularidades sobre o mundo. Tentamos descobrir semelhanças nele e o interpretamos segundo leis inventadas por nós. Sem aguardar pelas premissas, pulamos para as conclusões. Essas talvez virão a ser descartadas mais tarde, caso nossas observações nos convençam de que cometemos um erro. [...] Essa era uma teoria de [...] conjecturas e refutações.

Novamente, resumindo a teoria de Popper, conforme o próprio autor faz no livro citado:

(1) A indução, i.e., a inferência baseada em muitas observações, é um mito. Não se trata, nesse caso, nem de um fato psicológico, nem de um fato da vida comum nem de um procedimento científico.
(2) O verdadeiro procedimento da ciência resume-se a operar com conjecturas: a pular para as conclusões – freqüentemente depois da observação de um único evento [...].
(3) As várias observações e experimentos funcionam na ciência como *testes* sobre nossas conjecturas ou hipóteses, i.e., como tentativas de refutação.

Dessa forma, Popper virou de cabeça para baixo a teoria de Hume. Segundo o relato de Popper, as generalizações a respeito do mundo – generalizações sobre o fato de que o pão nos alimenta, de que os pólos magnéticos iguais se repelem, de que os corpos com massa diferente caem com a mesma aceleração, de que um aumento na base monetária provoca inflação, de que os partidos políticos se transformam inevitavelmente em oligarquias (etc. etc.) –, não são *conclusões* às quais chegamos por meio de (frágeis) inferências feitas a partir da observação de casos semelhantes, mas são "*chutes*", *conjecturas*, *hipóteses* (ou sistemas de hipóteses – teorias). As hipóteses não se apresentam (ao menos inicialmente) como *verdadeiras*; elas são, como as suposições, apresentadas *para ser avaliadas*, de forma a nos permitir ver o que implicam e nos permitir testá-las em vista da experiência. Na opinião de Popper, o que acontece na realidade *não* é que primeiro notamos um padrão de regularidade no mundo e então usamos a indução para generalizar a partir da regularidade observada chegando à nossa conclusão (e há motivos lógicos pelos quais a coisa *não pode* se dar dessa forma); o que acontece, na realidade, é que apresentamos *conjecturas/hipóteses* sobre como as coisas se dão e, depois, nos preocupamos com testá-las por meio das observações e dos experimentos a fim de saber se são ou não verdadeiras. Evidentemente, nossa conjectura vale-se de nosso conhecimento sobre o histórico do assunto e de observações relevantes, mas ainda assim *não* se apresenta como conclusão, mas como tentativa, para uma avaliação crítica (i.e., para ser testada). A fim de testar nossa hipótese, precisamos descobrir *quais observações implicadas por ela poderiam ser feitas*.

> O papel da argumentação lógica, do raciocínio lógico dedutivo, continua a ser de suma importância para a postura crítica [científica] [...] porque apenas por meio de raciocínios puramente dedutivos nos é possível descobrir as implicações de nossas teorias e, então, criticá-las [testá-las] de forma eficiente.

Suponha que nossa hipótese seja a de que "os pólos magnéticos iguais repelem-se". Trata-se de uma boa hipótese científica. Ela faz várias previsões sujeitas a falhas: implica que os pólos magnéticos iguais vão se repelir em quaisquer circunstâncias – mesmo quando estiverem sob a água, no espaço, em movimentação, ou quando forem muito pequenos (etc. etc.). Se observarmos o comportamento dos pólos magnéticos iguais em todas essas circunstâncias e eles continuarem se repelindo, então nossa hipótese sobreviveu a seus testes, "comprovou seu valor", nas palavras de Popper. Se uma das observações implicadas/previstas pela hipótese revela-se falsa, então a hipótese é *falsa*. Se, por exemplo, os pólos magnéticos iguais acabam por não se repelir na Lua, então nem "sempre se repelem". Observe que, apesar de, na opinião de Popper, uma hipótese estar sujeita a ser desmascarada como falsa, nada pode demonstrar que é verdadeira – não pode ser *comprovada*. Se uma hipótese resiste a seu teste, ainda assim poderá ser derrubada, de forma que não podemos afirmar que é verdadeira. Por outro lado, se ela implica previsões "arriscadas" que se mostram verdadeiras, então, segundo Popper, a hipótese terá sido "corroborada", mas não comprovada. Ademais, nada há de irracional, segundo o filósofo, em aceitar teorias científicas largamente corroboradas para fins práticos, para que levemos adiante nossas vidas no dia-a-dia, desde que adotemos uma "atitude crítica" em relação a essas convicções, uma atitude "pronta para modificar seus princípios, que admite as dúvidas e exige a realização de testes" e não uma "atitude dogmática", algo ligado ao campo das pseudociências (e, em nosso caso, à ideologia).

> Se [...] o termo "convicção" for usado para encobrir a aceitação crítica das teorias científicas – uma aceitação *provisória* combinada com uma sede de revisar a teoria caso consigamos ter sucesso em elaborar um teste pelo qual ela não consiga passar. [...] Em uma tal aceitação da teoria, nada há de irracional.

Em vista disso, a estrutura essencial subjacente ao raciocínio científico, segundo Popper, não é, conforme pensava Hume, a generalização indutiva feita a partir de um número finito de observações aparentemente semelhantes, mas hipóteses e esforços de refutação. Levando em consideração nossas convenções para representar os argumentos, a imagem desenhada por Popper a respeito de um raciocínio do tipo poderia ser diagramada desta forma:

A hipótese implica que podemos fazer observações O_1, O_2, O_3, ... (etc.) + Nem todas as observações previstas se realizam.

↓

A *hipótese* é falsa

Ao enfrentarmos verdadeiros argumentos científicos, será geralmente mais fácil usar nossa forma de representar as suposições do que a notação de hipóteses durante todo o processo (conforme pp. 177 e seguintes). De toda forma, isso poderá variar de caso a caso.

Segundo as idéias de Popper, então, uma hipótese pode ser refutada – uma linda teoria pode ser destruída por um evento odioso! –, mas não pode ser *comprovada*. No entanto, caso uma hipótese realize previsões arriscadas que se mostram verdadeiras, então ela será "corroborada" e nossa confiança nela aumentará.

Nas meditações atuais sobre a ciência, o método científico e o argumento científico, é difícil sobrestimar a importância da obra de Popper. No entanto, já que acrescentaremos a este livro alguns pontos de vista diferentes, apresentaremos a seguir algumas observações de caráter genérico para que sirvam de pano de fundo a uma postura um pouco divergente.

Primeiramente, pode-se perguntar se há alguma diferença essencial entre Hume e Popper quando se trata da relação da prova com a generalização empírica. No caso de Popper, todas as observações (previstas com risco) que se casem com a hipótese fracassam na tentativa de refutá-la e a "corroboram" – ou aumentam a confiança de alguém nela. Mas isso se dá exatamente da mesma forma no caso de Hume. Para Popper, um contra-exemplo refuta a hipótese. Mas, similarmente, esse contra-exemplo, segundo Hume, refutará a generalização também. Então, a diferença entre os dois não se encontra nesse ponto. (Hilary Putnam, em *The Corroboration Theory* [A Teoria da Corroboração], afirma algo semelhante.) A forma mais econômica de descrever essa diferença consiste provavelmente em dizer que Popper dá destaque ao uso de um *método* específico para descobrir coisas a respeito do mundo, o método das conjecturas e refutações, o método "crítico" pelo qual se procuram provas capazes de derrubar as conjecturas.

Em segundo lugar, cada caso é um caso quando se trata de saber se um "evento odioso" poderá ou não destruir uma linda teoria. Para ser breve, digamos que depende de quão comprometido nosso sistema atual de convicções está com aquela teoria. Nosso sistema de convicções revela-se algo semelhante a uma teia de aranha; algumas convicções mostram-se centrais para a concepção geral do mundo – como, por exemplo, as leis de Newton para a locomoção dos corpos na Terra – e algumas, marginais – como, por exemplo, nossas convicções sobre o que provoca a inflação. Neste momento, não se pode facilmente imaginar observações capazes de ameaçar seriamente a teoria newtoniana, mas não é difícil conceber a possibilidade de abrirmos mão de nossas convicções sobre a inflação diante de provas que as questionem. Regressaremos a esse tópico mais adiante. Por enquanto, basta dizer o seguinte: aquilo em que acreditamos precisa ser coerente, precisa "encaixar no resto". Uma determinada prova ganha força caso "se encaixe" bastante bem quanto mais conhecemos e acreditamos, e perde força caso não o faça (para o *locus classicus* desse quadro, ver W. V. Quine e J. S. Ullian, *The Web of Belief* [A Teia da Crença]).

Em terceiro lugar, não podemos esquecer que as idéias científicas possuem história. As generalizações e teorias com as quais contamos são informadas não apenas por observações e experiências anteriores, mas também por teorias anteriores a respeito do mesmo assunto. Popper não discorre longamente a respeito da história das idéias científicas ou da importância de conhecer tal história a fim de compreender apropriadamente as idéias atuais, apesar de esse fato ser hoje largamente aceito, em especial depois do trabalho memorável de Thomas Kuhn. Concluímos essa investigação apresentando um relato breve a respeito de sua contribuição para a argumentação científica.

Thomas Kuhn: paradigmas, ciência normal e revoluções científicas

Uma opinião recente e deveras influente a respeito da estrutura das teorias científicas e da natureza da argumentação científica apresenta-se brilhantemente na obra *A Estrutura das Revoluções Científicas*, de Thomas Kuhn. Kuhn, um físico que se interessou pela história das ciências, elaborou, ao observar a forma como a ciência de fato se desenvolve, idéias revolucionárias a respeito da natureza da atividade científica e do papel da argumentação e da observação dentro dela.

A idéia central da obra de Kuhn é a de "paradigma":

> Um paradigma é algo que os membros de uma comunidade científica compartilham, e, de modo inverso, uma comunidade científica faz-se com homens que compartilham um paradigma.

Um paradigma é um "quadro" ou um "modelo" a respeito da forma como são as coisas em um determinado setor (Kuhn costuma evitar o uso da palavra "teoria"). Havia, por exemplo, o quadro aristotélico sobre como os corpos se locomoviam; hoje temos o quadro/paradigma newtoniano; Einstein nos apresentou um terceiro quadro/paradigma. Darwin nos apresentou um quadro completo sobre a evolução; isso constitui um paradigma. Galeno forneceu à Europa, durante muitos séculos, um modelo para o funcionamento do corpo humano; a maior parte das pessoas não sabe mais nada sobre suas opiniões e, hoje, empregamos um quadro/paradigma/modelo muito diferente.

Um paradigma compreende vários elementos. Trata-se de um retrato sobre como as coisas são, ou seja, *algumas* generalizações básicas/leis naturais (essas possuem com freqüência o caráter de definições dentro do paradigma, por exemplo a Segunda Lei de Newton, força = massa x aceleração) (ver Kuhn), alguns modelos ontológicos ou heurísticos ("as moléculas de um gás comportam-se como pequenas bolas de bilhar, locomovendo-se ao acaso"), alguns métodos e metas privilegiados (por exemplo, acuidade, simplicidade, fecundidade etc.) e alguns exemplos compartilhados e centrais de problemas resolvidos, algo que Kuhn chama de "exemplares".

> Com uma profundidade sem paralelo na maioria dos outros campos, [os membros de uma comunidade científica] submeteram-se a um processo educacional semelhante e a iniciações profissionais semelhantes [...] os membros de uma comunidade científica consideram-se e são considerados por terceiros como homens responsáveis exclusivamente pela busca de metas compartilhadas, entre as quais o treinamento de seus sucessores. Dentro de tais grupos, a comunicação se dá de forma relativamente plena e as avaliações profissionais, de forma relativamente unânime.
>
> Os paradigmas são algo que os membros de uma tal comunidade compartilham.

Um determinado paradigma não oferece resposta a todas as perguntas. De fato, ele cria, por si próprio, muitos problemas, questões e "enigmas". E Kuhn chama de "ciência normal" os esforços realizados por uma comunidade científica para responder a essas questões e resolver esses problemas.

> A "ciência normal" significa pesquisa calcada firmemente sobre uma ou mais conquistas da ciência, conquistas essas que uma dada comunidade científica reconhece, durante um período, como provedoras das fundações para novas práticas. Hoje em dia, tais conquistas são relatadas, apesar de raramente em sua forma original, pelos livros científicos, sejam eles elementares ou complexos. Os livros científicos apresentam a parte central da teoria aceita, ilustram muitas, ou todas, de suas aplicações e comparam essas aplicações com observações e experimentos exemplares. Antes de tais livros se tornarem populares, no começo do século XIX, [...] muitos dos famosos clássicos da ciência cumpriam uma função semelhante. O *Physica*, de Aristóteles; o *Almagest*, de Ptolomeu; o *Principia* e

> o *Opticks* de Newton; o *Electricity*, de Franklin; o *Chimie*, de Lavoisier; e o *Geology*, de Lyell – essas e tantas outras obras serviram, durante um período, para definir implicitamente os problemas e métodos legítimos de um campo de pesquisa diante de várias das gerações dos praticantes dela. Eles conseguiram realizar isso porque compartilhavam duas características essenciais. Suas conquistas mostraram-se suficientemente inovadoras para afastar de modelos rivais da atividade científica um grupo duradouro de adeptos. Ao mesmo tempo, mostraram-se suficientemente ilimitadas para legar ao grupo redefinido de praticantes os mais variados tipos de problema.

Sendo assim, um paradigma é um "quadro" que retrata a forma como são as coisas, i.e., um quadro que deixa em aberto várias questões e que produz a "ciência normal", uma tentativa de responder a essas questões recorrendo a um caminho prescrito. A ciência normal é uma tentativa de ampliar o quadro, de desenhá-lo de forma mais detalhada e de aplicá-lo na prática. Mas os paradigmas não subsistem para sempre. Ao tentar ampliá-los, a ciência normal depara com dificuldades, problemas de ajuste, provas capazes de derrubá-los, ou o que Kuhn descreve, em termos genéricos, como "experiências anômalas". Kuhn, no entanto, não acredita que elas funcionem na ciência da forma descrita por Popper.

> [Experiências anômalas são] experiências que, ao provocarem crises, abrem caminho para uma nova teoria. Apesar disso, as experiências anômalas podem não ser o mesmo que experiências capazes de derrubar a teoria. Na verdade, duvido que exista algo como estas últimas. Conforme já destacado outras vezes, nenhuma teoria chega, em um dado momento, a resolver todos os enigmas com os quais se confronta; nem, com freqüência, são perfeitas as soluções já obtidas. Ao contrário,

> cabe exatamente à incompletude e à imperfeição no ajuste dos dados/teorias existentes definir muitos dos enigmas que caracterizam a ciência normal. Se todas as falhas de ajuste fossem motivo para se rejeitar uma teoria, então todas as teorias deveriam ser rejeitadas o tempo todo.

Realmente, o que acontece, segundo Kuhn, é que as teorias não são simplesmente refutadas, conforme sugere Popper, mas que o paradigma encontra mais e mais "experiências anômalas" com as quais a comunidade científica convive o melhor que pode, o que, por sua vez, gera um novo paradigma, provocando uma revolução científica. Surge assim um novo quadro, parcial ou totalmente incompatível com o quadro anterior, e todo o processo inicia-se novamente.

As opiniões de Kuhn sobre a atividade científica são imensamente ricas e historicamente bem documentadas; e devemos mantê-las vivas na nossa mente ao avaliar os argumentos científicos. Neste momento, mencionaremos apenas dois pontos a esse respeito. Primeiramente, cabe notar que a ciência possui *autoridades* (porque os especialistas em lógica tendem a apelar de forma rápida demais à "falácia do apelo à autoridade"). Aceitamos muitas coisas porque os especialistas nos dizem que elas são como são e, dada a natureza dos paradigmas, ninguém deveria surpreender-se com isso. Além do mais, apesar de os paradigmas bem testados acabarem filtrando-se da comunidade científica para todos nós (por meio do processo educacional), os mais recentes podem ser bastante inacessíveis em vista de nossas concepções a respeito do mundo. Muito do que Einstein diz, por exemplo, contradiz o "senso comum": ele afirma, entre outras coisas, que "a velocidade de um feixe de luz é a mesma independentemente do ponto de referência; o ponto de referência que se movimente em perseguição ao feixe de luz não conseguirá diminuir sua velocidade relativa em relação a ele". (Ver Quine e Ullian.) Em segundo lugar, de uma forma geral, se alguém pretende ajuizar os argumentos científicos em toda a sua complexidade terá de conhecer a sua história e a opinião atual dos especialistas a seu respeito – conhecer, poder-se-ia colocar a coisa assim, as regras do jogo. Afirmar isso não significa negar o que defendemos até agora neste livro, ou seja, que qualquer pessoa capaz de compreender P terá de ser capaz de oferecer ao menos uma resposta parcial à pergunta: "Que prova ou argumento permitiria ou poderia permitir que se asserisse P?". Compreender P refere-se tanto a uma questão de conhecer esse tipo de coisa como a uma questão de grau de conhecimento sobre esse tipo de coisa. Quanto mais profundamente alguém compreender P, mais capaz se mostrará para responder à pergunta, mais ciente se mostrará dos usos dados a P. No entanto, pode-se, em qualquer nível de compreensão, participar do jogo que estamos tentando explicar e ensinar aqui.

Dois exemplos finais: Darwin e Harvey

Chegamos ao fim deste capítulo com dois exemplos de raciocínio científico. Em cada um dos casos, tentamos ilustrar algumas das lições gerais sobre como avaliar os argumentos científicos. Comecemos com um argumento famoso de Darwin.

A instabilidade da Terra, segundo Charles Darwin

Darwin determinou (ou certamente *acreditou* ter determinado) que, no curso de milhões de anos, as massas de terra subiram ou desceram algumas vezes em relação ao nível dos oceanos. Antes de analisar as provas, pergunte-se o que *demonstraria* a verdade dessa afirmação. O que mostraria que pedaços de terra, hoje localizados acima do nível do mar, estiveram submersos? Suponha que se encontrem – bastante acima do nível do mar – provas da existência nessa região, tempos atrás, de criaturas que podem ter vivido apenas debaixo da água. Se essa porção de terra esteve sempre acima do nível do mar, não se *esperaria* encontrar tais provas e, se tais provas fossem encontradas, então haveria a necessidade de explicar esse fato (porque se trata de um fato inesperado e surpreendente). Com certeza, Popper chamaria essa previsão de "arriscada" e, claro, Darwin deparou exatamente com esse cenário.

Quando viajava pelos Andes em 1834, Darwin descobriu um estrato de conchas marinhas fossilizadas a 3.600 metros de altura e uma pequena floresta de pinheiros petrificados com depósitos de rochas marinhas a 2.100 metros de altura! Em uma determinada época, esse terreno deve ter ficado debaixo do nível do mar e, quando os Andes começaram a ganhar altura, ele teria, presumivelmente, se transformado primeiro em uma série de ilhas florestais para, depois, virar uma cadeia montanhosa cujas baixas temperaturas mataram e petrificaram as árvores.

É claro que essa prova *não* é conclusiva, mas a sua força pode ser mais bem avaliada considerando-se as opiniões existentes antes de conhecermos as descobertas de Darwin. De posse dessas descobertas, o cético diria: "Ah, mas poderia haver outras explicações: as provas podem ser as descritas por Darwin e mesmo assim a conclusão inferida por ele poderia ser falsa". A resposta correta ao cético afirmaria o seguinte: "Verdade, mas então diga o que demonstraria para *você* que o terreno hoje localizado acima do nível do mar esteve um dia submerso". E ele ou dará uma resposta semelhante à nossa e à de Darwin, exigindo talvez *mais* provas do mesmo tipo e provas *mais detalhadas*, ou não terá nenhuma resposta. Na primeira hipótese, podemos simplesmente concordar com o cético, que não nos aprofundamos o suficiente, que se necessita de mais provas, que essa teoria precisa encaixar-se coerentemente no quadro geral em cuja construção estamos envolvidos. Concordar que nenhum argumento sobre o mundo real conseguirá jamais ser dedutivamente conclusivo. Nesse caso, não haveria nenhuma desacordo essencial. Na segunda hipótese, o cético revela-se uma fraude. Ele não está participando do jogo, não está interessado seriamente nas descobertas que, da melhor forma possível, viemos realizando a respeito do mundo.

O ponto crucial gira em torno do seguinte: se uma pessoa compreendeu a teoria de Darwin, então terá de ser capaz de oferecer algum tipo de relato sobre como poderia decidir-se sobre a sua verdade ou falsidade, que provas ou argumentos demonstrariam que essa teoria é verdadeira ou falsa. Saber o que *contaria* como prova precisa ser decidido *antes* de se saber se esse tipo de prova existe ou não.

Exercício: para verificar a força do que acaba de ser dito, o leitor deve tentar dizer qual tipo de prova mostraria que um terreno que hoje se encontra abaixo do nível do mar esteve, muito tempo atrás, acima do nível do mar. A resposta original de Darwin para essa questão encontra-se nas pp. 318 a 321.

A circulação do sangue, segundo William Harvey

Coloque-se no lugar de William Harvey no começo do século XVII – ele estava então na fase inicial de sua carreira profissional e mostrava-se interessado em descobrir como o coração funciona. O que você teria de fazer? Sem dúvida, você já deve ter alguma idéia sobre as teorias atuais que tratam desse assunto. Mas, presumivelmente, a coisa óbvia a se fazer, logo de cara, é ler os textos existentes a respeito do assunto e/ou discutir esse assunto com especialistas reconhecidos. Quanto aos textos, você teria de estudar as obras de Galeno (130-200 d.C.)! Ele era médico dos imperadores romanos no auge do Império Romano. Galeno escreveu vários livros de medicina e suas idéias dominaram a Europa por 1.300 anos!

Segundo Galeno, o que hoje chamamos de veias e artérias formava dois sistemas basicamente *independentes*. As veias transportariam o sangue "natural" e as artérias, o sangue "vital" (composto em sua maior parte de *ar*!). Dentro desses dois sistemas, o sangue, assim se acreditava, agiria como as ondas, avançando e recuando. Galeno também ensinava que o sangue era produzido nos órgãos do sistema digestivo, que o sangue levava *espíritos naturais* dali para o ventrículo esquerdo do coração e que um pouco dele passava *através* da parede do coração (o septo), indo do ventrículo esquerdo para o ventrículo direito, onde se somava ao ar vindo dos pulmões e se transformava em *espíritos vitais*.

Hoje em dia, talvez seja difícil acreditar que tais idéias ajudaram os médicos a tratar de doentes, mas continuaram sendo as melhores idéias disponíveis durante um certo período e eram ensinadas e nelas se acreditava até o século XVII. Formavam um sistema de idéias e de preconceitos profundamente arraigado – um paradigma – bastante diferente de tudo em que agora acreditamos.

Durante 13 séculos, Galeno figurou como *a* autoridade nesse assunto: ensinavam-se as idéias dele porque vinham dele. Na época de Harvey, os estudantes presenciavam as aulas sobre, por exemplo, o coração e o sangue sem realizar diretamente dissecações, mas vendo um assistente conduzir essa atividade enquanto um professor lia o trecho concernente do livro de Galeno. Se as coisas transcorressem conforme Galeno afirmava, então os assistentes deveriam sentir-se orgulhosos; no entanto, mesmo que não ocorressem, todos continuavam acreditando em Galeno. (Ver Herbert Butterfield, *As Origens da Ciência Moderna*, 1300-1800).

A autoridade de Galeno, porém, não deixou de ser contestada na época de Harvey. Em 1543, Andreas Vesalius (1514-1564) publicou seu *De Humani Corporis Fabrica* (Sobre a Estrutura do Corpo Humano), considerada atualmente a obra fundadora da anatomia moderna. Vesalius colocou em dúvida a autoridade de Galeno. Manifestou, por exemplo, ceticismo a respeito da passagem do sangue através do septo porque, segundo afirmou, o septo parecia ser sólido. A autoridade de Galeno era tão grande que essa afirmativa de Vesalius foi contestada rigorosamente pela comunidade médica, e até o próprio Vesalius disse não acreditar no que viam seus olhos. Outro crítico de Galeno, Servetus (1509-1553), argumentou que o sangue passava do ventrículo direito para o esquerdo *via* pulmões, onde se combinava com o que hoje identificaríamos como o oxigênio. Idéias semelhantes partiram de Colombo (1516-1559), que havia analisado o coração durante vivissecções. Em 1603, Fabricius (1537-1619) mostrou que havia válvulas nas veias que pareciam fazer com que o sangue fluísse *exclusivamente na direção* do coração. Vesalius, Colombo e Fabricius haviam trabalhado na Universidade de Pádua, na Itália. Harvey estudou em Pádua, de forma que, quase certamente, entrou em contato com as idéias deles – e Fabricius deu aula a ele.

Coloque-se novamente no lugar de Harvey. Você leu os textos sobre o assunto e encontrou os especialistas. O que mais teria de fazer para descobrir como o coração e o sangue funcionam? (Já que o quadro pintado por Galeno vem sendo contestado, você não pode permitir-se concluir que a questão está resolvida.) Presumivelmente, será necessário encontrar formas de observar o coração e o sangue *em funcionamento* e de realizar *experimentos* com eles. Isso, hoje em dia, parece tão óbvio que não precisaria ser dito, mas nos tempos de Harvey esse ponto não se mostrava tão óbvio. Então, *a* maneira óbvia de realizar descobertas consistia em referir-se às autoridades do passado. O que hoje reconhecemos como uma postura francamente científica apenas começava a ser adotada – Francis Bacon, por exemplo, defendia as virtudes de um método científico conforme compreendido por ele – e ainda representava uma mudança revolucionária, não contando com uma aceitação ou compreensão universais. Muitos escritores daquela época "falavam sobre a importância de ver as coisas com os próprios olhos [...] [mas] ainda assim não conseguiam observar uma árvore ou uma cena da natureza sem notar exatamente aquelas coisas que os escritores clássicos os tinham ensinado a ver", conforme nos conta Butterfield. Ver o que está diante de nossos próprios olhos não é algo fácil, particularmente quando a cabeça das pessoas contém um monte de idéias sobre o que deve ser visto – conforme costuma ocorrer. Harvey enfrentou inúmeras dificuldades e, hoje em dia, pode ser difícil imaginar quão incertas as coisas se mostravam para ele. O autor tinha muita familiaridade com o paradigma clássico, mas também sabia de seus defeitos – sabia da existência de muitas "experiências anômalas". No entanto, não tinha um quadro alternativo claro, não tinha uma forma alternativa de descobrir um quadro do tipo nem uma metodologia testada e confiável capaz de ser usada a fim de testar ou comprovar um eventual quadro alternativo que elaborasse. Como afirma Harvey no Capítulo 1 de seu *Estudo Anatômico sobre o Movimento do Coração e do Sangue nos Animais*:

> Quando me envolvi pela primeira vez com as vivissecções, como forma de descobrir os movimentos e o funcionamento do coração, e quando tentei descobrir isso por meio de observações reais e não por meio de textos de terceiros, descobri ser tarefa verdadeiramente tão árdua, tão prenhe de dificuldades que quase me vi tentado a imaginar [...] que o movimento do coração deveria ser compreendido apenas por Deus.

O método básico utilizado foi a vivissecção. Harvey abria animais ainda vivos e observava o funcionamento do coração. E fez isso com uma ampla gama de animais (*não*, porém, com seres humanos!):

> [...] ao lançar mão freqüentemente da vivissecção, empregando uma grande diversidade de animais para esse fim e colecionando uma infinidade de observações, pensei ter chegado à verdade. (Capítulo 1)

> Essas coisas mostraram-se mais óbvias nos animais de sangue frio, como sapos, rãs, serpentes, pequenos peixes, caranguejos, camarões, lesmas e mariscos. (Capítulo 2)

O procedimento permitiu-lhe oferecer uma descrição cuidadosa sobre a forma como o coração funciona realmente, rejeitando, assim, o senso comum.

> Portanto, a verdade parece estar no contrário exato das opiniões comumente aceitas; apesar de as pessoas acreditarem que, quando o coração bate no peito, o pulso pode ser sentido de fora do corpo porque o coração dilata seus ventrículos e enche-se de sangue, o contrário na verdade ocorre: o coração, ao contrair-se [e, nesse momento, sente-se a pulsação], esvazia-se.

A descoberta central de Harvey referia-se ao montante de sangue bombeado pelo coração: o pesquisador descobriu que, em uma hora, a quantidade de sangue bombeada pelo coração de um homem era maior do que o peso total do corpo dele.

> [...] sem considerar possível que isso [a quantidade de sangue bombeada] pudesse ser suprido pelo sumo dos alimentos ingeridos sem que as veias, de um lado, ficassem secas e as artérias, de outro, se rompessem devido à pressão excessiva do sangue, a menos que o sangue conseguisse, de alguma forma, encontrar um caminho passando das artérias para as veias, e assim regressando ao lado direito do coração, comecei a imaginar que talvez houvesse uma movimentação de alguma forma circular. Foi exatamente isso que descobri ser a verdade; e percebi finalmente que o sangue era obrigado a sair do coração e ser conduzido, pelo batimento do ventrículo esquerdo, através das artérias, espalhando-se por todo o corpo, chegando a todas as suas partes, da mesma forma como é enviado pelo batimento do ventrículo direito através da [artéria pulmonar] para dentro dos pulmões e depois regressa por meio das veias até a *vena cava* e, em seguida, ao ventrículo direito, da mesma forma como regressa dos pulmões

> através da [veia pulmonar] para dentro do ventrículo esquerdo. (Capítulo 8)

Evidentemente, após ter tido a idéia (a *hipótese*, nas palavras de Popper) sobre a possibilidade de o sangue *circular*, Harvey precisou desenvolvê-la, esmiuçar-lhe os detalhes e testá-la. O pesquisador realizou isso das mais variadas maneiras. Não descreveremos como Harvey procedeu a fim de fundamentar sua teoria e deixaremos ao leitor, como exercício, o encargo de responder à Pergunta de Asseribilidade:

"Que argumentos ou provas me permitiriam afirmar que:

(a) o sangue flui apenas *para fora* 'do ventrículo esquerdo através das artérias, espalhando-se por todo o corpo' (e não que se movimenta como a maré, indo e vindo, conforme defendia Galeno)?

(b) o sangue flui dentro das veias *na direção* do coração (e não fica indo e vindo, conforme Galeno)?

(c) o *mesmo* sangue que flui ao longo das artérias do braço regressa ao coração através das veias do braço (a descrição de Galeno mostra-se diferente porque, nela, os dois sistemas não se comunicam)?"

A resposta de Harvey para (b) pode ser lida nas pp. 321 a 325. O leitor a considerará mais convincente se tiver tentado, primeiro, responder à pergunta (b). Os elementos centrais da argumentação de Harvey para a circulação do sangue constam dos capítulos 9 e 13 do *Estudo Anatômico sobre o Movimento do Coração e do Sangue nos Animais* – capítulos que valem a pena ser lidos após se tentar responder às perguntas (a), (b) e (c). (Para uma boa descrição sobre a obra de Harvey e a importância dela, ver A. C. Crombie, *Augustine to Galileo* [De Agostinho a Galileu].)

Como acontece com todos os novos paradigmas, o *Estudo Anatômico sobre o Movimento do Coração e do Sangue nos Animais*, de Harvey, não solucionou todos os seus problemas. A falha mais evidente na descrição de Harvey diz respeito ao fato de ele não ter conseguido descobrir as "conexões" entre as artérias e as veias nas suas extremidades (i.e., nos dedos das mãos e dos pés); para conseguir observar esses capilares, Harvey precisaria de microscópios melhores do que os que possuía. No entanto, depois da morte do pesquisador, Malpighi conseguiu realizar essa observação.

A obra de Harvey ilustra lindamente a emergência de um "paradigma" novo, tomado esse termo no sentido de Kuhn. Harvey conseguiu perceber (como haviam feito outros antes dele) que a descrição de Galeno sobre a movimentação do sangue simplesmente não se sustentava em vista de vários fatos conhecidos. No entanto, descobriu também quão difícil era escapar do ponto de vista de Galeno. Harvey certamente não se voltou para a teoria de Galeno com o mero objetivo de refutá-la. Descobrir uma nova forma de olhar as coisas requereu uma grande inventividade e, apesar de Popper querer que consideremos a obra de Harvey uma hipótese bem corroborada, percebe-se facilmente por que Harvey descreveu seus achados como algo *verdadeiro* e *demonstrado* e por que *nós* também deveríamos agir assim. Havíamos instado o leitor, pouco antes, a dizer "que prova ou argumento nos permitiria asserir [...]" vários dos trechos do quadro pintado por Harvey. Em geral, quando conseguimos responder a tais perguntas, nos é facultado acreditar no que ficou fundamentado segundo os *padrões* fixados *de forma apropriada* por nós mesmos. Perceber isso torna-se mais fácil se a pessoa se coloca no lugar de Harvey (ou de Darwin, no nosso exemplo anterior). Mas torna-se *impossível* caso se adote a postura cética tão comum entre os filósofos.

O relato de Harvey a respeito da circulação do sangue mostra-se fácil de ser acompanhado e apresenta uma prova científica e convincente. Seria absurdo na época, como seria totalmente absurdo hoje, ver no trabalho dele uma mera hipótese bem corroborada, na qual devemos acreditar apenas provisoriamente ou criticamente. Trata-se de uma teoria verdadeira, confirmada e bem conhecida.

Apesar de William Harvey ter sido o produto de um ambiente intelectual de sua época, o pesquisador, como Galileu, Copérnico e tantos outros, contribuiu para enfraquecer o autoritarismo da Idade Média. Uma postura igualmente revolucionária faz-se necessária, agora, para salvar a filosofia da paralisante influência do ceticismo cartesiano (ver Capítulo 11, em especial as pp. 254 a 257).

11
Pressupostos filosóficos

O método de análise de argumentos desenvolvido neste livro distingue-se por empregar a Pergunta de Asseribilidade. Descrevemos essa pergunta no Capítulo 2, explicamos como usá-la e ilustramos seu funcionamento por meio de vários exemplos, mas, já que ela forma o arcabouço de toda a nossa teoria, precisamos tentar responder a algumas questões que podem surgir a partir dela. Primeiramente, relembraremos nossos objetivos e como funciona a Pergunta de Asseribilidade ao tentarmos atingir aqueles objetivos. Depois, explicaremos algumas das idéias existentes por trás de nosso método. A seguir, ofereceremos uma resposta sucinta para um desafio genérico levantado pelo ceticismo e, finalmente, explicaremos por que atribuímos uma importância relativamente pequena à noção da validade dedutiva ao longo de todo este exercício.

Objetivos

Nosso objetivo consiste na descrição e demonstração de um método sistemático para extrair um argumento de um texto escrito e para avaliá-lo. Desejamos um método apto a ser aplicado a uma série diversificada de argumentos, tanto do dia-a-dia quanto teóricos, e apto a funcionar com o raciocínio comum conforme expressa pela linguagem cotidiana (e não apenas com os exemplos inventados com os quais os especialistas em lógica geralmente trabalham). Também desejamos um método capaz de servir-se dos *insights* da lógica clássica nos pontos em que isso for útil, mas capaz também de ser informal e razoavelmente eficiente (esses dois requisitos excluem um método que nos obrigue a traduzir os verdadeiros argumentos em símbolos da lógica clássica). Além disso, desejamos um método capaz de ser ensinado facilmente e que combata – na medida apropriada – nossa tendência de recorrer à opinião de especialistas. Conforme dissemos antes (p. 1):

> há a possibilidade de se confiar excessivamente nos especialistas, e essa forma de aprendizado e conhecimento tende a encorajar uma postura de passividade e receptividade, em vez de uma postura de inventividade e imaginação.

Queremos ressaltar, com nosso método, quão longe se pode chegar ao simplesmente *pensar as coisas de forma rigorosa*, algo que poderia se descrever como um objetivo de "incentivo à autoconfiança".

A Pergunta de Asseribilidade justifica-se na medida em que nos permite atingir esses objetivos.

Extraindo os argumentos

Atualmente, a prática estabelecida na tradição da lógica informal, surgida nas últimas duas décadas, emprega os "indicadores de inferência", que seriam, pode-se dizer, palavras-chave responsáveis por indicar a presença de razões e de conclusões. Os que não estão familiarizados com essa tradição não costumam perceber quão difícil pode ser extrair o argumento de um autor em um texto escrito em linguagem natural. Os indicadores de inferência oferecem uma ajuda genuína e prática na realização desse esforço, e nosso método utilizou-se deles inicialmente de uma forma padrão. Mas, como os autores costumam omiti-los por motivos retóricos ou de outra ordem, precisaremos dar orientações suplementares a respeito de como lidar com verdadeiros argumentos. É neste ponto que a Pergunta de Asseribilidade entra pela primeira vez em pauta.

Ao extrairmos o argumento de seu contexto servindo-se de nosso método, localizamos os indicadores de inferência, encontramos a conclusão principal e, daí, procedemos da seguinte forma:

> Com base em C [a conclusão principal], pergunte-se: "Que razões imediatas são apresentadas no texto para que se aceite C?" ou "Por que (no texto) sou instado a acreditar em C?". Use os indicadores de inferência para ajudá-lo na busca por respostas a essas perguntas. Se a pergunta for difícil de ser respondida porque as intenções do autor não são evidentes (i.e., nem são identificadas explicitamente por indicadores de argumento nem podem ser inferidas claramente a partir do contexto), faça então a Pergunta de Asseribilidade, (PA):
>
> (PA): Que argumento ou prova justificaria a minha asserção da conclusão C? (O que teria eu de saber ou de acreditar para aceitar C?)

Neste ponto é que devemos, por assim dizer, "olhar para longe" do texto a fim de pensar a respeito do significado de C. Este é o momento para "pensar as coisas rigorosamente", para ser meditativo e imaginativo, para perguntar: "O que comprovaria isso?" ou "Como eu argumentaria a favor disso?". A maior parte das pessoas surpreende-se ao descobrir quão longe consegue chegar nesse momento. Decidido sobre as razões capazes de dar sustentação a C e convencido disso, deve-se então:

> verificar se o autor afirma ou claramente assume essas mesmas afirmações (razões). Se for esse o caso, é razoável (e condizente com o Princípio da Caridade) partir do pressuposto de que ele pretende usar esse mesmo argumento. Se não for esse o caso, não há uma forma racional de reconstruir o seu argumento (baseando-se exclusivamente no texto).

Em resumo, é assim que funciona a Pergunta de Asseribilidade ao se extrair o argumento de seu contexto.

Dois pontos – de esclarecimento e justificação – devem ser agora acrescentados. Como dissemos no Capítulo 2, p. 34:

(b) os indicadores de inferência podem expor de forma totalmente clara (quase com certeza) as intenções de um autor; mas, se isso não acontecer, a única maneira de adivinhar as intenções do autor (com base apenas no texto) é construir o *melhor* argumento possível e perguntar se se pode atribuir ao autor esse argumento.

Vale a pena ressaltar que, se for utilizada a linguagem adequada – i.e., caso sejam utilizados indicadores de inferência explícitos –, então isso mostra de forma bastante *clara* que argumento se pretende aduzir. Para a pergunta sobre que argumento se apresenta não importa saber se se trata de um argumento mau ou bom, bem como não importam os pensamentos particulares do autor. Os exemplos 1 a 4 do Capítulo 1 (pp. 9 a 16) são desse tipo; neles, não há espaço para dúvidas a respeito de que argumento se apresenta.

No entanto, há muitos casos nos quais a questão não é tão clara, e em tais casos deve-se recorrer à Pergunta de Asseribilidade a fim de adivinhar as intenções do autor. (Há vários exemplos desse caso em todo o livro, mas esses exemplos poderão ser encontrados especialmente no Capítulo 4.) Para irmos direto ao ponto, a justificação para agir dessa forma é a seguinte. Ao apresentar um argumento, o autor tenta comunicar-se com outras pessoas a fim de convencê-las do seu ponto de vista. Com razoabilidade, pode-se pressupor que o autor usa a linguagem de uma forma semelhante a todos nós, que pretende dizer o mesmo pela forma como diz e como apresenta o que diz, que compreende o que está afirmando e que, por isso, considera o que pode corroborar ou derrubar o que vem sendo dito mais ou menos da mesma forma que todos nós. Ou seja, todos nós aprendemos a usar a linguagem mais ou menos da mesma forma.

Evidentemente, o uso da Pergunta de Asseribilidade com o intuito de extrair o argumento pretendido pelo autor sujeita-se a um desafio de caráter cético: tudo está sempre sujeito a esse desafio. Mas, *via de regra*, não nos mostramos céticos a respeito da possibilidade de compreendermos as outras pessoas, nem é *apropriado* adotar uma postura desse tipo. Se um cético acreditar que estamos pressupondo elementos em excesso, só podemos responder, neste momento, afirmando que é ele quem dá pouco valor à forma como, na verdade, usamos a linguagem. Regressaremos a esse assunto mais adiante.

Avaliando um argumento

Usamos a Pergunta de Asseribilidade não apenas para extrair os argumentos de seu contexto, mas também para avaliá-los. Resumindo o que já ficou dito: a fim de fundamentar sua conclusão, um argumento:

(I) tem de ter premissas verdadeiras (no caso de serem premissas independentes, apenas uma delas tem de ser verdadeira; além disso, as suposições não têm de ser verdadeiras a fim de estabelecer as suas conclusões), e

(II) a sua conclusão tem de se *seguir* das suas premissas.

A grande questão é saber como decidir sobre se a condição (II) se realiza – ou seja, se a conclusão realmente *se segue*. O teste padrão afirma basicamente o seguinte:

> As premissas poderiam ser verdadeiras e a conclusão, falsa?

Mas argumentamos no Capítulo 2 (pp. 40 e seguintes.) que esse teste provoca uma postura cética em várias áreas do conhecimento – nas ciências, na história, no conhecimento que temos sobre nossa mente etc. – e que:

> Tal ceticismo afasta-se muito dos padrões *normais* – e *apropriados* – de argumento.

Por esse motivo, reformulamos o teste padrão a fim de garantir que nosso teste deixe explícita a referência a tais padrões. O teste utilizado por nós determina o seguinte:

> Podem as premissas ser verdadeiras e a conclusão ser falsa, a julgar pelos padrões adequados de prova e pelos padrões adequados sobre o que é possível?

e neste ponto a Pergunta da Asseribilidade surge uma segunda vez, exceto que, agora, utilizamo-la para decidir sobre quais são esses "padrões adequados"; i.e., a fim de decidir sobre se uma determinada conclusão C se *segue* de uma determinada linha de raciocínio, devemos perguntar:

> (PA): Que argumento ou prova poderia permitir-me asserir a conclusão C? (Etc.)

O leitor pode pensar que esse processo corre o risco de parecer quase circular, como se dissesse: "A fim de decidir se C se segue realmente de certas razões, precisamos decidir primeiro se C *poderia* seguir-se dessas razões". Porém, na realidade, esse processo mostra-se não menos circular que o método científico, conforme descrito por Popper. Segundo as idéias de Popper, o cientista diz que provas seriam capazes de refutar a hipótese, vê se tais provas existem e, se existem, conclui que a hipótese *está* refutada.

Uma observação de caráter genérico: a formulação da Pergunta de Asseribilidade segue um plano deliberado, e as suas paráfrases – como a do parágrafo anterior – podem ser enganosas caso não sejam compreendidas conforme se pretende. Há três aspectos da formulação dessa pergunta que gostaríamos de mencionar neste momento.

O primeiro, e mais importante, determina que a Pergunta de Asseribilidade fale em *asserção justificada*, e não sobre *condições de verdade*. A Pergunta de Asseribilidade dita o seguinte:

> O que [...] me *justificaria* a *asserir* C?

ou

> O que teria eu de *saber* ou *acreditar* para *aceitar* C?

A pergunta *não* indaga o seguinte:

> O que teria de ser verdadeiro ou falso para C ser verdadeira ou falsa?:

ou

> Sob que condições C seria verdadeira ou falsa?

O segundo aspecto a respeito do qual a formulação da Pergunta de Asseribilidade revela-se importante refere-se aos:

> *padrões adequados* de prova ou aos *padrões adequados* sobre o que é possível.

Conforme explicamos no Capítulo 2, na p. 41:

> afirmativas sobre o passado, sobre o futuro, sobre conexões causais, sobre as intenções de outras pessoas ou sobre a matemática (etc.) têm diferentes *padrões de prova*.

Alguns filósofos gostam de insistir que há apenas um padrão de prova – o da validade dedutiva, por exemplo –, mas essa postura em nada nos ajuda.

Consideremos o seguinte exemplo, escolhido aleatoriamente. Descobre-se uma tela e alguém sugere que o seu autor é Vermeer. Há testes que podem ser usados para tentar resolver a questão: especialistas analisarão a pintura tentando determinar se apresenta as técnicas características de Vermeer e para verificar se há algum sinal de falsificação; analisarão também os arquivos da época do artista para buscar indícios sobre a existência da pintura, e assim por diante. Há padrões de procedimento capazes de resolver a questão de forma definitiva. Algumas vezes, evidentemente, haverá avaliações inconclusivas e, em alguns casos, enganos serão cometidos. Mas, em termos gerais, há procedimentos já muito bem estabelecidos – e, na verdade, só se descobrirão os erros com base nos padrões desses mesmos procedimentos. E deve-se acrescentar, ainda, que os padrões de prova normalmente empregados em algumas áreas precisam ser os adequados e estar imunes a críticas. Os especialistas em arte, os matemáticos, os astrólogos – ou quem quer que seja – podem empregar ou não os padrões de prova adequados para a tarefa que realizam. Isso dependerá de qual tarefa se trata. O importante a notar é que esses diferentes padrões não se mostram redutíveis a uma única fórmula ou padrão – a da validade dedutiva, por exemplo – comum a todos os bons argumentos. Regressaremos em breve a esse assunto – ao tratarmos da validade dedutiva como padrão.

O terceiro aspecto no qual a formulação da Pergunta de Asseribilidade revela-se deliberada difere dos dois anteriores. Enquanto aqueles se basearam principalmente em considerações filosóficas, o último lida também com a questão "psicológica" da postura adotada por nós. Para ser sucinto, o uso dos pronomes pessoais "me" e "eu" é intencional: qualquer um que lance mão da Pergunta de Asseribilidade, diz o seguinte:

> O que [...] *me* justificaria a asserir C?

ou

> O que teria *eu* de conhecer?

Se, em vez disso, alguém perguntasse:

> O que provaria que C é verdadeira?

tenderia a sentir-se obrigado a procurar pela resposta certa – uma resposta que é conhecida do professor e do especialista –, e isso o inibiria a chegar o mais longe possível com as próprias pernas. Nossa pergunta pretende fazer a pessoa pensar cuidadosamente nas próprias respostas; visa encorajar o usuário a refletir sobre a questão, a ser imaginativo e a ter autoconfiança (porque as pessoas descobrem ser capazes de chegar surpreendentemente longe). É claro que não queremos implicar a possibilidade de cada indivíduo fornecer a própria resposta de forma totalmente arbitrária. Conforme ficou dito no Capítulo 2, ao usar nosso método:

será necessário fazer um juízo sobre os "padrões adequados". Esse juízo será o *seu* juízo; trata-se de um juízo que pedirá justificações e que estará sujeito a críticas. Fixe um padrão rigoroso demais, e ficará parecendo que nada poderá ser conhecido com segurança; fixe um padrão pouco imaginativo, e estará sujeito a cair facilmente em erro (ver p. 41.)

Poderíamos observar também, de passagem, que a Pergunta de Asseribilidade não pode ser respondida arbitrariamente porque as palavras não significam nenhuma coisa que queiramos escolher; mas, a fim de elaborar melhor algumas das idéias sobre os significados existentes por trás do uso daquela pergunta, regressaremos agora ao primeiro e mais importante dos pontos a respeito de sua formulação.

A Pergunta de Asseribilidade e o significado

A interpretação dada à Pergunta de Asseribilidade ao longo de todo este livro, e que justifica parcialmente o uso ao qual se submeteu a Pergunta de Asseribilidade, depende, para ser frutífera, de uma determinada postura a respeito do significado. Conforme ficou dito no Capítulo 2, a justificação filosófica para a Pergunta de Asseribilidade baseia-se na pressuposição de que:

> * Quem compreende uma proposição tem de ser capaz de explicar minimamente como poderia decidir sobre a verdade ou falsidade dessa proposição, que argumento ou prova mostraria que essa proposição é verdadeira ou falsa (se não for assim, essa pessoa não compreendeu a proposição).

Expresso de maneira errônea, esse princípio sujeita-se, obviamente, a diferentes interpretações. Pode parecer, de um lado, com uma versão da *teoria do significado das condições-verdade* ou, de outro lado, com uma versão do *verificacionismo*. Já que o princípio pode ser mal interpretado nessas duas direções, tentaremos a partir de agora esclarecer o que se pretende com ele. E tentaremos elaborar nossa defesa da Pergunta de Asseribilidade e de seu uso, comparando o objetivo do princípio * com a teoria do significado das condições-verdade, elaborada por Gottlob Frege, e com o verificacionismo de A. J. Ayer.

Na opinião de Frege (semelhante à de Russell e à do primeiro Wittgenstein), o significado de uma proposição se dá por meio da determinação das condições que são individualmente necessárias e conjuntamente suficientes para a sua verdade. Evidentemente, a opinião de cada um a respeito do que *seja* a verdade não precisa *ser conhecida*, mas, na opinião de Frege, algo verdadeiro nao precisa, tampouco, ser humanamente *conhecível* e é independente da forma como nós, os seres humanos, venhamos eventualmente a conhecê-lo. Segundo esse ponto de vista, então, o significado de uma proposição P pode ser conhecido independentemente de se saber o que justificaria a nossa crença em P (caso haja algo capaz de fazê-lo): o significado de P pode ser conhecido por alguém que não tivesse nenhuma idéia sobre o que *mostraria* a sua verdade ou falsidade, qualquer idéia sobre o que, para *nós*, contaria como razões ou provas conclusivas.

Apesar de haver muita coisa a ser dita a respeito da teoria das condições-verdade de Frege, essa concepção da verdade, chamada de "realista", não pode estar correta. Conforme afirma Dummett, no artigo "Truth", sua famosa crítica da teoria de Frege:

> o fato de termos em mira fazer afirmações verdadeiras é parte do conceito de verdade; e a teoria de Frege sobre a verdade e a falsidade [...] deixa completamente de lado esse aspecto do conceito de verdade. Na realidade, Frege tentou mais tarde incluir esse aspecto na sua teoria da asserção – mas fê-lo tarde demais; porque o sentido de uma frase não é dado antes de nos envolvermos na atividade de asserção.

e, mais adiante:

> se uma afirmação como "Jones era corajoso" é verdadeira, tem de ser verdadeira em virtude do tipo de fato que, segundo fomos ensinados, é capaz de justificá-la. Não pode ser verdadeira em conseqüência de um fato de alguma modalidade totalmente diferente e sobre o qual não temos um conhecimento direto, sob pena de a afirmação [...] não ter o significado que *nós* lhe atribuímos.

Em resumo, o significado de uma proposição tem de ser explicado em relação aos tipos de coisa que *poderíamos conhecer*, porque é assim que aprendemos a linguagem.

Resta ainda, obviamente, uma questão sobre os tipos de coisa que conseguimos conhecer. Abordaremos essa questão (negativamente, conforme se verá) a partir da outra perspectiva que acabamos de mencionar como fonte de confusão a respeito do nosso princípio * – a perspectiva do verificacionismo.

Os positivistas lógicos defenderam que o significado de uma frase deveria ser explicado em termos do que demonstraria a sua verdade ou falsidade – o que poderia *comprovar* ou *derrotar* essa frase. Também adotaram a opinião de que, se nada for capaz de comprovar ou derrotar uma frase que possuísse um significado aparente (que não fosse nem uma tautologia nem uma contradição), então essa frase não teria significado. O livro *Linguagem, Verdade e Lógica*, de A. J. Ayer, contém a defesa clássica da concepção dos positivistas lógicos sobre a verificabilidade como critério da presença de sentido:

> O critério utilizado por nós para testar o caráter genuíno de supostas declarações sobre fatos é o critério da verificabilidade. Dizemos que uma frase tem significado factual para qualquer pessoa se, e somente se, ela souber verificar a proposição que pretende expressar – ou seja, se sabe que observações seriam capazes de, sob certas circunstâncias, permitir-lhe aceitar a proposição como verdadeira ou rejeitar como falsa. Se, por outro

> lado, a proposição putativa é de feição tal que a assunção de sua verdade, ou de sua falsidade, é consistente com qualquer pressuposto concernente à natureza de suas futuras experiências, então, no que diz respeito a ela, essa proposição, se não for uma tautologia, será uma mera pseudoproposição.

Ayer lança mão desse critério a fim de realizar ao longo de todo o restante do livro um ataque feroz, e bastante conhecido, à "metafísica". Transcrevemos abaixo um exemplo característico da forma como Ayer usa esse critério (um exemplo excelente também para realizar uma análise argumentativa!):

> Um bom exemplo desse tipo de manifestação condenável segundo nosso critério por não ser nem mesmo falsa, mas sem sentido, seria uma asserção de que o mundo da experiência sensível é totalmente irreal. Precisa-se admitir, é claro, que nossos sentidos nos enganam algumas vezes. Podemos, como resultado de certas sensações, esperar obter outras e determinadas sensações que, na realidade, não poderiam ser obtidas. No entanto, em todos esses casos, são experiências sensoriais posteriores que nos informam sobre os erros cometidos a respeito de experiências sensoriais anteriores. Dizemos que os sentidos nos enganam de vez em quando exatamente porque as expectativas geradas por nossas experiências sensoriais nem sempre combinam com as experiências subseqüentes. Ou seja, apelamos a nossos sentidos para corroborar ou refutar os juízos feitos com base nas sensações. E, portanto, o fato de descobrir-se que nossos julgamentos perceptivos estão, algumas vezes, errados, não poderia sugerir, de forma alguma, que o mundo das experiências sensoriais é irreal. E, de fato, não há dúvida de que nenhuma observação concebível, ou série de observa-

ções concebível, poderia sugerir que o mundo revelado pelas experiências sensoriais seria irreal. Conseqüentemente, quem condena o mundo sensível acusando-o de ser um mundo da mera aparência, oposto à realidade, dirá algo que, segundo nosso critério de significância, é literalmente desprovido de sentido.

Este argumento elegante não apenas se serve da verificabilidade como critério para a presença de sentido, mas também rechaça a postura dos positivistas, pois expõe muito claramente que apenas as "observações ou séries de observações" são elementos que *podem* verificar ou falsificar uma proposição. Os positivistas lógicos não eram apenas verificacionistas, mas também adotavam uma postura empirista bastante restritiva a respeito do que *contava* a favor ou contra uma proposição. Dummett sublinha corretamente esse aspecto no seu livro *Frege: Philosophy of Language* (Frege: Filosofia da Linguagem):

> Apesar de terem considerado o sentido como algo determinado pelas condições de verificação de uma frase, [os positivistas] insistiram em ver nessas condições algo que consiste exclusivamente no impacto nu e cru do mundo exterior sobre nós, conforme esse impacto se transmite pelos sentidos, abstraindo de qualquer atividade que nos permita reconhecer as frases como tendo sido verificadas. O resultado é uma noção da verificação que apresenta pouca semelhança com qualquer procedimento de fato empregado quando determinamos o valor de verdade de uma frase. [...] A noção de significado numa teoria verificacionista [deveria explicar a nossa compreensão das referências e, portanto, os usos das palavras], mas, quando o verificacionismo se apresenta da forma bizarra pela qual os positivistas o apresentam, então não será capaz de realizar o que ficou dito aqui, perdendo assim o seu interesse.

Ou seja, o verificacionismo desviou-se devido à sua associação com a epistemologia equivocada dos positivistas lógicos. Na verdade, nossas poucas convicções são comprovadas ou refutadas meramente pelas observações. Em sua maioria, integram um quadro mais amplo ou uma teoria mais ampla, ambos testados por observações feitas "nos seus limites" (para usar a imagem de Quine) e que precisam "manter-se coesos" de várias formas (algo que não é uma mera questão de consistência dedutiva). Sendo assim, em termos genéricos, a verificação ou a falsificação é uma mistura complexa de observações e provas, de um lado, e inferências e argumentos, de outro. Pense, por exemplo, como alguém poderia fundamentar que "Herbert e Anthony são irmãos". (Cf. Dummett, *Frege: Philosophy of Language*.)

É uma pena perder o belo argumento levantado por Ayer contra a possibilidade de nossos sentidos nos enganarem sempre, mas um verificacionismo reconstruído de forma apropriada conseguirá resgatá-lo (ver P. M. S. Hacker, *Insight and Illusion* [Insight e Ilusão].)

Resumindo o que foi dito nesta seção: caso pretendamos compreender as idéias filosóficas existentes por trás do uso da Pergunta de Asseribilidade, em especial o princípio *, precisamos separar do realismo de Frege a teoria das condições-verdade e separar da epistemologia positivista o verificacionismo. Essa é a direção para a qual o princípio * deseja apontar. Evidentemente, continua a existir a dúvida sobre que tipos de resposta são apropriados para a Pergunta de Asseribilidade, mas é assim que a coisa deve ser, segundo os objetivos almejados por nós. Em geral, as respostas certas são determinadas pelo modo como aprendemos e usamos a linguagem, e isso é o que sabe qualquer pessoa capaz de usar e compreender a linguagem.

O desafio do ceticismo

Há uma crença filosófica amplamente disseminada, e inspirada especialmente por Descartes, de que a *certeza* é a impossibilidade da dúvida. Segundo essa opinião, se alguém consegue imaginar *quaisquer* circunstâncias nas quais as razões poderiam ser consideradas verdadeiras e a conclusão, falsa, então a conclusão *não pode ser deduzida* das razões, não é estabelecida conclusivamente por estas, ou, em termos genéricos, não é *indubitável*. Essa postura dá margem a um ceticismo extremado a respeito do que podemos conhecer e, conforme ficou dito no Capítulo 2:

> Uma postura cética desse quilate não equivale aos padrões *normais* – e adequados – de argumento.

Suponha que perguntemos ao cético cartesiano: "O que provaria que Hitler morreu em Berlim em 1945?" (ver p. 292). Suponha que tenha havido um corpo que, segundo várias das pessoas que viram o corpo e que conheciam Hitler, era dele (e entre essas pessoas havia testemunhas isentas, sem motivos para mentir), e suponha que os registros médicos confirmassem isso. O cético não se deixará convencer porque "sempre há a possibilidade de que ele tenha conseguido realizar uma fuga milagrosa, substituindo seu corpo pelo de um duplo, forjando os registros médicos, enganando as testemunhas etc.". Sim, essa é uma possibilidade, mas isso nos impede de afirmar que sabemos que Hitler morreu em Berlim em 1945? O que demonstraria ser essa "possibilidade" verdadeira ou falsa? Suponha termos descoberto, por meio de documentos, testemunhos e outras provas, que o "verdadeiro" Hitler morreu no Brasil. O cético cartesiano afirmará novamente: "Mas por que deveríamos acreditar nisso tudo? Talvez estejamos sendo enganados novamente. (Lembrem-se dos 'diários de Hitler'!)". Sendo assim, poderíamos acrescentar a expressão *ad infinitum* porque, no caminho trilhado pelo cético, não há *nenhuma* certeza, não há nenhum conhecimento.

Normalmente, porém, não falamos nem argumentamos dessa forma. *Há* um problema ao nos decidirmos sobre que provas nos permitem asserir e acreditar que alguém morreu em uma determinada data, em um determinado local, mas essa é uma questão *resolvida* várias vezes por dia sem que nenhuma dúvida seja levantada (e é conveniente que as coisas se dêem dessa forma). O cético, evidentemente, acredita que todo tipo de dúvida pode aparecer em todos os casos; isso, porém, seria um despropósito. As dúvidas podem surgir apenas em *alguns* casos e sobre um pano de fundo no qual a certeza é o padrão. Apenas em uma situação na qual conseguimos dizer o que estabeleceria P podemos dar sentido à idéia de duvidar de P. Vejamos este exemplo: saímos para caminhar e descobrimos que todo mundo está molhado – concluímos então que "choveu". O cético diz: "Não necessariamente. Talvez os militares tenham feito uma fumigação generalizada ou uma produtora de filmes tenha simulado uma chuva". Para um cético, todas as afirmações são culpadas até prova em contrário. Mas nós *não aprendemos* a linguagem como os céticos, *não a utilizamos* daquela forma *nem poderíamos utilizá-la* daquela forma. Duvidar é essencialmente uma atividade parasitária, uma atividade parasitária em relação ao *saber*, em relação à certeza. Se o cético pretende levantar uma dúvida sobre se sabemos realmente que P é verdade, ele precisa entender o que P significa. No entanto, segundo nosso relato (ver a seção anterior), isso implicaria a capacidade do cético de dizer o que poderia mostrar que P é verdadeira (ou falsa), o que nos permitiria asserir (ou negar) P, o que nos permitiria dizer que sabemos P. De outra forma, o cético não estaria utilizando a linguagem conforme fazemos e devemos fazer. (Ver Hacker.)

Apesar de não seguirmos o cético cartesiano para um mundo onde não há certeza nem conhecimento, acerta quem encarar qualquer afirmação de conhecimento criticamente (ou ceticamente). Mas uma afirmação dessas deve ser encarada como inocente até prova em contrário, e o que *poderia* refutá-la deve *contar* como uma possibilidade apenas se *pudéssemos saber que é verdadeiro*. Como aconteceu com a nossa crítica da teoria das condições-verdade, estamos uma vez mais sublinhando a importância do que podemos *saber*.

Concluindo, em circunstâncias normais (fora de uma aula de filosofia), não usamos os padrões cartesianos céticos para extrair e avaliar argumentos. E nem deveríamos agir assim. Se alguém desejar levantar uma dúvida genuína contra a solidez de um argumento, precisa fazê-lo em termos de algo que conseguíssemos determinar ser verdadeiro e apoiando-se no pano de fundo de um padrão que conseguiria também estabelecer genuinamente a verdade da conclusão.

Da dedução e da indução

A distinção filosófica tradicional entre os argumentos dedutivos e indutivos quase não interessa ao nosso método. Alguns leitores podem acreditar que nosso teste (reformulado) para descobrir se uma conclusão se *segue* ou não de suas premissas seria "aberto" demais ou vago demais e que seria melhor avaliar os argumentos por meio de um padrão "bem definido" de validade dedutiva ou de um padrão bem elaborado de validade indutiva. Isso, porém, seria um erro.

Apesar de a validade dedutiva mostrar-se algumas vezes importante, é relativamente rara nos argumentos do dia-a-dia, feitos em linguagem natural. Tentar converter tal argumento não-dedutivo num argumento dedutivamente válido, especificando, por exemplo, "os padrões adequados" ou alguma outra premissa implícita na qualidade de premissa adicional, não conseguirá produzir um argumento dedutivamente válido. O leitor que duvidar dessa afirmação deveria tentar, dessa forma, converter alguns dos exemplos fornecidos neste livro em argumentos dedutivamente válidos. Em geral, o esforço não dará bons frutos porque os "quadros"/"modelos"/"teorias" com os quais trabalhamos deixam muitas coisas de fora e, de toda forma, são incompletamente especificáveis. No entanto, qualquer argumento, independentemente de sua fragilidade, pode ser convertido em um argumento dedutivamente válido por meio do simples acréscimo da premissa hipotética "se as razões são verdadeiras, a conclusão também o é". Mas isso em nada ajuda quando cuidamos de avaliar um argumento porque ainda se fará necessário decidir se a premissa adicional é ou não verdadeira.

A validade indutiva tampouco serve como resposta. Não há um padrão *geral* de validade indutiva. O padrão adequado muda de caso para caso, e não se pode escapar da necessidade de reconhecer tais diferenças. Além disso, costuma-se dizer a respeito desse assunto que apenas um argumento dedutivamente válido consegue estabelecer a sua conclusão com *certeza* – consegue ser *conclusivo* – e que os argumentos indutivos fornecem apenas probabilidades. A partir de nossa discussão anterior, nota-se claramente que rejeitamos essa postura e, segundo acreditamos, podem-se afirmar com certeza muitas coisas, conhecer algumas coisas, para as quais não temos um esquema conclusivo do ponto de vista dedutivo: temos certeza de que o sangue circula pelo nosso corpo, que os pólos magnéticos iguais se repelem, que os corpos de massa diferente caem com a mesma aceleração e que cada um de nós morrerá algum dia.

Conclusão

Dedicamos várias das seções deste livro a esclarecer e explicar os pressupostos filosóficos existentes por trás de nosso posicionamento. As defesas filosóficas que começamos a desvelar poderiam ser desenvolvidas em várias direções diferentes. Poderíamos empregar a noção de "asserribilidade garantida", elaborada por Dewey. Ou poderíamos usar a noção de "critérios" conforme Wittgenstein. Essas são duas possibilidades óbvias. Mas não precisamos nos aprofundar mais neste momento. Ficou claro que a justificação fundamental para nosso método – em particular para o uso da Pergunta de Asseribilidade – não é uma justificação filosófica, e sim a seguinte: o método justifica-se porque *funciona*. Ou ajuda os que o utilizam para extrair e avaliar argumentos, ou não ajuda, e isso é algo a ser decidido na prática. Realizar testes não é uma questão simples porque se faz necessário decidir o que deveria ou não contar como um teste válido. Apesar de nosso método ter sido testado com várias centenas de estudantes – tendo obtido respostas positivas deles –, nenhum teste sistemático realizou-se até agora. A elaboração de tais testes adequados ficará, por enquanto, ao encargo do leitor, como um exercício.

Apêndice

Lógica formal elementar

> "Para um argumento totalmente lógico", começou Arthur de forma admiravelmente solene, "precisamos de duas pré-misses..."*
> "Claro", interrompeu ela, "agora eu me lembro dessa palavra. E elas produzem o que mesmo...?"
> "Uma Desilusão", disse Arthur.
> "É...?", afirmou ela, com ares de dúvida. "Não estou conseguindo me lembrar muito bem disso. Mas como se chama o argumento todo?"
> "Um Imbecilogismo."**
>
> LEWIS CARROLL, *SYLVIE E BRUNO*

Provavelmente, qualquer pessoa que tenha lido este livro até aqui se interessará por saber até que medida a lógica formal pode ajudar a extrair e avaliar argumentos. Não há dúvida de que a lógica formal tradicional conta com vários *insights* e idéias úteis para alguém empenhado em compreender e avaliar argumentos. Por outro lado, há uma dificuldade clara em *aplicá-la* a verdadeiros argumentos – argumentos como os que encontramos nos jornais, revistas e publicações especializadas.

A lógica clássica elementar articula uma teoria bastante clara e fácil de compreender. Este Apêndice dirige-se ao leitor

---

* No original, "prim Misses". Literalmente: "Senhoritas empertigadas". O autor faz um trocadilho com "premisses" (premissas) (N. do T.).

** *Sillygism*, no original. O neologismo de Carroll mistura a palavra *syllogism* (silogismo) com "silly" (bobo, tolo) (N. do T.).

que pouco ou nada conhece de lógica formal, mas que gostaria de entrar em contato com uma pequena introdução a respeito do assunto a fim de avaliar até que ponto a lógica poderá ajudá-lo a realizar análises de argumentos. Há um grande número de manuais de lógica que desenvolvem com cuidado e de forma clara o material que apresentaremos a seguir *muito* brevemente.

O que é um argumento?

Argumentar ou defender uma idéia consiste em fornecer *razões* a favor de uma *conclusão*: as razões apresentam-se para *estabelecer*, *sustentar*, *justificar*, *provar* ou *demonstrar* a conclusão. A lógica tradicional começa por restringir sua atenção aos argumentos nos quais as razões e as conclusões são ou *verdadeiras* ou *falsas* (não trata, por exemplo, de argumentos morais), de forma que faremos o mesmo neste Apêndice.

Todo argumento contém as suas razões e as suas conclusões: as razões relativas a uma conclusão costumam ser chamadas de *premissas* do argumento. Os especialistas em lógica interessam-se pela questão de saber se essas são *boas* razões a favor da conclusão; se sim, diz-se que as premissas *derivam* ou *implicam* a conclusão, e diz-se que a conclusão se *segue das* premissas ou que é *implicada por elas ou derivada* delas. Explicaremos nas próximas páginas como a lógica clássica compreende esses termos.

Proposições

Uma determinada frase, como "o oxigênio arde", pode ser usada para expressar uma conclusão em um dado momento e uma premissa em outro, ou pode ser usada como parte de uma frase maior, como, por exemplo, "se o oxigênio arde, então a teoria do flogístico está errada". Precisamos de um instrumento para nos referir ao elemento comum a esses momentos de utilização da frase e, obviamente, não nos interessamos pela frase em si, mas pelo seu significado – pelo que ela expressa. Os especialistas em lógica costumam falar em uma *proposição* quando se referem ao pensamento expresso por uma frase *em um dado momento do seu uso*, e nós faremos o mesmo aqui.

Observe-se que uma *mesma* frase, como "eu tenho dor de cabeça", por exemplo, pode ser usada tanto pela mesma pessoa em diferentes momentos ou por várias pessoas diferentes para expressar proposições *diferentes*. Observe-se também que frases *diferentes* podem expressar as *mesmas* proposições. Exemplo: "Mary ama John" e "John é amado por Mary" são frases que podem ser usadas para expressar a mesma proposição.

Utilizaremos a noção de proposição sem, por enquanto, nos aprofundarmos mais a respeito em nossa explicação. Interessamo-nos pelo que uma frase *significa* em um dado momento de sua utilização, e é isso o que chamaremos de proposição.

Asserção

Alguém pode usar a proposição "o oxigênio arde" para dizer algo que considera verdadeiro, ou pode usá-la numa proposição composta, como "Se o oxigênio arde, a teoria do flogístico está errada". Apesar de a mesma proposição manifestar-se nos dois casos, no primeiro é *se apresentada como verdadeira*, mas no segundo, *não*. Na frase hipotética, o falante está afirmando "*Se* o oxigênio arde, *então* [...]", mas não está afirmando que o oxigênio arde efetivamente. Se uma proposição é apresentada como verdadeira, então os especialistas em lógica dizem que foi *asserida*. Caso contrário, trata-se de uma proposição não-asserida. Suponha que alguém afirma, como premissa de um argumento: "Ou o oxigênio arde ou o nitrogênio"; ao fazer isso, assere toda a proposição, mas não assere que o "oxigênio arde" nem que o "nitrogênio arde".

Se alguém inicia um argumento dizendo "Suponha que o oxigênio não arde", não está asserindo que o oxigênio não arde – essa pessoa não *apresentou isso como verdadeiro*. Na realidade, essa pessoa pode estar bastante ciente de que o oxigênio arde, mas recorre, nesse caso, a um argumento do tipo *reductio ad absurdum* a fim de comprovar que o oxigênio arde. As suposições, portanto, não são asserções.

Se alguém faz a pergunta "O oxigênio arde?", deseja saber se é verdadeira a proposição "o oxigênio arde" – mas não asseriu coisa alguma. Assim, as perguntas também se diferenciam das asserções.

As premissas e a conclusão de um argumento são *asserções* quando são apresentadas como verdadeiras.

A "validade" de um argumento

Um argumento contém proposições, algumas na forma de premissas e uma na forma de conclusão. E os especialistas em lógica interessam-se por saber se a conclusão se *segue* das premissas. Para dizer isso de uma outra maneira, os especialistas em lógica se perguntam se alguém que aceite as premissas de um argumento terá de aceitar a sua conclusão. Para dizer isso de uma terceira forma, trata-se de saber se as premissas poderiam ser verdadeiras e a conclusão, falsa. Se, em um dado argumento, a conclusão se segue das premissas, diz-se que o argumento é (dedutivamente) *válido*. Se isso não acontecer, o argumento é considerado *inválido*. A lógica costuma ser definida como o estudo ou a ciência do raciocínio válido.

O teste clássico para a validade pode resumir-se facilmente. No entanto, esse teste possui uma característica bastante peculiar para a qual devemos agora chamar atenção: a fim de decidir se um dado argumento é ou não válido, não se considera apenas o argumento em si, incluindo o seu tema específico, mas, pelo contrário, deve-se abstrair aquele conteúdo e avaliar a estrutura do argumento ou a sua "forma lógica". A forma lógica de um argumento é algo comum a vários argumentos – argumentos que tratam de temas bastante diversos. Discorreremos mais detalhadamente sobre a forma lógica nas próximas páginas, mas antes fornecemos abaixo o teste clássico de validade.

Considera-se válido um argumento se tem uma forma lógica válida. E uma forma lógica é válida se não há nenhum argumento daquela forma que tenha premissas verdadeiras e uma conclusão falsa.

A forma lógica de um argumento

A noção de validade depende totalmente da noção de forma lógica, o que nos obriga a explicar esta última. A idéia subjacente à noção de forma lógica diz que alguém pode diferenciar entre a "estrutura" de um argumento e seu tema – ou entre *forma* e *conteúdo*. O conteúdo de um argumento é aquilo de que trata esse argumento (animais, átomos ou o que quer que seja) e sua forma se expressa por meio das palavras que ocorrem no raciocínio, independentemente do seu tema. Caso as chamemos de termos "lógicos", incluem-se entre eles os seguintes: "todos", "tudo", "a maioria", "alguns", "poucos", "nenhum", "se ... então", "implica", "deriva", "segue-se de", "porque", "sendo assim", "logo", "e", "mas", "ou", "não", "é um" e muitos outros. Pode-se imaginar, com facilidade, uma coleção de argumentos sobre os mais diferentes assuntos – sobre animais ou átomos, ou ratos, ou seres humanos, ou música, ou casamentos etc. –, mas todos exibindo a mesma forma quando as palavras peculiares a cada tema se fazem substituir por letras neutras e esquemáticas, A, B, C etc., restando apenas os termos lógicos. Poderiam ter, por exemplo, a seguinte forma:

> Nenhum A é um C porque todo A é um B
> e nenhum B é um C.

Ou podem exibir esta forma:

Se A então B, mas não B, logo não A.

A forma lógica de um argumento, portanto, nasce quando se abstrai seu conteúdo particular. Afirmar isso, no entanto, significa deixar muita coisa para ser explicado, como por exemplo a distinção entre forma e conteúdo, que continua a ser vaga. Obviamente, para conseguirmos utilizar o teste clássico de validade devemos ter em mente uma forma lógica e ser capazes de apresentar a forma lógica dos argumentos. A postura clássica a respeito disso manda identificar os termos lógicos e certas categorias lógicas, para depois lançar mão de um simbolismo formal capaz de substituí-los. Dessa maneira, as formas lógicas poderão expressar-se por meio dessa notação formal e clara. Tendo a argumentação sido expressa dessa maneira, obtém-se um método para avaliá-la. Seguiremos esse caminho, convencionalmente, começando por analisar como alguns termos lógicos conseguem conectar proposições inteiras.

Proposições e alguns termos lógicos que se aplicam a elas

Evidentemente, a partir de determinadas proposições, digamos que P e Q, torna-se possível construir proposições mais sofisticadas por meio dos termos lógicos. Alguns exemplos: "P e Q", "P ou Q", "se P então Q", "P mas não Q" e "não é verdade que P". Analisaremos agora a forma lógica de tais proposições compostas. Forneceremos símbolos para transcrevê-las e um método para avaliar os argumentos nos quais aquelas aparecem. Essa é área da teoria de lógica clássica conhecida como "lógica proposicional".

(i) *"não" e negação*. Suponha estarmos diante da proposição P: "A Lua é feita de queijo verde". Podemos *negar* P de várias maneiras: podemos dizer que a "Lua *não* é feita de queijo verde" ou que "é falso que a Lua seja feita de queijo verde" ou "não é verdade que a Lua seja feita de queijo verde" etc. Há muitas maneiras de negar uma proposição em português e é preciso estar atento a todas essas possibilidades quando se extrai a forma lógica de um argumento. Mas nós usaremos um único símbolo para a negação, "¬", e ¬P simbolizará a proposição que é falsa se P for verdadeira e verdadeira se P for falsa. Chamaremos isso de *negação* de P.

(ii) *"e" e conjunção*. Suponha haver duas proposições separadas, P e Q. Suponha que P diz: "Sir Walter Scott escreveu *Waverley*", e Q diz: "Sócrates ensinou Platão". Obviamente, podemos elaborar uma única proposição unindo as duas anteriores com um "e", obtendo então: "Sir Walter Scott escreveu *Waverley* e Sócrates ensinou Platão". Essa proposição recebe o nome de *conjunção* de P e Q e pode ser simbolizada assim: P & Q (no qual "&" substitui "e"). A conjunção de duas proposições será verdadeira se cada uma dessas proposições (chamadas de membros de uma conjunção) for verdadeira e *apenas se* as duas forem ambas verdadeiras. Quando extrairmos a forma de um argumento, precisamos estar mais uma vez atentos a maneiras alternativas de expressar, em português, as conjunções.

(iii) *"ou" e disjunção*. Novamente, suponha haver duas proposições separadas, P e Q. Para não nos repetirmos, suponha que P seja "O tanque está vazio" e Q, "A bateria arriou". Obviamente, podemos unir essas duas proposições por "ou" ou por "ou... ou..." a fim de obter: "Ou o tanque está vazio ou a bateria arriou".

Algumas vezes, no português do dia-a-dia, "P ou Q" significa "P ou Q, *mas não os dois*" (como quando os pais dizem a uma criança: "Você pode comer cachorro-quente ou hambúrguer); diz-se então que o "ou" adquiriu um sentido *exclusivo*. Em outros momentos, "P ou Q" significa "P ou Q e *eventualmente ambos*"; esse é o chamado sentido *não-exclusivo* ou *inclusivo* do "ou". Em latim, há palavras diferentes para os dois casos: "aut" e "vel", respectivamente. Na lógica clássica, o símbolo "v", chamado de "vel", representa o caso não-exclusivo de "P ou Q". Essa é a chamada *disjunção* (não-exclusiva) de P e Q, e escreve-se P ∨ Q. A disjunção (não-exclusiva) de duas proposições é verdadeira se ao menos uma dessas proposições (chamadas *disjuntas*) for verdadeira. Caso contrário, será falsa. O sentido exclusivo de "ou" pode ser expressado usando-se o "∨" como se segue: "P ou Q e não ambos" é simbolizado como (P ∨ Q) & ¬(P & Q).

(iv) *"se... então..." e a condicional material.* Novamente, suponha ter duas proposições separadas, P e Q. Como exemplo, P seria "Todas as lagostas vermelhas fervidas estão mortas" e Q seria "Todas as lagostas vermelhas mortas estão fervidas". Está claro que podemos formar uma única proposição unindo-as com "se... então...", e obtendo: "Se todas as lagostas vermelhas fervidas estão mortas, então todas as lagostas vermelhas mortas estão cozidas". Uma proposição da forma "se P, então Q" chama-se *hipotética*, *condicional*, *implicação* ou *"entailment"*. (A proposição P, que antecede o "então", é chamada de antecedente e a proposição Q, que se segue ao "então", é chamada de conseqüente da condicional.) Quando comparados com os casos formados com "não", "e" e "ou", os casos com "se... então..." apresentam maior dificuldade quando se trata de estabelecer sob quais condições uma proposição do tipo "se P então Q" será verdadeira ou falsa. A lógica clássica evita questões complexas em torno do "verdadeiro" significado do "se... então... ", e para isso define um conceito intimamente relacionado com essa expressão, o conceito da *condicional material*, simbolizada por "⊃" e que se lê como "se... então...". A condicional material P ⊃ Q define-se como falsa se P é verdadeira e Q é falsa; em todos os outros casos, define-se como verdadeira.

Descobrir se a condicional material corresponde ao uso de "se... então..." em linguagem comum vem dando margem a um debate infindável entre os filósofos. Para ser sucinto, parece bastante razoável dizer que "se P, então Q" será falsa se P for verdadeira e Q, falsa, mas seria muito menos razoável considerá-la verdadeira nos demais casos. Se P e Q são ambas verdadeiras, mas não são *relevantes* uma para a outra (como no nosso exemplo de conjunção citado acima), não seria enganoso considerar verdadeira "se P, então Q"? E não seria enganoso chamar de verdadeira "se P, então Q" simplesmente porque P é falsa ou Q é verdadeira? Considerar "se P, então Q" em termos de condicional material faz surgir resultados paradoxais nos quais uma proposição falsa implica *qualquer* proposição e nos quais uma proposição verdadeira é implicada por *qualquer* proposição. A tradição clássica reconhece essas críticas, mas insiste na sua irrelevância. Insiste no fato de que interpretar o uso comum de "se..., então..." em termos da condicional material não provoca erro ao avaliar os argumentos em busca de determinar a sua validade, e essa é essencialmente a sua justificação – ou seja, *funciona*. Originariamente, a condicional material surgiu com Frege e Russell como forma de simbolizar argumentos matemáticos, e, sem dúvida, funciona admiravelmente bem em tais contextos. Pressuporemos, em vista de nossos objetivos imediatos, que funciona em outros contextos e que a ocorrência de "se..., então..." em argumentos deve ser simbolizada por "... $\supset$ ..." quando exibimos a sua forma lógica.

(v) *"se e somente se" e equivalência material.* Suponhamos que P e Q sejam as proposições usadas no exemplo de condicional material. Poderíamos uni-las usando "...se e somente se..." a fim de obter uma única proposição: "Todas as lagostas vermelhas fervidas estão mortas se, e somente se, todas as lagostas vermelhas mortas estiverem fervidas". Uma proposição na forma "P se, e somente se, Q" é chamada de *bicondicional* ou *equivalência*. Os problemas surgidos em relação a "se... então... " regressam quando se trata de "... se e somente se..."; mas a lógica clássica, novamente, *define* um conceito relacionado com essa expressão, o de *equivalência material*, simbolizada por "$\equiv$". A equivalência material P $\equiv$ Q é definida como verdadeira se P e Q são *ambas* verdadeiras ou *ambas* falsas; caso contrário, a equivalência material será falsa.

Traduzindo argumentos para o simbolismo lógico

Nos parágrafos anteriores (i) a (v), analisamos vários termos lógicos e citamos os símbolos relativos a cada um deles. Conforme ficou dito, há várias maneiras equivalentes de dizer "não" em português. O mesmo vale para o "e" (por exemplo: "também", "igualmente", "além disso"); o mesmo vale para o "ou" (por exemplo: "tanto... quanto...", "alternativamente"); o mesmo para "se... então..." (por exemplo: "caso... então...", "pressupondo que...", "tendo ocorrido...", "implica", "deriva"). Em geral, se alguém deseja traduzir um trecho argumentativo do português para o simbolismo lógico, a fim de exibir a sua forma lógica, deve avaliar cuidadosamente qual a interpretação adequada daquele trecho. Isso se deve, em parte, à diversidade de usos das palavras em português e, em parte, às definições de "¬", "&", "∨", "⊃" e "≡" apresentadas nas seções (i) a (v). Geralmente, deve-se decidir se o significado desses símbolos "encaixa-se" suficientemente bem com os significados das palavras em português – decidir se a língua portuguesa poderá ser parafraseada adequadamente por meio dos símbolos. Na tradição clássica, por exemplo, as expressões "P mas Q", "P além disso Q" e "P apesar de Q" são todas simbolizadas por "P & Q", apesar de essa notação deixar, evidentemente, alguma coisa de fora. Já mencionamos alguns dos problemas surgidos com "se P, então Q" e "P ⊃ Q". Há outros problemas semelhantes além desses (para uma discussão aprofundada, ver P. F. Strawson, *Introduction to Logical Theory* [Introdução à Teoria Lógica]), mas partiremos do pressuposto, neste momento – no qual lidamos com a lógica clássica –, de que esses problemas podem ser superados e de que conseguimos traduzir alguns dos argumentos em linguagem natural por meio desses símbolos e que isso revela, ao menos parcialmente, a forma lógica daquelas.

Falta mencionar um assunto ainda. Está claro que a frase:

Peter correu e Ralph pulou ou Sarah caiu

é ambígua. O uso da notação óbvia, P & R ∨ S, não expressa uma forma lógica livre de ambigüidade: significa (P & R) ∨ S ou P & (R ∨ S)? A ambigüidade pode ser facilmente eliminada se forem utilizados parênteses, de forma que precisaremos não apenas das letras P, Q, R etc. e dos símbolos ¬, &, ∨, ⊃ e ≡, mas também dos parênteses para exibir as formas lógicas da lógica proposicional. (Analisamos um exemplo disso antes, quando se discorreu a respeito do sentido exclusivo do "ou".)

Testando as formas da lógica proposicional

Nesta seção, será conveniente falar sobre o *valor de verdade* de uma proposição: esse é Verdadeiro se a proposição for verdadeira e Falso se a proposição for falsa (independentemente de a proposição ter sido ou não asserida). Não há outros valores de verdade e, na lógica clássica, todas as proposições são tomadas como sendo verdadeiras ou falsas.

Os termos lógicos "não", "e", "ou", "se... então...", "... se e somente se..." e os símbolos associados, "¬", "&", "∨", "⊃" e "≡", são chamados *operadores* ou *conectores lógicos* ou *proposicionais*. O ponto crucial a respeito dos conectores lógicos apresentados nas seções (i) a (v), "¬", "&", "∨", "⊃" e "≡", é que são todos operadores *verofuncionais*. Isso significa que, aplicados a proposições iniciais, digamos P e Q, o valor de verdade da proposição resultante, ¬P, P & Q, P ∨ Q, P ⊃ Q ou P ≡ Q, *é determinado exclusivamente pelos valores de verdade das proposições constituintes P e Q*.

Podemos demonstrar o que isso significa colocando as *condições-verdade* descritas nas seções (i) a (v) em *tabelas de verdade* (escrevendo V e F para os valores de verdade Verdadeiro e Falso). Essas tabelas mostram como o valor de verdade de cada proposição é determinado pelos valores de verdade das proposições constituintes P e Q (para todas as possíveis combinações de valores de verdade de P e Q).

(¬; negação)

¬	P
F	V
V	F

Isto representa o fato de que se P é verdadeira, ¬P é falsa; se P é falsa, ¬P é verdadeira.

(&; conjunção)

P	&	Q
V	V	V
F	F	F
F	F	F
F	F	F

Isto representa o fato de que se P e Q são ambas verdadeiras, P & Q é verdadeira.

(∨; disjunção)

P	∨	Q
V	V	V
V	V	F
F	V	V
F	F	F

Isto representa o fato de que se pelo menos uma das proposições P, Q é verdadeira, P ∨ Q é verdadeira; se P, Q são ambas falsas, P ∨ Q é falsa.

(⊃; implicação)

P	⊃	Q
V	V	V
V	F	F
F	V	T
F	V	F

Isto representa o fato de que se P é verdadeira e Q falsa, P ⊃ Q é falsa; caso contrário, P ⊃ Q é verdadeira.

(≡; equivalência)

P	≡	Q
V	V	V
V	F	F
F	F	V
F	V	F

Isto representa o fato de que se P e Q têm o mesmo valor de verdade, P ≡ Q é verdadeira, caso contrário P ≡ é falsa.

Conforme ficou dito acima, as dificuldades em traduzir um trecho de raciocínio escrito em português para o simbolismo clássico deve-se, em parte, ao caráter verofuncional de "¬", "&", "∨", "⊃" e "≡". Apesar de esse caráter verofuncional gerar dificuldades quando simboliza argumentos, a sua grande virtude refere-se ao fato de oferecer um procedimento bastante elegante e simples para testar a validade de formas proposicionais. Explicaremos a partir de agora esse procedimento por meio de um exemplo nada complicado. Suponha estar diante da forma proposicional (P & (¬P ∨ Q)) ⊃ Q. A partir dela, pode-se montar, bastante mecanicamente, uma tabela de verdade para essa forma com base nas tabelas de verdade fornecidas acima. Apresentamos abaixo o resultado desse procedimento:

	P	Q	¬ P	¬ P ∨ Q	P &(¬ P ∨ Q)	(P & (¬ P ∨ Q)) ⊃ Q
(i)	V	V	F	V	V	V
(ii)	V	F	F	F	F	V
(iii)	F	V	V	V	F	V
(iv)	F	F	V	V	F	V
	(1)	(2)	(3)	(4)	(5)	(6)

Temos de levar em conta todas as possíveis combinações dos valores de verdade P e Q de forma que, nesse exemplo, precisamos das quatro linhas (i) a (iv) e das combinações apresentadas nas colunas (1) e (2). A coluna (3) é computada a partir da coluna (1) pela tabela de verdade para ¬; a coluna (4) deriva da (2) e da (3) por meio da tabela para ∨; a coluna (5) deriva de (1) e (4) por &; e (6) deriva de (5) e (2) por meio de ⊃. A ordem na qual esses passos se realizam é determinada pelo número de ocorrências das letras proposicionais no *âmbito* de cada conectivo lógico. O *âmbito* de um conectivo consiste nas partes da forma para as quais ele se aplica e vem indicado, normalmente, por meio dos parênteses. Assim, em nosso exemplo, o âmbito de ¬ é P; o âmbito de ∨ é ¬ P e Q; o âmbito de & é P e (¬ P ∨ Q); e o âmbito de ⊃ é (P & (¬ P ∨ Q)) e o último Q. A ordem na qual os passos se realizam ao montar a tabela de verdade é a seguinte: parta do(s) conectivo(s) de menor âmbito e progrida, sucessivamente, até o conectivo cujo âmbito é a fórmula toda – conhecido como conectivo principal.

A tabela de verdade completa, em nosso exemplo, pode ser desenhada desta forma (os passos foram numerados como anteriormente):

	(P	&	(¬	P	∨	Q))	⊃	Q
(i)	V	V	F	V	V	V	V	V
(ii)	V	F	F	V	F	F	V	F
(iii)	F	F	V	F	V	V	V	V
(iv)	F	F	V	F	V	F	V	F
	(1)	(5)	(3)	(1)	(4)	(2)	(6)	(2)

Observe que, sob o conectivo principal, ⊃, todas as linhas têm o valor V (verdade). Isso significa que não há nenhuma possibilidade de atribuir proposições/valores de verdade a P e Q capazes de tornar falsa a forma. Isso mostra, é claro, que não há nenhum argumento com as premissas P e (¬P ∨ Q) e conclusão Q *que tenha premissas falsas e conclusão verdadeira*. Assim, trata-se de uma forma lógica *válida*. Uma forma lógico-proposicional que tenha apenas Vs debaixo de seu conectivo principal é chamada de *tautologia*; uma que possua apenas Fs sob seu conectivo principal é conhecida como *contradição*; e uma que possua tanto Vs quanto Fs sob seu conectivo principal é conhecida como *contingente*. Apenas as tautologias são formas proposicionais válidas.

Um exemplo

Apresentamos a seguir um exemplo simples de como utilizar esse método clássico para avaliar um argumento. Imagine o seguinte argumento:

(a) Se o cavalo Black Ice vence, então nem Jim's Tavern nem Dual Forecast ficarão entre os três primeiros. Se Jim's Tavern ficar entre os três primeiros, então Black Ice não vencerá. Se Saucy Kit ficar entre os três primeiros, então Dual Forecast não ficará entre os três primeiros. Assim, se Back Ice vencer, Saucy Kit não ficará entre os três primeiros.

O criador desse argumento claramente apresenta as quatro frases como verdadeiras (assere-as). Não há dúvida de que pretende fazer das três primeiras delas suas premissas e que as três juntas implicam sua conclusão. Usando a notação explicada até agora, a forma lógica da hipotética à qual o autor se refere pode ser transcrita assim:

$$F(a)\ [(B \supset (J \vee D))\ \&\ ((J \supset \neg B)\ \&\ (S \supset \neg D))] \supset (B \supset \neg S).$$

Testamos a validade do argumento (a) (com suas premissas e conclusão asseridas) elaborando a tabela de verdade para a forma F(a) da hipotética associada. Já que há quatro letras para cada uma das proposições, esta tabela de verdade contará com 16 linhas (= 2^4)!

Poderíamos adotar um método mais rápido tomando as premissas como verdadeiras e a conclusão como falsa. A partir daí, usaríamos a tabela de verdade para verificar a possibilidade disso. Os passos numerados mostram como o processo nos obriga a entrar em contradição:

B	⊃	(J ∨ D)	J	⊃	¬	B	S	⊃	¬	D	B	⊃	¬	S
V	V	[F V F]	F	V	F	V	V	V	V	F	V	F	F	V
4	1	11 6 12	8	1	7	4	5	1	9	10	2	1	2	3

(a combinação 11, 6 e 12 é impossível), demonstrando ser impossível as premissas serem verdadeiras e a conclusão, falsa.

Os especialistas em lógica criaram outros métodos para testar a validade das formas proposicionais e que equivalem aos dois métodos descritos logo acima. Um desses é o método dos *tableaux* semânticos (ou árvores semânticas), o qual passaremos a explicar sucintamente. Faremos isso porque o método apresentado neste livro desenvolveu-se tendo o método dos *tableaux* semânticos como modelo parcial. Em vista de nossas observações a respeito das tabelas de verdade, fica fácil compreender o método dos *tableaux* semânticos, e o leitor compreenderá melhor a abordagem posterior se esta for interpretada como uma generalização do referido método.

O método dos *tableaux* semânticos

O processo por meio do qual se elabora por completo a tabela de verdade sempre decidirá se a forma de um argumento proposicional é válida. Mas esse processo pode revelar-se demorado e extenuante. O método mais sucinto descrito por nós inicia-se pressupondo que as premissas são verdadeiras e a conclusão, falsa; depois, aplica a tabela de verdade para determinar os valores de verdade que os constituintes da proposição *precisam* ter a fim de que a pressuposição esteja correta. Esse processo faz com que *ou* se atribua valores de verdade que revelam a possibilidade de as premissas serem verdadeiras e a conclusão, *falsa*, ou com que se atribua valores de verdade que revelam ser isso impossível.

O método dos *tableaux* semânticos parte da mesma pressuposição inicial feita pelo método abreviado da tabela de verdade e chega às mesmas alternativas. No entanto, desta vez avança-se seguindo regras expressas (derivadas das tabelas de verdade segundo a tradição clássica) e representa-se o processo como uma árvore semântica ou como um *tableau* semântico. As regras básicas são as seguintes:

Nome	*Regra*	*Como se lê a regra*
V ¬	V ¬ P ——— F P	se ¬ P for verdadeira, então P é falsa
F ¬	F ¬ P ——— V P	se ¬ P for falsa, então P é verdadeira
V &	V P & Q ——— V P V Q	se P & Q for verdadeira, P é verdadeira e Q é verdadeira
F &	F P & Q ——— F P | F Q	se P & Q for falsa, ou P é falsa e ou Q é falsa
V ∨	V P ∨ Q ——— V P | V Q	se P ∨ Q for verdadeira, ou P é verdadeira ou Q é verdadeira

Nome	*Regra*	*Como se lê a regra*
F ∨	F P ∨ Q ――――― F P F Q	se P ∨ Q é falsa, P é falsa e Q é falsa
V ⊃	V P ⊃ Q ―――――――― F P | V Q	se P ⊃ Q é verdadeira, ou P é falsa ou Q é verdadeira
F ⊃	F P ⊃ Q ――――― V P F Q	se P ⊃ Q é falsa, P é verdadeira e Q é falsa

Essas regras oferecem exatamente a mesma "informação" contida nas tabelas de verdade. A fim de testar a validade da forma de um argumento proposicional, aplicam-se essas regras sucessivamente para verificar se *podem* ser satisfeitas as condições que *precisam* ser satisfeitas para que as premissas sejam verdadeiras e a conclusão, falsa. Ilustramos o processo construindo um *tableau* semântico para nosso exemplo anterior (p. 273):

```
1.      V  B  ⊃  (J ∨ D)      ⎫
2.      V  J  ⊃  ¬ B          ⎬ pressuposições iniciais
3.      V  S  ⊃  ¬ D          ⎪
4.      F  B  ⊃  ¬ S          ⎭
5.      V  B                  ⎫ de 4 por F ⊃
6.      F  ¬ S                ⎭
7.      V  S                    de 6 por F ¬
       _____________
8.      F  S | V  ¬  D          de 3 por V ⊃
        ×    | 9.  F  D         de 8 por V ¬
           __|____________
          10. F J | V ¬ B       de 2 por V ⊃
                  | 11. F B     de 10 por V ¬
      ____________|
12.   F B | V J ∨ D    ×        de 1 por V ⊃
          |___________
       × 13.   V J    V D       de 12 por V ∨
               ×      ×
```

Monta-se e lê-se o *tableau* da seguinte maneira: linhas (1) e (4) declaram a pressuposição de que as premissas são verdadeiras e a conclusão, falsa. O restante do quadro elabora quais devem ser as condições para que a pressuposição inicial esteja correta. Portanto, as linhas (5) e (6) têm de se verificar se (4) o fizer; se $B \supset \neg S$ é falsa, B tem de ser verdadeira e $\neg S$, falsa. Se $\neg S$ é falsa, S é verdadeira, daí a linha (7). Na linha (8) há duas alternativas: se $S \supset \neg D$ é verdadeira (linha (3)) ou S é falsa ou $\neg D$ é verdadeira. No entanto, S não pode ser falsa porque, ao formular as condições que precisam ser satisfeitas a fim de nossa pressuposição inicial estar correta, já descobrimos na linha (7) que S precisa ser verdadeira. O x colocado abaixo de F S, na linha (8), mostra que aquela alternativa está fechada; no entanto, há ainda a possibilidade de $\neg D$ ser verdadeira. Então, continuamos nossa busca ao longo do "ramo" do *tableau* (ou árvore semântica). A linha (9) é óbvia. Na linha (10), mais uma vez, há uma escolha a ser feita; se $J \supset \neg B$ é verdadeira, então ou J é falsa ou $\neg B$ é verdadeira. A linha (11) também é óbvia. Mas B não pode ser falsa porque já ficou determinado que, para nossa pressuposição inicial estar correta, B é verdadeira (linha (5)); portanto, essa alternativa é impossível, e esse fato vem assinalado por meio do x colocado debaixo de F B. O ramo que leva a F J não foi ainda fechado, de forma que continuamos nossa avaliação ali. Novamente, na linha (12), temos duas alternativas. Mais uma vez, F B é impossível, segundo a linha (5), portanto isso nos deixa apenas V $J \vee D$. Caso se queira que $J \vee D$ seja verdade, então ou J tem de ser verdadeira ou D tem de ser verdadeira. Mas nenhuma dessas alternativas é possível, conforme as linhas (10) e (9) respectivamente. Portanto, é impossível uma atribuição de valores de verdade que torne as premissas verdadeiras e a conclusão, falsa. Ou, em outras palavras, a forma do argumento é válida.

Notamos, na conclusão, que as regras para a construção do *tableau* semântico podem ser lidas tanto "de baixo para cima" quanto "de cima para baixo". Exemplo:

$$V \supset \quad \frac{V \; P \supset Q}{F \; P \mid V \, Q}$$

pode ser lido não apenas como "se P ⊃ Q é verdadeira, ou P é verdadeira ou Q é falsa", mas também como "se ou P é verdadeira ou Q é falsa, então P ⊃ Q". Se o que consta acima da linha for verdadeiro, o que está baixo dela também precisa ser verdadeiro, *e vice-versa*. Em outras palavras, as regras determinam as *condições necessárias* e *suficientes* para P ⊃ Q ser verdadeira. (A Pergunta de Asseribilidade, PA, do Capítulo 2, generaliza, em parte, essa idéia.)

Algumas formas proposicionais válidas

Alguns argumentos são válidos em virtude de sua forma proposicional. Tendo isso em vista, apresentaremos agora algumas das formas proposicionais válidas mais comuns e mais importantes a fim de facilitar a referência a elas mais adiante. O leitor poderá avaliá-las com facilidade valendo-se do método explicado acima.

(i) P implica Q e P é verdadeira;
logo, Q é verdadeira (*Modus ponens*)

(ii) P implica Q e Q é falsa,
logo, P é falsa (*Modus tollens*)

(iii) P implica Q e Q implica R,
logo, P implica R (*Transitividade da implicação*)

(iv) P implica Q e P não implica Q,
logo, P é falsa (*Reductio ad absurdum*)

(v) Ou P ou Q e Q é falsa
logo, P é verdadeira

Observações finais a respeito da lógica proposicional

Resumamos as idéias expostas logo acima.

Um argumento fornece *razões* a favor de uma conclusão. A lógica estuda se as razões *derivam* ou *implicam* a conclusão; se, para dizer a mesma coisa de outra maneira, a conclusão se *segue das* razões dadas. Segundo o ponto de vista clássico, apresentado neste capítulo, o que determina se uma conclusão se segue de suas razões é a forma lógica do argumento. A conclusão segue-se das razões *se, e somente se, o argumento exibir uma forma lógica válida*, i.e, *se, e somente se, não houver nenhum argumento com aquela forma que tenha premissas verdadeiras e conclusão falsa*. Conseqüentemente, a fim de avaliar um argumento temos primeiro de exibir a sua forma lógica em uma notação adequada e então testar essa forma lógica por meio dos instrumentos adequados.

Em nosso exemplo da p. 273, não encontramos dificuldade ao traduzir o argumento em uma notação simbólica (porque se tratava de um exemplo elaborado por um especialista em lógica – elaborado para esse fim) e os três métodos apresentados produziram, de maneira bastante mecânica, uma decisão sobre a validade da forma.

Mas, se analisarmos agora outro exemplo (elaborado por um especialista em lógica), veremos que ainda há um longo caminho a ser percorrido. Veja o seguinte exemplo:

> Nenhum vereador é elegível porque todos os vereadores são contribuintes e nenhum contribuinte é elegível.

A conclusão do argumento é, obviamente, "nenhum vereador é elegível" (chamaremos essa conclusão de R), e a premissa é a conjunção feita com o "porque" (chamaremos essa premissas de (P & Q)). Se considerarmos essa a forma lógica do argumento, "(P & Q) logo, R", fica fácil perceber que há argumentos com essa forma que têm premissas verdadeiras e uma conclusão falsa. Trata-se, portanto, de uma forma lógica inválida. Porém, quem compreender português não terá dúvida a respeito da solidez do argumento e sobre o fato de, se a premissa (P & Q) for verdadeira, a conclusão R ter de ser verdadeira também.

A fim de enfrentar um exemplo como esse, precisaremos nos aprofundar em sua estrutura lógica e, a fim de fazer isso, precisaremos extrair e exibir a forma lógica das proposições P, Q e R. Esse esforço nos atirará para o que se chama, em geral, de lógica *de predicados* ou lógica *quantificada*.

Introdução à lógica de predicados

Se analisarmos novamente nosso exemplo e nos lembrarmos das observações iniciais a respeito da "forma" e do "conteúdo" dos argumentos (p. 264), não será difícil perceber que esse argumento *trata de* vereadores, contribuintes e elegibilidade. Substituindo esses termos por letras genéricas (ver p. 264), A no lugar de "vereador", B no de "contribuinte" e C no de "elegível", teremos apenas as palavras que podem *aparecer quando se raciocina sobre qualquer assunto*:

Nenhum A *é* C *porque todo* A *é* B *e nenhum* B *é* C.

Ao deparar com um exemplo como esse, a lógica clássica não avalia a maneira como as proposições podem ser construídas a partir de outras proposições, mas a maneira como as proposições podem ser construídas a partir de *nomes*, *quantificadores* e *predicados* – sendo esses termos noções lógicas (como eram as proposições).

Nomes, quantificadores e predicados

O que conta como *nome*, segundo a lógica tradicional, assemelha-se bastante ao que a gramática chama de nome próprio (por exemplo: "Platão", "Atenas", "Grécia" etc.); mas há restrições. Sucintamente, para algo ser um nome lógico precisa referir-se a *uma única* coisa existente no mundo (*uma* pessoa, *um* lugar, *uma* época, *um* número ou *uma* outra coisa qualquer) e *é necessário haver* algum objeto ao qual esse nome se refere. A segunda restrição significa que os nomes próprios de personagens fictícios ou lugares fictícios não contam como nomes lógicos; e a primeira restrição significa que nomes próprios comuns a várias pessoas, como por exemplo "João da Silva", não constituem um nome lógico. Esse nome funcionará como um nome lógico se, e somente se, o contexto ou outro dispositivo mostrar que esse nome identifica apenas um único indivíduo em um dado momento da sua utilização. Ou seja, um nome, na lógica clássica, é um termo que se refere a um objeto específico do mundo.

Um quantificador é uma palavra referente à *quantidade*: caberá a ele nos dizer sobre *quantos* objetos de um determinado tipo se está falando – *todos, nenhum, alguns, a maioria, exatamente dois, ao menos cinco* etc. Na explicação resumida apresentada neste capítulo, trataremos apenas de alguns deles, especificamente de "todos", "cada um", "alguns", "nenhum", "nada".

Para entender, rapidamente, o que significa um *predicado*, veja as duas frases simples apresentadas abaixo:

(1) Platão foi um filósofo.
(2) Atenas é uma cidade.
(3) A Grécia exporta petróleo.

Se retirarmos os nomes ("Platão", "Atenas" e "Grécia"), restarão o que os especialistas em lógica chamam de "frases abertas" ou *expressões predicativas*:

... foi um filósofo.
... é uma cidade.
... exporta petróleo.

Essas três expressões predicativas têm uma "lacuna" deixada pelo nome que foi retirado. Podem-se imaginar facilmente expressões predicativas que contariam com duas, três ou mais "lacunas", caso os nomes fossem retirados das proposições simples que as formam. Exemplo:

> ... é mais alto que...
> ...tem entre ... e ...

As expressões predicativas são expressões como os exemplos acima, expressões que possuam ao menos uma "lacuna" de modo que, se alguém inserir ali o nome de algumas pessoas, a frase resultante expressa uma proposição – que é verdadeira ou falsa.

Lógica de predicados comparada com a lógica proposicional

Da mesma forma como precisamos de um simbolismo formal para as proposições e os conectivos proposicionais, precisaremos de um também para os nomes, predicados e quantificadores. Há inúmeros manuais de lógica que apresentam uma notação adequada para essas categorias e que mostram como expressar um predicado em formas lógicas. Não apresentaremos uma dessas notações porque se mostra relativamente complicada e porque não precisamos dela. Limitamo-nos a observar que, na maior parte dos seus aspectos, expor e avaliar as formas da lógica de predicados assemelha-se a fazer o mesmo para as formas proposicionais – apenas que o processo mostra-se mais complicado. Nós podemos, por exemplo, generalizar o método das tabelas de verdade ou o método dos *tableaux* semânticos a fim de decidir se várias das formas da lógica de predicados são válidas. Os dois pontos principais nos quais a lógica de predicados diferencia-se da lógica proposicional são os seguintes: (1) nem sempre podemos decidir por meio de uma rotina mecânica, como as tabelas de verdade, se uma forma da lógica de predicados é ou não válida (esse é o Teorema de Church); (2) as formas identificadas no nível da análise dos predicados podem parecer-se muito menos com a frase original do que no caso da lógica proposicional (exemplos: a forma para "nenhum vereador é elegível" é a mesma para "não há nenhum caso em que exista algo que seja um vereador e que seja elegível"; a forma para "todos os vereadores são contribuintes" é a mesma para "tudo é tal que, se há um vereador, então ele é um contribuinte").

Afirmar esses dois pontos significa que se pode encontrar muita dificuldade ao tentar traduzir um argumento para a notação da lógica de predicados e que, mesmo tendo obtido sucesso nessa empreitada, pode não haver nenhuma procedimento mecânico capaz de decidir sobre a validade dessa forma. A lógica de predicados, porém, nos permite enfrentar uma ampla gama de argumentos cuja validade depende de sua forma lógica predicativa. Essa lógica funciona bastante bem, especialmente no caso da matemática e de ciências como a química, a física e a astronomia. Tendo dito isso, há duas observações finais a respeito da profundidade da análise esboçada até aqui.

Observações finais a respeito da forma lógica

Primeiramente, a lógica dos predicados ainda analisa a forma lógica em um nível relativamente superficial. Veja os três exemplos abaixo:

(1) Já que Mary é mais alta do que Tom e Tom é mais alto do que Jill, então Mary é mais alta do que Jill.
(2) Já que é *verdade* que o homem caminhou sobre a Lua, então isso deve ser algo *possível* de se fazer.
(3) George IV desejava saber se Scott era o autor de *Waverley*, e como Scott era o autor de *Waverley*, George IV desejava saber se Scott era Scott.

Do ponto de vista clássico, esses argumentos são válidos se, e somente se, exibirem uma forma lógica válida. Para demonstrar que (1) é válido, devemos, então, analisar a forma lógica da relação "... é mais alto que..." pois é essa a idéia da qual a validade depende. A fim de demonstrar que (2) é válido, devemos analisar a forma lógica das declarações de "necessidade" e "possibilidade" – ingressar então na lógica modal, conforme é conhecida. A fim de enfrentar (3) e exemplos semelhantes, deveremos explorar a lógica de verbos "intensionais" como "desejar" e "saber". Sendo assim, a tradição clássica precisa aprofundar-se muito mais na noção de forma lógica caso deseje que sua regra geral se sustente mesmo que diante de alguns exemplos bastante simples. A lógica clássica avançou bastante em várias dessas direções, mas ainda há muito a ser feito.

A última observação a ser citada parece-se mais com um desafio. Os que acreditam que a melhor forma de avaliar um argumento seja por meio da sua forma lógica deveriam demonstrar como essa postura funciona com *verdadeiros* argumentos do tipo apresentados neste livro e não apenas com os exemplos tradicionais, normalmente inventados pelos especialistas em lógica.

Exercícios

Os textos apresentados abaixo constam deste capítulo para oferecer ao leitor a chance de testar o método apresentado neste livro e descobrir se ele é ou não útil. Em cada um dos casos, o exercício será sempre o mesmo: extrair o argumento e avaliá-lo utilizando os métodos e princípios explanados nas páginas anteriores. Segundo a experiência deste autor, os estudantes encontram dificuldade para elaborar uma imagem clara desses e de outros textos (teóricos e argumentativos), mas os métodos apresentados podem realmente ajudar. O professor interessado desejará, certamente, oferecer exercícios suplementares e mais adequados a seus alunos. Os exemplos apresentados a seguir devem servir apenas como ponto de partida.

1

Analisou-se um argumento no Capítulo 1 que tem relação com este exercício (ver p. 18). A Campanha para o Desarmamento Nuclear (CDN) defende o desarmamento nuclear unilateral da Grã-Bretanha. Defende essa postura valendo-se de vários fundamentos. Um deles, o do "inverno nuclear", vem sendo amplamente usado pela CDN como *suporte* para sua campanha. No entanto, o texto abaixo apareceu no jornal *Eastern Daily Press* em outubro de 1984. Uma postura semelhante acabou sendo adotada por políticos de destaque.

> As conclusões sobre o "inverno nuclear" arruínam o argumento dos que defendem o desarmamento nuclear unilateral pela Grã-Bretanha. Se os cientistas estiverem com a razão, a população deste país seria virtualmente eliminada no caso de uma guerra nuclear entre as superpotências *mesmo que não houvesse nenhuma*

arma nuclear em nosso território. Podemos escapar de um ataque nuclear direto, mas, além das nuvens de material radiativo, também sofreríamos com a falta de luz, com as temperaturas congelantes e com a falta de comida decorrentes do inverno nuclear.

2

A seção na qual se publicam cartas de leitores fornece uma boa fonte para textos argumentativos que merecem ser pensados e analisados com cuidado. Poucos dias depois de publicar a carta de Caspar Weinberger (ver Capítulo 4), o jornal *Guardian* reproduziu várias cartas de leitores que responderam à sua argumentação. Eis aqui uma delas:

> Meus caros,
> Nos últimos tempos, Caspar Weinberger tem tentado defender a política norte-americana para a guerra nuclear contra um coro cada vez maior de críticos. Mas, como se tornou usual no caso do governo Reagan, o secretário da Defesa acaba condenado por suas próprias palavras.
>
> Ele alega que o governo dos EUA não concorda com o conceito da guerra nuclear de longo prazo ou com o de um enfrentamento nuclear: porém, quando as palavras dele são lidas com cuidado, arruínam essa pretensão.
>
> A carta do senhor Weinberger enviada aos editores de jornais dos países-membros da Otan afirma: "Independentemente daquilo que [os soviéticos] alegam ser suas intenções, subsiste o fato de que estão projetando suas armas de forma a, e em números suficiente para, sugerir-nos que eles acreditam poder iniciar, e vencer, uma guerra nuclear".
>
> Essa não é a política norte-americana, alega Weinberger. Ainda assim, no próximo parágrafo da carta, ele

escreve: "Precisamos adotar as medidas necessárias para nos equiparar à imensamente melhorada capacidade nuclear da União Soviética".

Ou seja, o senhor Weinberger diz que o governo norte-americano procura equiparar-se a uma capacidade que – errônea ou corretamente – acredita estar direcionada para um "enfrentamento". E lá se vai por água abaixo a tentativa de defender uma política de governo.

Em um ponto, porém, o senhor Weinberger tem certamente razão, e esse ponto refere-se a suas afirmações de que as novas propostas visam fortalecer a dissuasão. O que o governo dos EUA vem fazendo coincide com a tão criticada doutrina soviética de dissuasão baseada na ameaça de um grave "enfrentamento" (algo comparável a "garantir a destruição mútua").

A pergunta é a seguinte: a emenda é pior que o soneto? A resposta, quase certamente, é "sim". Uma doutrina de "enfrentamento", mais do que uma de dissuasão, não fornece uma resposta satisfatória à questão: "Quanto é o suficiente?". Mais do que nunca, a corrida armamentista não terá fim. As capacidades a ser adquiridas acabarão por jogar por terra a distinção entre armamentos convencionais e nucleares, bem como o fará a atitude mental presente na nova doutrina.

Em suma, o antigo tabu contra a guerra nuclear perderá força. Além disso, os responsáveis pelo planejamento soviético terão os ânimos exaltados, e qualquer moderado envolvido no processo de elaboração da política daquele país acabará afastado.

A ironia em tudo isso é que a atual estratégia nuclear dos EUA não saiu da boca de teóricos "amalucados". Essa estratégia apresenta-se como um resultado lógico para os estrategistas nucleares que ignoraram a dissuasão baseada na destruição civil mútua (MAD*). A re-

* A sigla em inglês para a expressão forma a palavra "mad", "louco". (N. do T.).

jeição da MAD nos leva, segundo uma lógica irretocável, ao que Colin Gray, um assessor do Departamento de Estado, chama de "uma teoria da vitória". Garante-se a lógica estratégica ao preço da sabedoria política.

Em um contexto diferente, Samuel Butler escreveu certa vez: "A lógica é como a espada – os que dela se servem, morrerão por meio dela". As palavras dele ganham um colorido arrepiante e novo em vista da última reviravolta na evolução da estratégia nuclear.

Ken Booth
Departamento de Política Internacional
University College do País de Gales,
Aberystwyth, Dyfed, País de Gales

3

O texto a seguir integrava um artigo intitulado "Como Pensar Ceticamente a Respeito da Bomba". Escrito por Bernard Williams, ex-professor de Filosofia da King's College, Cambridge, o texto saiu publicado na *New Society*. O artigo todo merece ser lido com atenção, mas o trecho abaixo pode ser avaliado em separado:

A dissuasão é "imoral"?

Alguns paladinos da moralidade, entre os quais – surpreendentemente – o bispo de Londres, acreditam haver situações nas quais poderia ser legítimo usar, de fato, as bombas atômicas. Talvez possa haver algumas, mas duvido que essas incluam as situações com as quais podemos deparar. Estou preocupado, porém, com a outra parte do argumento nuclear dele, a moralidade da dissuasão. A política de defesa do Ocidente e o fato de possuirmos armas nucleares justificar-se-iam nos termos de dissuasão. Mas, se não é possível justificar o eventual *uso* de armas do tipo, seria possível justificar a *posse* de tais armas apelando à dissuasão e justificar o fato de calcar as políticas de um país sobre a ameaça de fazer o que não seria justificável fazer? Há um argumento que, segundo acreditam algumas pessoas, demonstra que ninguém poderia justificar-se moralmente com uma política do tipo.

Esse argumento provavelmente influenciou o grupo da Igreja da Inglaterra segundo o qual a dissuasão é imoral. Trata-se de um argumento absolutamente genérico e de princípio sobre a moralidade das intenções de alguém.

Suponha que alguém possa justificar o fato de pretender agir de uma determinada forma caso determinadas circunstâncias se façam presentes. Por exemplo, alguém pode justificar o porte de uma arma e a pretensão de usá-la caso seja atacado por criminosos. Se a situação for essa, então – diz o argumento – deve-se deduzir que, caso essa pessoa venha a ser atacada, poderia justificar o uso da arma. O mesmo se dá com a dissuasão nuclear.

O princípio da dissuasão baseia-se no fato de haver uma certa modalidade de intenção: a de que, se formos atacados, retaliaríamos com as armas nucleares. Essa é a intenção que nós, do Ocidente, anunciamos ao mundo ao apresentar nossa política.

Mas o mesmo argumento a respeito das intenções precisa valer também para este último caso. Se podemos justificar nossa intenção de utilizar as armas nucleares se formos atacados, então (diz o argumento), se chegarmos a ser atacados, poderíamos justificar o uso real das armas nucleares. Mas, se ninguém pode, em circunstância alguma, justificar o uso de armas nucleares, então não se pode aceitar isso. A estratégia baseada em tais ameaças revela-se, por si própria, imoral. Esse é o argumento moral simples a esse respeito.

Concordo com isso em certa medida – de que, se a dissuasão pretende ter credibilidade, será preciso haver uma intenção verdadeira por trás dela. A estratégia envolve a participação de pessoas que pretendem realmente usar as armas nucleares caso as condições da ameaça se verifiquem.

Aceito a base factual do argumento moral simples. Mas não acredito que as coisas sejam tão simples quanto esse argumento faz parecer. Ele implica, ao final das contas, não haver uma diferença moral entre, de um lado, manter uma estratégia de dissuasão e, de outro, dar início intencionalmente – e frivolamente – a uma guerra nuclear. Dessa forma, a primeira opção é tão maléfica quanto a segunda. Além disso, deveríamos ser capazes de perceber isso de forma totalmente abstrata, sem nehuma referência ao que estamos tentando dissuadir ou a outros fatos sobre o mundo no qual agimos.

Simplesmente, não consigo acreditar nisso; acho que, refletindo a respeito do assunto, pode-se perceber que do ponto de vista puramente abstrato o argumento não se completa. E as probabilidades, por exemplo? Se houvesse a *certeza* de que a ameaça de realizar um ato horrível evitaria alguns crimes graves ou o sofrimento de várias pessoas, isso faria da ameaça algo tão moralmente condenável quanto o ato horrível que eu precisaria realizar? Não estou sugerindo que uma certeza do tipo se dá no caso da dissuasão nuclear. Trata-se apenas de saber se o argumento funciona ao ser pensado abstratamente.

Na realidade, as pessoas que usam o argumento com freqüência não parecem acreditar que ele funcione no plano puramente abstrato. Em vez disso, começam a citar várias observações a respeito das intenções da Rússia, a respeito dos crimes dos norte-americanos, de quão toleráveis são as condições de vida nos regimes comunistas, e assim por diante – mostrando, então, que outras considerações importam. E, se outras considerações importam, então um argumento assim sucinto a respeito da moralidade da dissuasão não pode ser tão bom quanto parece. Aquele argumento ou resolve a questão muito rapidamente ou não a resolve de modo algum. Na minha opinião, não a resolve.

4.

A seguir, citamos um trecho das *Confissões*, de Santo Agostinho. R. J. Fogelin, no livro *Understanding Arguments* (compreendendo os argumentos), discutiu essa passagem.

> Voltei minha atenção para o caso dos gêmeos, que nascem geralmente um logo depois do outro. Independentemente da importância, na ordem natural das coisas, que os astrólogos possam atribuir a esse intervalo de tempo, trata-se de um intervalo curto demais para fazer diferença na observação feita pelo homem dos astros e nada refletirá esse fato nos mapas que os astrólogos precisam consultar a fim de elaborar um horóscopo verdadeiro. As previsões, então, não serão verdadeiras, porque ele teria consultado os mesmos mapas para Esaú e Jacó e teria feito as mesmas previsões para cada um deles, quando, na verdade, é fato que coisas diferentes aconteceram com eles dois. Portanto, ou ele teria cometido um erro em suas previsões ou, se essas estivessem corretas, não teria previsto o mesmo futuro para ambos. E ainda assim teria consultado o mesmo mapa em cada um dos casos. Isso prova que, se tivesse previsto a verdade, o teria feito por sorte, não por competência.

5

O texto abaixo aparece citado em *Practical Logic* (Lógica Prática), de M. C. Beardsley. As provas apresentadas resumidamente nele saíram do livro *The Last Days of Hitler* (Os Últimos dias de Hitler), de Hugh Trevor-Roper. O problema aqui não é nem tanto extrair os argumentos, mas saber como avaliá-los.

> **A morte de Hitler**
> Independentemente dos mitos que possam surgir ou que possam ser inventados a respeito das circunstâncias extraordinárias que cercaram os últimos dias de vida de Adolf Hitler, não pode haver dúvida justificável sobre o fato de que Hitler morreu no *bunker* dele, mais de 30 metros abaixo da antiga Chancelaria em Berlim, por volta das 3h30 da tarde do dia 30 de abril de 1945 enquanto os projéteis russos caíam sobre a cidade.
>
> Em primeiro lugar, há várias testemunhas da reunião de 22 de abril convocada por Hitler no *bunker* depois de não terem surtido efeito nenhuma das suas ordens para um contra-ataque total das forças estacionadas em Berlim (o chamado "ataque Steiner"). Os presentes concordaram, ao menos, a respeito disto: Hitler acusou todos de serem traidores e desertores; disse que sua missão havia chegado ao fim; e disse estar resolvido a ficar no *bunker* e morrer ali quando as forças russas tomassem Berlim.
>
> Por ordem de Hitler, essa decisão circulou entre a população de Berlim no dia seguinte. Enquanto as linhas telefônicas do *bunker* continuaram funcionando, durante os dias subseqüentes, muitos dos seus seguidores e oficiais pediram que reconsiderasse sua decisão e que fugisse para o sul, onde continuaria a luta a partir dos Alpes bávaros. A todos, pelo que se sabe, Hitler deu a mesma resposta e, de fato, não há nenhum registro de que tenha mudado de idéia uma vez tomada aquela decisão.

Durante a semana final, várias pessoas estiveram com Hitler no *bunker*, entre as quais Goebbels, que comparecia a convite de Hitler fazendo-se acompanhar de sua mulher e dos seis filhos do casal. Várias outras pessoas, abrigadas em *bunkers* próximos, entravam e saíam constantemente do *bunker* de Hitler.

No começo da manhã de 29 de abril, Hitler casou-se com Eva Braun e escreveu seus testamentos, tanto o político quanto o particular. Três cópias desses documentos deixaram o *bunker* e foram, mais tarde, encontrados; neles, anunciou seu casamento, declarou que sua mulher morreria ao lado dele, no *bunker*, conforme o seu desejo; e acrescentou que os corpos dos dois deveriam ser cremados logo depois da morte a fim de evitar que caíssem nas mãos dos russos.

Naquela tarde, Hitler mandou matar seu pastor alemão favorito e, à noite, despediu-se das pessoas mais próximas. Na manhã seguinte, providenciaram-se 180 litros de gasolina. Pouco depois das 3 horas da tarde, Hitler e Eva Braun despediram-se dos presentes no *bunker* e dirigiram-se para a sua suíte. Os que estavam do lado de fora ouviram um único tiro e, então, entraram no quarto. Hitler estava morto no sofá, ensopado de sangue. Havia dado um tiro na própria boca. Eva Braun tinha ingerido veneno.

As testemunhas mais importantes desses eventos derradeiros, que deixaram o *bunker* no dia 1º de maio e foram presas sem ser mortas, concordam a respeito de certos fatos. Artur Axman, líder da Juventude Hitlerista, conta que viu dois corpos na suíte de Hitler. Kenipka, motorista de Hitler, conta que viu dois corpos (o de Hitler estava enrolado em um cobertor, mas pôde ser identificado por meio de suas calças pretas) serem levados para o jardim e serem incendiados. Um outro guarda, Karnau, conta que reconheceu os dois corpos e que os viu envoltos em chamas. Mansfield viu mais tarde dois buracos retangulares cavados, evidentemente, para enterrar os cadáveres. Os ossos deles nunca foram encontrados, mas talvez tenham sido desmembrados e misturados com os de outros corpos (de soldados alemães) que os russos mais tarde desencavaram no jardim da Chancelaria.

Os que não testemunharam esses acontecimentos, mas que estavam presentes no *bunker* e mais tarde escaparam, convenceram-se da morte de Hitler pelo fato de que todos tinham começado a fumar naquela noite. Isso nunca tinha sido permitido por Hitler.

6

O texto a seguir saiu do artigo "Os enigmas de uma escolha coletiva", publicado na *The Times Higher Education Suplement*. Escreveram o artigo Martin Hollis, Robert Sugden e Albert Weale. O restante do texto avalia as possíveis soluções para os problemas levantados. (Este artigo relaciona-se, evidentemente, com a argumentação de J. S. Mill discutida no Capítulo 5.)

Enigmas de uma escolha coletiva

Pense em uma festa cheia a ponto de o barulho ser insuportável. Cada um de nós deseja ouvir e ser ouvido. Então, cada um de nós fala um pouco mais alto do que os circunstantes. Mas os circunstantes acalentam o mesmo desejo e falam um pouco mais alto ainda. Todos acabamos ficando roucos e sem compreender nada.

Uma história semelhante vale para outros casos. O interesse próprio leva cada um de nós a abandonar o lixo na praia em vez de dar-se ao trabalho de levá-lo para casa. A soma de nossas escolhas traduz-se em uma bagunça que ninguém deseja. Cada um de nós vem ao seminário tendo deixado a cargo dos outros o trabalho preparatório, e o seminário é um fracasso. Cada um de nós concorda com as vantagens da frugalidade, e, coletivamente, deprimimos a tal ponto a economia que acabamos, todos, por sair perdendo.

Então, o interesse próprio esclarecido diz: "Gaste", "Fale baixo", "Prepare o seminário", "Leve seu lixo para casa"? Não. Na verdade, essa não é a alternativa racional para nenhuma de nós. Fale baixo e não será ouvido. Seu lixo não faz diferença quando se trata de saber se você aproveitou ou não a praia. Você se beneficia apenas se as outras pessoas agirem de forma diferente; e, se elas mudarem, você se beneficiará ainda mais se continuar agindo da mesma forma. Para ser mais preciso e formal a respeito disso, mesmo o interesse próprio esclarecido é autodestrutivo quando a ordem de preferência sobre um resultado se dá assim:

1 Você faz X, os outros, Y.
2 Você faz Y, os outros, Y.
3 Você faz X, os outros X.
4 Você faz Y, os outros X.

Independentemente do que signifiquem X e Y (falar mais alto x falar mais baixo; preparar o seminário x não preparar o seminário), o interesse próprio exige X. Porque, se os outros farão Y, você deveria escolher X, já que essa combinação significaria sua opção preferida. E, se os outros fizerem X, você continuará a fazer X, a fim de evitar sua última opção. Então, para você, não importa o que os outros farão: X será sempre sua primeira opção. Se todos nós raciocinarmos dessa forma, todos ficaremos com a opção de número 3, apesar de que preferiríamos a de número 2.

O clássico "problema da ação coletiva" comparece a várias disciplinas. E mostra-se especialmente familiar aos economistas, que se referem a ele como o "pro-

> blema dos bens públicos". Os bens públicos são bens que, se fornecidos a um membro de um grupo, deverão ser fornecidos para todos os membros. Pense na iluminação pública: você não pode beneficiar-se de luzes colocadas nas ruas próximas de sua casa a menos que seus vizinhos contem também com esse benefício. Ou pense no controle de doenças contagiosas, ou na preservação das áreas verdes de domínio público.
>
> Fornecido um bem público, qualquer um poderá valer-se dele, independentemente do fato de pagar ou não pelo custo representado por esse bem. Então por que alguém pagaria por isso? Surge aí um problema de ação coletiva no qual X significa "não pagar" e Y, "pagar". Para qualquer um, o melhor será sempre não pagar. O resultado – de que o bem público acabe por ficar ausente – pode ser aquele que ninguém deseja.

7

O texto a seguir saiu da obra *Milagres*, de C. S. Lewis. Conforme o costume, o leitor deve tentar extrair e avaliar os argumentos. No Capítulo 2 de seu livro, Lewis explica o que quer dizer com o termo "naturalista": "Algumas pessoas acreditam que nada existe além da natureza: a esses eu chamo de *naturalistas*. Outros acreditam que, além da natureza, há também algo mais: a esses eu chamo de *supernaturalistas*". Por "Sistema Total" Lewis parece referir-se à ordem natural como um todo.

> Na realidade, podemos decretar como regra que *nenhum pensamento é válido se puder ser explicado totalmente como resultado de causas irracionais*. Cada um dos leitores deste livro usa essa regra automaticamente, durante o dia todo. Quando um homem sóbrio diz a você que a casa está cheia de ratos e cobras, você

presta atenção. No entanto, se você acreditar que a convicção dele sobre os ratos e as cobras resulta de *delirium tremens*, nem se preocupará em saber se há ou não ratos e cobras na casa. Basta *suspeitar* de uma causa irracional para começar a prestar menos atenção às convicções de um homem. A opinião pessimista de um amigo seu a respeito da situação européia o preocupará menos se você descobrir que seu amigo está com um problema no fígado. De modo inverso, quando descobrimos ser falsa uma determinada convicção, procuramos causas irracionais ("Eu estava cansado" – "Eu estava com pressa" – "Eu queria acreditar"). [...] Todos os pensamentos provocados dessa forma não possuem valor. Nunca, no âmbito normal do pensamento, admitimos exceções a essa regra.

Sendo assim, seria absurdo aplicar essa regra a cada um dos pensamentos individuais que chegam até nós e não aplicá-la para todos os pensamentos coletivamente, ou seja, para a razão humana como um todo. Cada pensamento individual possui valor nulo se for resultado de causas irracionais. Então, obviamente, todo o processo do pensamento humano, aquilo a que damos o nome de razão, terá um valor igualmente nulo se for o resultado de causas. Portanto, são inadmissíveis todas as teorias a respeito do universo que vêem na mente humana um produto de causas irracionais, porque isso seria uma prova de que não há provas. O que não faria sentido.

Mas o naturalismo, na sua interpretação usual, é precisamente uma teoria desse tipo. A mente, como todas as coisas ou eventos em particular, nada mais é, supostamente, senão o produto do Sistema Total. É supostamente isso e nada mais, e não tem supostamente o poder de "funcionar segundo si próprio". E não se supõe que o Sistema Total seja racional. Todos os pen-

> samentos, independentemente de quais sejam, são, portanto, produto de causas irracionais, e nada mais do que isso.

8

O livro *Diálogos sobre Duas Novas Ciências*, de Galileu, contém vários argumentos elegantes capazes de fornecer exemplos excelentes e instrutivos segundo nossos objetivos. Eis um pequeno trecho da seção "Primeiro Dia":

> Aristóteles declara que os corpos de peso diferente, colocados no mesmo meio, locomovem-se (desde que a movimentação dependa da gravidade) com velocidades proporcionais a seus pesos, [pressupondo que tenham o mesmo formato]; [... mas] se fosse verdade que, em meios de densidade e resistência diferentes, tais como a água e o ar, um mesmo corpo se locomoveria mais rapidamente no ar do que na água, na proporção em que a densidade da água é maior que a do ar, então se deduz que qualquer corpo que caia através do ar deverá cair através da água. Mas essa conclusão é falsa.

Refuta-se a tese de Aristóteles por meio desse argumento? (O leitor descobrirá que o texto original retira várias lições desse argumento.)

9

No Capítulo 8, estudamos um argumento memorável do *Diálogos sobre Duas Novas Ciências*, de Galileu: se alguém pressupõe que quanto mais leve um corpo mais lentamente cairá, chega-se a uma contradição semelhante, de forma que corpos com massa diferente têm de cair com a *mesma* aceleração. Veja abaixo outro argumento, tirado desta vez do capítulo "O

Terceiro Dia", que demonstra – se for bem-sucedido – que a velocidade de queda de um corpo *não pode ser proporcional à distância percorrida*.

> Se as velocidades são proporcionais ao espaço percorrido, ou a ser percorrido, então esses espaços são percorridos em intervalos iguais de tempo; se, portanto, a velocidade com que um corpo em queda atravessa um espaço de 8 pés for o dobro daquela com que atravessasse os primeiros 4 pés (da mesma forma como uma distância é o dobro da outra), então o intervalo de tempo necessário para esses trajetos teria de ser o mesmo. Mas a hipótese de um único corpo conseguir cair 8 pés e 4 pés ao mesmo tempo só seria possível no caso de uma movimentação instantânea; mas a observação mostra-nos que a movimentação do corpo em queda ocupa tempo, e ocupa menos tempo ao cobrir a distância de 4 do que ao cobrir a distância de 8; portanto, não é verdade que a velocidade aumenta de forma proporcional ao espaço.

Outra versão desse argumento é a seguinte:

> Suponha que a velocidade de um corpo em queda por força da gravidade seja proporcional à distância percorrida. Suponha também que, após cair 16 metros, o corpo esteja deslocando-se a 32 metros/segundo (apesar de os números exatos não terem importância). Nesse caso, ele precisa ter percorrido os últimos 8 metros em mais de ¼ de segundo (porque a velocidade média ao longo daqueles 8 metros terá sido menor do que os 32 metros/segundo). Usando o mesmo raciocínio, o corpo deve ter caído os 4 metros anteriores em mais de ¼ de segundo. Segundo o mesmo raciocínio, terá caído os 2 metros anteriores em mais de ¼ de segundo. O mesmo aconteceria com o 1 metro anterior, com o 0,5 metro anterior, e assim indefinidamente. De forma que

> o corpo não poderia ter começado a cair, o que seria um absurdo. Então, é *impossível* que um corpo caia por força da gravidade com uma velocidade proporcional à distância percorrida.

Ambos os argumentos são elegantes, intrigantes e é difícil apontar-lhes erros. Mesmo que você não consiga contestar nenhum deles, deve sentir que algo está errado porque ambos pretendem *provar* algo que só poderíamos saber *observando* de fato o que acontece na realidade. Será realmente que não podemos saber como os corpos *de fato* caem ou *não* caem apenas pensando a respeito disso? Temos mesmo de observar os corpos em queda? É certo que, a partir de constatado o fato de que o deslocamento/queda *consome tempo*, não se deduz que a velocidade de um corpo em queda não pode ser proporcional à distância percorrida? Em vista disso, não parece haver nenhum motivo pelo qual um carro, saindo de repouso, não pudesse arrancar e aumentar sua velocidade proporcionalmente à distância percorrida. O gráfico desse movimento exibiria uma linha reta desta forma:

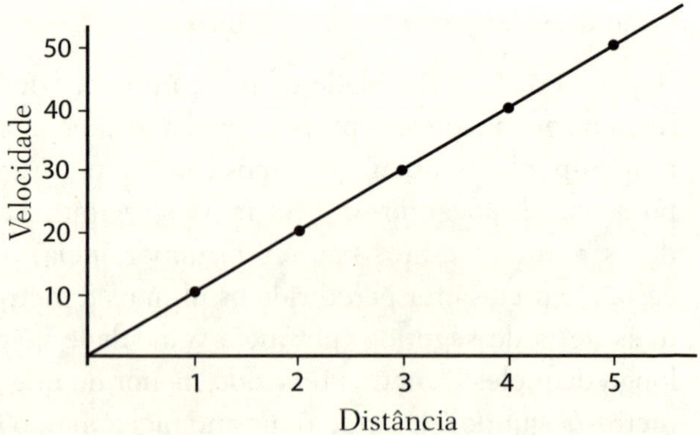

Como nos outros exercícios, este pretende deixar claro qual o argumento usado e se esse argumento comprova suas conclusões. Poderá ser interessante comparar este exercício com a argumentação de Galileu no Capítulo 8.

10

O leitor que já estudou o argumento de Galileu apresentado no Capítulo 8 talvez considere instrutivo avaliar o argumento em sua forma original. Esses argumentos apareceram, pela primeira vez, nos *Diálogos sobre Duas Novas Ciências*:

> SALVATIO. Duvido muito que Aristóteles tenha alguma vez, por meio de experimentos, testado para ver se era verdade a tese de que duas pedras, uma pesando dez vezes mais do que a outra, quando em queda, no mesmo instante, de uma altura de, digamos, 100 cúbitos, estariam a uma velocidade tão diferente ao atingir o solo que a outra não teria caído mais de 10 cúbitos.
> SIMPLÍCIO. A sua linguagem parece indicar que havia realizado o experimento porque diz: "Vemos que o mais pesado"; aqui, a palavra "vemos" mostra que ele havia feito o experimento.
>
> SAGREDO. Mas eu, Simplício, que realizei o teste, posso garantir-lhe que uma bala de canhão pesando 100 ou 200 libras, ou mesmo mais, não atingirá o chão nem mesmo um palmo à frente de uma bala de mosquete que pese apenas 0,5 libra se as duas forem jogadas de uma altura de 200 cúbitos.
>
> SALV. Mas, mesmo sem realizar novos experimentos, é possível provar claramente, por meio de um argumento sucinto e conclusivo, que um corpo mais pesado não se desloca com maior velocidade do que um corpo mais leve desde que ambos sejam feitos do mesmo material e, em resumo, sejam iguais aos mencionados por Aristóteles. Porém, diga-me, Simplício, se você admite que cada corpo em queda adquire uma velocidade determinada pela natureza, uma velocidade que não podemos aumentar ou diminuir exceto por meio do uso da força (*violenza*) ou da resistência.
> SIMP. Não pode haver dúvida de que um mesmo corpo deslocando-se em um único meio possui uma veloci-

dade fixa determinada pela natureza e que não pode ser elevada exceto por meio da adição de força motriz (*impeto*) ou decrescida exceto por meio de algum tipo de resistência responsável por segurá-lo.

SALV. Se, então, considerarmos dois corpos cujas velocidades naturais diferem, fica claro que, ao uni-los, o mais rápido será parcialmente retardado pelo mais lento, e o mais lento será, em alguma medida, apressado pelo mais veloz. Concorda comigo a respeito dessa opinião?

SIMP. Você, sem dúvida, está com a razão.

SALV. Mas, se isso for verdade, e se uma pedra grande desloca-se a uma velocidade de, digamos, 8, enquanto uma menor desloca-se a uma velocidade de 4, então, quando estiverem juntas, o sistema deslocar-se-á com uma velocidade de menos de 8; mas as duas pedras, quando grudadas uma na outra, formam uma pedra maior do que aquela que se deslocava a uma velocidade de 8. Portanto, o corpo mais pesado desloca-se com uma velocidade menor do que o mais leve; um resultado contrário à nossa suposição. Em vista disso, você percebe que, a partir da sua pressuposição de que o corpo mais pesado desloca-se mais rapidamente do que o mais leve, eu infiro que o corpo mais pesado desloca-se mais lentamente.

SIMP. Agora fiquei confuso porque, segundo me parece, a pedra menor quando adicionada à maior aumenta o peso dela e, ao acrescentar peso, não vejo como não deixaria de aumentar a velocidade dela ou, ao menos, não a diminuiria.

SALV. Aqui, mais uma vez, você incorre em um erro, Simplício, porque não é verdade que a pedra menor adiciona peso à maior.

SIMP. Sinceramente, isso parece estar além da minha capacidade de compreensão.

Salv. Não estará além de sua capacidade quando eu lhe tiver mostrado o erro sob o qual você está trabalhando. Observe ser necessário distinguir entre os corpos pesados em movimento e os mesmos corpos em repouso. Uma pedra grande colocada em uma balança não apenas adquire peso adicional ao ter uma pedra colocada sobre ela, como até mesmo com a adição de um punhado de cânhamo o peso dela aumenta de 6 a 10 onças, tudo dependendo da quantidade de cânhamo. Mas, se você amarrar o cânhamo à pedra e permitir que os dois caiam de uma determinada altura, você acredita que o cânhamo empurrará a pedra para baixo e, assim, acelerará o deslocamento dela, ou você acredita que o deslocamento será retardado por uma pressão parcial em direção ao alto? Uma pessoa sempre sente a pressão em seus ombros quando evita o deslocamento de uma carga pesada apoiada nela; mas, se cai tão rapidamente quanto a carga cairia, como poderia flutuar ou fazer pressão sobre ela? Você não percebe que isso seria igual a tentar atingir um homem com uma lança quando ele corre para longe de você com a mesma velocidade ou com uma velocidade até mesmo maior do que aquela com a qual você o persegue? Você precisa concluir, portanto, que, durante uma queda livre e natural, a pedra pequena não faz pressão sobre a maior e, conseqüentemente, não aumenta o peso dela como faz quando esta encontra-se em repouso.

Simp. Mas e se colocássemos a pedra maior em cima da menor?

Salv. O peso dela aumentaria se a maior se deslocasse mais rapidamente; mas já concluímos que, quando uma pedra menor desloca-se mais lentamente, ela diminuiu em alguma medida a velocidade da maior, de forma que a combinação das duas, que formaria um corpo mais pesado do que aquele da maior das duas pedras, deslocar-se-ia menos rapidamente, uma conclusão que é contrária à sua hipótese. Inferimos, portanto, que os corpos grandes e pequenos deslocam-se com a mesma velocidade desde que sejam da mesma gravidade específica.

SIMP. As suas palavras são realmente admiráveis; ainda assim, não acho fácil acreditar que o projétil de uma arma para matar passarinho caia tão velozmente quanto uma bala de canhão.

SALV. Por que não dizer que um grão de sal cai tão rapidamente quanto uma mó? Mas, Simplício, tenho certeza de que você não seguirá o exemplo de tantos outros que desviam a discussão de seu objetivo principal, aferram-se a alguma declaração minha que não tem o comprimento de um fio de cabelo de verdade e, sob esse fio de cabelo, escondem o erro de outrem, erro esse que é tão longo quanto a amarra de um navio. Aristóteles diz que uma bola de ferro de 100 libras ao cair de uma altura de 100 cúbitos chega ao solo antes que uma bola de 1 libra tenha caído 1 cúbito apenas. Eu digo que as duas chegam ao mesmo tempo. Você descobre, ao realizar o experimento, que a maior sobrepuja a menor por dois dedos, ou seja, quando a maior chegou ao solo, a outra está dois dedos atrás dela. Assim sendo, você não esconderia por trás desses dois dedos os 99 cúbitos de Aristóteles nem mencionaria meu pequeno erro, passando por cima do erro nada desprezível dele. Aristóteles declara que os corpos de peso diferente, no mesmo meio, viajam (desde que a movimentação deles dependa da gravidade) com velocidades proporcionais a seus pesos; ele ilustra isso utilizando corpos nos quais é possível reconhecer o efeito puro e inalterado da gravidade, eliminando outras considerações, como por exemplo o formato, que se torna de menor importância (*minimi momenti*), fatores que dependem grandemente do meio responsável por modificar o efeito particular da gravidade tomada por si só. Portanto, observamos que o ouro, a mais densa das substâncias, quando forjado em uma folha bastante fina, flutua no ar; o mesmo acontecendo com uma pedra quando moída em um pó muito fino. Porém, se você quiser sustentar a proposição geral, terá de demonstrar que a mesma proporção de velocidade preserva-se em todos os corpos mais pesados e que uma pedra de 20 libras locomove-se dez vezes mais rápido do que uma de 2; mas eu afirmo que isso é falso e que, se elas caem de uma altura de 50 ou de 100 cúbitos, chegarão à terra no mesmo instante.

11

A seguir, apresentamos o célebre argumento discutido por David Hume no livro *Diálogos sobre a Religião Natural*:

> Olhe o mundo ao seu redor, contemple-o por inteiro e contemple todas as partes dele: descobrirá que não se trata de nada mais do que uma grande máquina, subdividida em um número infinito de máquinas menores, que novamente admitem subdivisões até um grau situado além do que os sentidos e as faculdades humanos conseguem acompanhar e explicar. Todas essas várias máquinas, e mesmo suas partes mais diminutas, ajustam-se umas às outras com uma acuidade capaz de provocar admiração em todos os homens que, algum dia, as contemplaram. A curiosa adaptação de meios e fins, em toda a natureza, lembra de forma exata, apesar de exceder em muito, os produtos da perspicácia humana – dos projetos, pensamentos, sabedoria e inteligência humanos. Já que os efeitos se parecem, somos levados a inferir, segundo todas as regras de analogia,

> que as causam se parecem e que o Autor da natureza é, em alguma medida, semelhante à mente de um homem, apesar de possuir aptidões muito maiores, proporcionais à grandeza da obra que executou. Por meio desse argumento *a posteriori*, e por meio unicamente desse argumento, provamos de uma vez por todas a existência de uma Deidade e a similaridade dela com a mente e a inteligência humanas.

O leitor deve identificar aqui as razões e a conclusão e tentar realizar uma crítica do raciocínio. As coisas podem ser conhecidas *a priori* ou *a posteriori*: o que pode ser conhecido *a priori* conhece-se pensando simplesmente a respeito disso, por meio da reflexão e sem a necessidade de observar o mundo ao redor – é o caso, por exemplo, da matemática. O que se conhece *a posteriori* baseia-se em nossa experiência do mundo – é o caso, por exemplo, do conhecimento científico.

O professor pode ampliar este exercício/discussão explicando as opiniões de Hume a respeito da relação entre causa e efeito, como essa relação é conhecida *a posteriori* e como inferimos o efeito da causa.

12

Hume também analisa um argumento *a priori* simples e sublime a favor da existência de Deus:

> Tudo o que existe tem de ter uma causa ou razão para sua existência, já que é absolutamente impossível que algo se produza a si mesmo ou que provoque sua própria existência. Passando, dessa forma, dos efeitos para as causas, temos de seguir uma série infinita desprovida de uma causa última, ou temos de recorrer a uma causa última que exista *necessariamente*. Podemos, neste ponto, provar que a primeira suposição é absurda. Na cadeia infinita ou na série de causas e efeitos, cada um

> dos efeitos passa a existir em virtude da influência e da eficácia daquela causa imediatamente antecedente; mas toda a eterna cadeia ou série, vista como um todo, não é determinada ou provocada por nada. E ainda assim fica patente que ela requer uma causa ou um motivo, como qualquer outro objeto em particular que passe a existir no tempo. Ainda é razoável perguntar por que essa específica série de causas passou a existir a partir da eternidade e não uma outra série qualquer ou nenhuma outra série. Se não houver um ser existente necessariamente, qualquer suposição capaz de ser formulada será igualmente possível; nem há maior absurdo no fato de *nada* ter existido a partir da eternidade quanto há na série de causas que constitui o universo. O que é isso, então, que determinou a existência de *algo* em vez de *nada*, e que conferiu vida a uma possibilidade em particular, excluindo todo o resto? Supondo-se que não haja *causas externas*. O *acaso* é uma palavra desprovida de significado. O que é *nada*? Mas isso nunca pode produzir alguma coisa. Precisamos, portanto, ter acesso a um Ser necessariamente existente que seja portador da *razão* da existência em si próprio e que não se pode supor não existir sem se expressar uma contradição. Há, conseqüentemente, um Ser tal – ou seja, há uma Deidade.

Como de praxe, o leitor deve apresentar a argumentação e tentar avaliá-la. Algo é *necessariamente* verdadeiro se sua negação for uma autocontradição ("expressar uma contradição", nas palavras de Hume), por exemplo, 2 + 2 = 4. Algo é *absurdo* se for autocontraditório. O texto no qual esse trecho se inclui fornecerá ao professor várias sugestões para ampliar este exercício/discussão.

13

Abaixo, um último exemplo tirado dos *Diálogos sobre a Religião Natural*, de Hume:

> E é possível, Cleantes, perguntou Filo, que depois de todas essas reflexões, e das infinitas reflexões mais que se possam sugerir, que você ainda defenda seu antropomorfismo e assevere que os atributos morais do Deus, sua justiça, benevolência, misericórdia e retidão, sejam da mesma natureza que essas virtudes na criatura humana? O poder dele, pressupomos, é infinito; tudo o que deseje, se cumpre; mas nenhum homem ou animal é feliz; portanto, ele não deseja a felicidade deles. A sabedoria dele é infinita; ele nunca se engana na escolha dos meios para atingir um fim; mas o curso da natureza não tende para a felicidade humana ou animal; portanto, ela não foi criada com esse objetivo. Em toda a diversidade do conhecimento humano, não há nenhuma inferência mais segura e infalível do que essas. Em que medida, então, a benevolência e a misericórdia dele parecem-se com a benevolência e a misericórdia dos homens?
>
> As antigas perguntas de Epicuro continuam sem resposta.
>
> Ele deseja evitar o mal, mas não consegue fazê-lo? Então ele é impotente. Ele consegue fazê-lo, mas não o deseja: Então, ele é malévolo. Ele tanto consegue fazê-lo quanto deseja fazê-lo? Por que há então o mal?

Nesse contexto, "antropomorfismo" significa apenas atribuir a Deus características semelhantes às dos seres humanos.

14

O trecho a seguir de *Valor, Preço e Lucro*, de Karl Marx, é bastante longo. Ele pode, conforme aí está, ser usado como um exercício ou pode, por outro lado, servir como pano de fundo e contexto para dois outros exercícios mais curtos. O primeiro exercício, menor, passaria por extrair e avaliar o argumento no parágrafo que começa com a frase "Todo o seu raciocínio se reduziu a isto". Esse parágrafo constitui um resumo do argumento analisado no Capítulo 9 e pode-se tentar realizar o exercício antes ou depois de ler o Capítulo 9. O segundo exercício, menor, passa por extrair e avaliar o argumento constante do parágrafo que começa com a frase "Chega-se, portanto, a este dilema". (Lembre-se de que Marx avalia os efeitos de uma elevação generalizada dos *salários*.) O trecho destacado abaixo se faz seguir, no original de Marx, por vários e amplos argumentos – ele discute, especificamente, um grande número de questões *empíricas*, históricas, sobre mudanças nos salários, preços e lucros – e isso pode fornecer ao professor ou estudante interessado vários outros exemplos e exercícios. De fato, o texto *Valor, Preço e Lucro* como um todo contém um grande número de exemplos excelentes para os que se interessam por economia política.

> **II Produção, Salários, Lucros**
>
> A alocução que o cidadão Weston leu poderia caber numa noz.
>
> Todo o seu raciocínio se reduziu a isto: se a classe trabalhadora obrigar a classe capitalista a pagar 5 shillings em vez de 4 shillings na forma de salários em dinheiro, os capitalistas devolverão, na forma de mercadoria, 4 shillings em vez de 5. A classe trabalhadora teria de pagar 5 shillings pelo que, antes do aumento dos salários, comprava por 4 shillings. Mas por que se dão as coisas dessa forma? Por que o capitalista concede em troca de 5 shillings um valor equivalente a 4 shillings? Porque o montante dos salários é fixo. Mas por que se fixou no valor de 4 shillings em mercadorias? Por que não em 3, em 2 ou em qualquer outra quantia? Se o limite do montante de salários se determina por uma lei econômica, independente igualmente da vontade do capitalista e da vontade do trabalhador, a primeira coisa que o cidadão Weston deveria fazer seria afirmar essa lei e comprová-

la. Ele deveria então, mais do que isso, ter provado que o montante de salários verdadeiramente pagos em um dado momento qualquer corresponde exatamente ao montante necessário de salários e que nunca se desvia dessa quantia. Se, de outro lado, se descobrir que o limite dado do montante de salários depende da *mera vontade* do capitalista, ou que o limite dele varia, então se trata de um limite arbitrário. Nada há de necessário nele. Pode ser alterado pela vontade do capitalista e pode, portanto, ser alterado contra a vontade dele...

Por meio de que artifício consegue o capitalista entregar um valor de 4 shillings cobrando 5? Elevando o preço da mercadoria que vende. Então dependem da mera vontade dos capitalistas o aumento, ou mesmo as alterações, no preço das mercadorias, dependem dela os próprios preços das mercadorias? Ou haveria, antes, situações determinadas para tornar a vontade deles efetiva? Se não for assim, então o aumento e a diminuição dos preços de mercado, suas flutuações incessantes, seriam uma charada insolúvel.

Tendo assumido que nenhuma mudança se deu, seja na força produtiva do trabalho, seja no volume de capital e do trabalho aplicado, seja no valor do dinheiro por meio do qual se fixa o valor dos produtos, mas *apenas uma alteração nas proporções de salário*, poderia esse *aumento dos salários* influir no *preço das mercadorias*? Apenas se influísse na relação existente entre a oferta e a procura por essas mercadorias.

Não há dúvida de que a classe trabalhadora, tomada como um todo, gasta e precisa gastar toda a receita dela em *artigos de primeira necessidade*. Um aumento generalizado da proporção de salários acabaria, assim, por provocar uma intensificação da procura por *artigos de primeira necessidade* e um aumento no *preço de mercado* deles. Os capitalistas que produzem esses artigos de primeira necessidade compensariam o salário aumentado por meio de preços de mercado maiores para suas mercadorias. Como, no entanto, fariam os outros capitalistas que *não* produzem artigos de primeira necessidade? E os senhores não deveriam considerar esses como sendo em número pequeno. Quando se tem em mente que dois terços da produção nacional serão consumidos por um quinto da população – ou até mesmo um sétimo, conforme afirmou recentemente um membro da Câmara dos Comuns –, então se percebe que uma proporção considerável da produção nacional surge na forma de artigos de luxo ou se *troca* por artigos de luxo, e percebe-se que monstruosidade de artigos de primeira necessidade precisará ser desperdiçada com a criadagem, os cavalos, os gatos etc., um desperdício que, conforme sabemos por experiência própria, sofrerá, devido ao aumento dos preços dos artigos de primeira necessidade, limitações cada vez maiores.

Qual seria, então, a situação dos capitalistas que *não* produzem artigos de primeira necessidade? Em vista da *queda da taxa de juros* atribuída ao aumento generalizado do salário, eles não poderiam recorrer impunemente a um *aumento do preço de suas mercadorias* porque a procura por essas mercadorias não teria crescido. O faturamento seria reduzido; e, desse faturamento minorado, eles teriam de pagar mais pela mesma quantidade de artigos de primeira necessidade, cujos preços aumentaram. Mas isso não seria tudo. Já que seu faturamento diminui, eles disporiam de menos dinheiro para despender com artigos de luxo, e assim cairia a procura recíproca deles pelos respectivos produtos deles. Como conseqüência dessa contração, o preço das mercadorias deles diminuiria. Assim, a taxa de lucro nesse ramo da produção cairia, e não apenas na proporção simples do aumento generalizado dos salários, mas em uma proporção combinada do aumento generalizado dos salários, do aumento do preço dos artigos de primeira necessidade e da queda no preço dos artigos de luxo.

Quais seriam as conseqüências dessa *diferença* nas taxas de lucro sobre os capitais empregados nos diferentes ramos da indústria? Os mesmos que costumam ocorrer quando, por um motivo qualquer, se alteram as taxas médias de lucro nos variados ramos da produção. O capital e o trabalho seriam transferidos dos ramos da produção menos lucrativos para os ramos mais lucrativos; e esse processo de transferência duraria até que a oferta, em um ramo da indústria, aumentasse em relação à procura maior e, nos outros ramos, analogamente, caísse em relação à procura menor. *Verificada essa alteração*, as taxas gerais de lucro nos vários ramos estariam novamente *balanceadas*. Como toda a mudança derivou originalmente de uma simples mudança na relação entre a procura e a oferta de diferentes mercadorias, então, com o fim das causas, cessaria também a conseqüência, e os *preços* regressariam a seu nível anterior e estariam em equilíbrio. *A queda nas taxas de lucro*, em vez de ficar limitada a um ramo da indústria, teria sido, em virtude do aumento dos salários, *generalizada*. Segundo nossa suposição, nenhuma mudança teria ocorrido nem na força produtiva do trabalho nem no volume global da produção, mas, certamente, *esse dado volume de produção teria sofrido uma alteração em seu perfil*. Uma maior parte dos produtos existiria na forma de artigos de primeira necessidade, uma parte menor, na forma de artigos de luxo, ou, o que seria o mesmo, uma parte menor seria trocada por artigos de luxo importados e seria consumida em sua forma original, ou, o que novamente resulta no mesmo, uma parte maior dos produtos nacionais seria trocada por artigos de primeira necessidade importados em vez de por artigos de luxo. O aumento generalizado da taxa

> de salário acabaria, portanto, depois de provocar um transtorno temporário nos preços de mercado, tendo por conseqüência apenas uma queda generalizada da taxa de lucro, sem que o preço dos produtos fosse alterado no longo prazo.
>
> Caso quisessem me convencer de que eu, na argumentação acima, pressupus que todo o salário suplementar teria sido gasto em artigos de primeira necessidade, então eu responderia que assumi a pressuposição mais favorável à opinião do cidadão Weston. Fosse o salário suplementar gasto com artigos que antes não integravam o consumo do trabalhador, então não seria necessário apresentar nenhuma prova a respeito do poder de compra aumentado deles. Como esse aumento do poder de compra advém, no entanto, apenas de um aumento dos salários, então deve corresponder exatamente a uma diminuição do poder de compra dos capitalistas. Portanto, a *demanda conjunta* por produtos não *cresceria* em virtude disso, mas ocorreria uma *mudança proporcional* nos elementos constituintes dessa procura. A procura expandida de um dos lados compensaria a procura decrescente do outro lado. Dessa forma, mantida intacta a procura global, não poderia ocorrer nenhuma mudança nos preços de mercado das mercadorias.

Marx avalia o efeito geral do aumento dos salários (em dinheiro). Ele resume seus argumentos da seguinte maneira:

> Apresenta-se, assim, este dilema: ou o salário suplementar será gasto igualitariamente em todos os artigos de consumo – e então a ampliação da procura do lado da classe trabalhadora será compensada por meio da limitação da procura do lado da classe dos capitalistas – ou o salário suplementar será gasto apenas com um artigo, artigo este cujo preço de mercado se elevará temporariamente. Então, o conseqüente aumento da taxa de lucro

de um ramo da indústria e o conseqüente decréscimo da taxa de lucro de outro ramo provocarão uma mudança na distribuição de capital e trabalho enquanto a oferta relativa à procura expandida em um ramo da indústria não subir e a oferta relativa à procura reduzida no outro não diminuir. Sob aquelas circunstâncias, não se verificará nenhuma mudança no preço dos produtos. Sob as outras circunstâncias, os valores de troca na forma das mercadorias, depois de oscilações próprias dos preços de mercado, regressarão ao nível anterior. Sob ambas as circunstâncias, o aumento generalizado das taxas de salário não provocará nada mais do que uma queda generalizada nas taxas de lucro.

15

Há um argumento famoso, elaborado por Wittgenstein, que tenta provar ser impossível existir algo como uma linguagem privada, i.e., uma linguagem que só uma pessoa pudesse conhecer. O argumento original consta do livro *Investigações Filosóficas*, de Wittgenstein, especialmente nos §§ 243-274, onde é *muito* difícil compreender o seu raciocínio. Apresentamos abaixo uma versão bastante elegante do argumento, versão essa que pode ser encontrada no livro *Philosophical Problems and Arguments: An Introduction* (Problemas e Argumentos Filosóficos: uma Introdução), de James W. Cornman, Keith Lehrer e George S. Pappas. No livro, Cornman e seus colegas apresentam o raciocínio e, depois, uma extensa discussão a respeito. Aborda-se também um argumento paralelo a fim de mostrar que não é possível haver algo como eventos mentais privados. A avaliação dos dois argumentos é *bastante* difícil, mas o professor pode usar o texto de Cornman para orientar os alunos mais adiantados quanto à forma de lidar com esses argumentos. Segundo nossa opinião, os métodos e os princípios explicados no texto mostram-se úteis mesmo que diante de argumentos tão difíceis. Um exemplo: a Pergunta de Asseribilidade, que, em resumo, busca saber "o que poderia mostrar que X é verdadeiro ou falso?", ajuda o estudante a perceber o que deve perguntar a respeito da premissa de que "se no máximo uma pessoa A consegue ter acesso às regras para o uso de 'E', então ninguém, incluindo A, poderá ver a diferença entre obedecer às regras e simplesmente acreditar que está obedecendo às regras". Evidentemente, o que mostraria ser essa asserção falsa seria uma descrição de uma situação na qual A *conseguiria* fazer a distinção (a *memória* dele apresenta-se como candidato óbvio para a tarefa): uma prova sobre a impossibilidade disso (dada a hipótese de que apenas A consegue saber as regras) mostraria ser a premissa verdadeira.

Um argumento como esse, é claro, levanta várias perguntas sobre o que exatamente se quer dizer (algo costumeiro quando se trata de exemplos filosóficos), mas ainda assim se aplicam nossos princípios – o fato é que grande parte do trabalho de análise tratará de avaliar os vários e possíveis significados *alternativos*. Isso fica exposto de forma bastante clara no texto de Cornman e seus colegas, texto esse que apresenta uma análise filosófica muito cuidadosa.

> Admitamos que "E" é uma expressão de uma linguagem privada de uma única pessoa, A. Ou seja, no máximo, apenas A consegue ter acesso às regras para o uso correto de "E". Mas, se no máximo uma pessoa consegue ter acesso a tais regras, então ninguém, incluindo A, consegue distinguir entre obedecer às regras e simplesmente achar que está obedecendo às regras. Além disso, se ninguém consegue fazer a distinção, então ninguém consegue saber se ele está obedecendo às regras. E como só se consegue saber como utilizar uma expressão corretamente caso se consiga obedecer às regras pertinentes ao seu uso, segue-se que não há expressões com significado numa linguagem privada, ou seja, não há linguagens privadas.

16

A seguir, transcreve-se um exemplo elegante de um argumento filosófico. O trecho foi retirado do livro *The Foundations of Scientific Inference* (Os Fundamentos da Inferência Científica), de Wesley C. Salmon. Nesse trecho, Salmon explica a solução de Hans Reichenbach para o "problema da indução" de Hume (p. 216). Conforme a praxe, o exercício consiste em identificar o argumento e avaliá-lo. Stephen Thomas, no livro *Practical Reasoning in Natural Language*, discute em profundidade esse exemplo, e o leitor poderá comparar sua resposta com a de Thomas.

> De todas as soluções e dissoluções propostas para enfrentar o problema da indução de Hume, a tentativa de Hans Reichenbach de fornecer uma justificação pragmática parece, na minha opinião, a mais frutífera e promissora. Esse enfoque aceita os argumentos de Hume até o ponto de concordar que é impossível determinar, dedutiva ou indutivamente, que quaisquer inferências indutivas conseguirão, algum dia, ter conclusões verdadeiras. No entanto, Reichenbach afirma que o método padrão da generalização indutiva pode ser corroborado. Apesar de seu *sucesso* como método de previsão não poder ser comprovado antecipadamente, pode-se mostrar que é superior a qualquer outro método alternativo de previsão.
>
> Pode-se apresentar o argumento de forma muito simples. A natureza poderá ser suficientemente uniforme em determinados aspectos a fim de nos permitir realizar inferências indutivas bem-sucedidas, passando do observado para o não observado. Por outro lado, tanto quanto sabemos, poderá não o ser. Hume mostrou que não conseguimos provar antecipadamente qual dessas hipóteses é verdadeira. Tudo o que nos é dado dizer é que a natureza pode ou não ser uniforme – se for, a indução funciona; se não for, a indução fracassa. Mesmo

em vista de nossa ignorância sobre a uniformidade da natureza, podemos nos perguntar o que aconteceria se adotássemos um método radicalmente diferente de inferência. Consideremos, por exemplo, o método da bola de cristal. Já que não sabemos se a natureza é ou não uniforme, precisamos considerar ambas as possibilidades. Se a natureza for uniforme, o método da bola de cristal pode funcionar adequadamente ou pode não funcionar. Não podemos provar *a priori* a sua ineficiência. Simultaneamente, não podemos provar *a priori* que funcionará, mesmo que a natureza apresente um alto grau de uniformidade. Assim, se a natureza for razoavelmente uniforme, o método indutivo padrão *tem de funcionar,* ao passo que o método da bola de cristal *pode funcionar ou não funcionar*. Nesse caso, a superioridade do método indutivo padrão é evidente. Suponha, porém, que a natureza carece de uniformidade a um tal grau que o método indutivo padrão revela-se um fracasso total. Nesse caso, argumenta Reichenbach, o método alternativo tem também de fracassar. Suponha que não fracassa – suponha, por exemplo, que o método da bola de cristal funcionou de maneira consistente. Isso constituiria uma uniformidade importante e relevante, capaz de ser explorada indutivamente. Se um vidente que utiliza uma bola de cristal previu ocorrências futuras de forma consistente, poderíamos inferir indutivamente que ele detém um método de previsão capaz de dar provas consecutivas de sucesso. O método indutivo compartilharia, dessa maneira, o sucesso do método da bola de cristal e estaria, portanto, contrariando a hipótese, eficiente. Sendo assim, conclui Reichenbach, o método indutivo padrão terá sucesso *se qualquer outro puder ser eficiente*. Como resultado, temos tudo a ganhar e nada a perder ao adotarmos o método indutivo. Se algum método funcionar, a indução funciona. Se adotarmos o

> método indutivo e se ele fracassar, não perdemos nada, porque qualquer outro método que tivéssemos adotado teria, de forma semelhante, fracassado. Richenbach não pretende ter provado que a natureza é uniforme ou que o método indutivo padrão será bem-sucedido. Ele não postula a uniformidade da natureza. Ele tenta mostrar que o método indutivo é o melhor método para a inferência ampliativa, tenha ele sucesso ou não.

17

Trecho extraído do livro *Darwin and the Beagle* (Darwin e o Beagle), de Alan Moorehead.

> Nas ilhas Cocos, Darwin solucionou outra questão que o atormentava havia tempos. De volta à costa chilena, estava convencido de que, se a crosta da Terra poderia elevar-se, então também poderia perder altitude; estava convencido, na verdade, de que, enquanto os Andes vinham elevando-se, o leito do oceano Pacífico vinha afundando gradualmente. Já em outubro de 1835, enquanto estava se dirigindo para o Taiti vindo de Galápagos, Darwin escreveu uma observação a respeito das ilhas de coral: "[...] vimos vários daqueles curiosíssimos anéis de ilhas de coral, formados um pouco acima da lâmina d'água e que estavam sendo chamados de Ilhas Lagoa [...] Essas ilhas ocas e de coral, de baixa altitude, não se comparam à vastidão oceânica acima da qual se erguem abruptamente; e parece algo maravilhoso o fato de tais invasores frágeis não serem sobrepujados pelas poderosíssimas e infatigáveis ondas do grande oceano, batizado erroneamente de Pacífico".
>
> Havia chegado o momento de testar a teoria de Lyell segundo a qual esses atóis de coral representam crateras vulcânicas submersas incrustadas de corais. Da-

rwin acreditava que o pólipo de coral, o animalzinho que constrói os recifes de coral nas águas tropicais, conseguiria levar alguma luz a essa questão. O pólipo não conseguia viver a profundidades de mais de 120 pés [36,5 metros], e sempre se disse que precisava prender-se em áreas próximas da costa continental ou ao redor de ilhas vulcânicas. *Mas suponha*, propôs Darwin a si mesmo, *ter-se descoberto o fato de que esses corais mergulhavam a grandes profundidades e que os corais abaixo da marca dos 120 pés estavam mortos – não seria essa uma prova de que o leito do oceano vinha afundando gradualmente e de que o pólipo de coral havia acompanhado esse afundamento construindo os recifes para cima da superfície* [itálicos nossos]? Aí estava uma teoria que ele agora conseguiria testar.

Darwin saiu com FitzRoy a bordo de um pequeno barco, indo até o limite externo do recife, e anotou cuidadosamente o resultado de várias investigações realizadas na encosta externa do atol Keeling. Eles descobriram que até a marca dos 120 pés o preparado de sebo colocado no cabo condutor apresentava os sinais de impressão de corais vivos, mas perfeitamente limpos; à medida que a profundidade aumentava, os sinais tornavam-se mais escassos, até ficar evidente que o fundo consistia de uma camada lisa de areia. Isso sugeriu a Darwin que as formações de coral eram o produto final de éons de processos lentos e paralelos: o levantamento da ilha por meio da atividade vulcânica submarina, a colonização de suas encostas por uma miríade de pólipos de coral e, finalmente, o gradual afundamento da ilha no mar. Ele descobriu haver três variedades de formação de coral: as barreiras de recife e os recifes costeiros, todos fazendo parte do mesmo processo evolucionário de milhões de anos. O crescimento do coral precisa manter o mesmo ritmo

> do afundamento que se dá debaixo dele, conseguindo assim formar primeiro uma barreira de recife e depois um atol: "Montanhas de pedra acumuladas por meio da ação de uma infinidade de minúsculos e frágeis animais". Darwin calculou que o nascimento de um atol exigiria não menos de 1 milhão de anos. Como prova do afundamento desses recifes, ele observou a presença de coqueiros tombando em todos os lados da lagoa. "Em um ponto, as colunas de sustentação de um barraco que os moradores montaram ficou sete anos acima da marca da maré alta e agora eram atingidas diariamente por todas as marés." Tratava-se de uma demonstração eloqüente e brilhante de sua teoria sobre a instabilidade da Terra.

Veja abaixo uma ilustração que mostra os três estágios do desenvolvimento do coral por meio de seções desenhadas na mesma ilha. Essas seções mostram como, enquanto a ilha afunda, os recifes costeiros se elevam para formar uma barreira de recife e depois um atol enquanto a terra em si afunda para baixo do nível do mar.

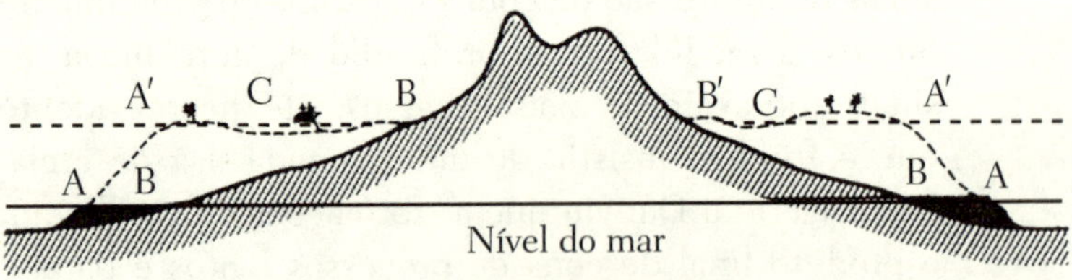

AA – Porção mais externa do recife costeiro, no nível do mar. BB – As margens da ilha franjada. A'A' – Porção mais externa do recife, depois de ter crescido para cima durante um período de afundamento e agora transformado em uma barreira, com ilhotas sobre ele. B'B' – As praias da ilha agora cercada. CC – Canal lagunar.

Observação: nesta figura e na seguinte, o afundamento da porção de terra só pode ser representado por meio de uma aparente elevação no nível do mar.

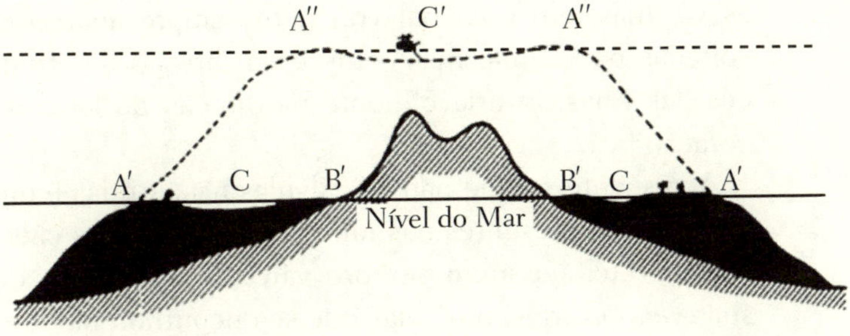

A'A' – Porção mais externa do recife de barreira no nível do mar, com ilhotas sobre ele. B'B' – As praias da ilha recoberta. CC – O canal lagunar. A"A" – Porção mais externa do recife, agora transformado em um atol. C' – A lagoa do novo atol.

Observação: segundo uma escala verdadeira, as profundidades do canal lagunar e da lagoa estão maiores do que deveriam.

(Com base nas ilustrações constantes do *Journal of Researches* [Diário de Pesquisas], de Darwin, e tiradas de *Darwin and the Beagle*, de Moorehead.)

18

O trecho a seguir saiu do livro *Estudo Anatômico sobre o Movimento do Coração e do Sangue nos Animais*, de William Harvey. Abaixo, Harvey faz considerações sobre o funcionamento das válvulas encontradas nas veias e:

> que consistem em partes elevadas ou destacadas das membranas internas dessas veias, estruturas extremamente delicadas, com um formato sigmóide ou semilunar.
>
> A descoberta dessas válvulas não implicou a descrição correta do uso delas nem fez com que os anatomistas acrescentassem qualquer coisa ao que já sabíamos: no que lhes concerne, não se pode explicar quando recebemos a ordem de evitar que o sangue, devido a seu peso, flua para as áreas inferiores; porque os bordos das válvulas na veia jugular voltam-se para baixo, e são dispostos de forma a impedir que o sangue suba;

as válvulas, em uma palavra, nem sempre aparecem voltadas para cima, mas sempre na direção dos troncos das veias, invariavelmente na direção do local do coração [...].

Acrescente-se que não há válvulas nas artérias [com exceção das presentes nas raízes delas], e que os cães, os bois etc. possuem sempre válvulas na divisão de suas veias crurais, nas veias que se encontram na direção do sacro e naquelas divisões que vêm dos quadris, nas quais um efeito da gravidade resultante da posição ereta deve ser esperado.

[...] as válvulas são formadas e constituídas de forma a que o sangue não passe das veias maiores para as menores [...] as delicadas válvulas, ao mesmo tempo em que se abrem na direção correta, evitam completamente qualquer movimento contrário do tipo [...]

E eu vivenciei isso freqüentemente em minhas dissecações das veias: se eu tentava fazer passar uma sonda do tronco da veia para um dos ramos menores, independentemente do cuidado que tomava, descobria ser impossível introduzi-la tão longe, e isso por causa das válvulas; ao mesmo tempo, e ao contrário, mostrava-se bastante fácil empurrá-la na direção oposta, de fora para dentro, ou dos ramos na direção dos troncos e raízes. Em muitos locais, duas válvulas colocam-se e encaixam-se de forma tal que mesmo de pé unem-se perfeitamente na metade da veia e ficam unidas por meio do contato de suas extremidades; e a adaptação é tão meticulosa que nem com o olho ou com qualquer outro método de exame pode-se perceber a menor fenda ao longo das linhas de contato. No entanto, se uma sonda introduz-se da extremidade na direção das partes mais centrais, as válvulas, como as comportas da represa de um rio, abrem passagem e são facilmente afastadas para o lado. O efeito desse arranjo é basicamente evitar qualquer movimento do sangue saindo do coração e da veia cava, seja subindo na direção da cabeça, seja descendo na direção dos pés, seja para qualquer um dos lados dos braços; nem mesmo uma gota consegue atravessar; todo movimento do sangue, começando nas veias maiores e caminhando para as menores, é obstado e impedido por elas; ao mesmo tempo, o movimento que começa nos ramos menores e termina nos maiores é facilitado ou, em quaisquer circunstâncias, conta com uma passagem livre e aberta.

Mas, a fim de evidenciar essa verdade de forma mais aparente, amarremos um braço acima do cotovelo como no caso de uma flebotomia (A, A, fig. 1). A intervalos ao longo das veias, especialmente entre as pessoas dedicadas a trabalhos braçais e entre as que possuem veias largas, percebem-se certos nós ou elevações (B, C, D, E, F), e isso não apenas nos locais que contêm um ramo (E, F), mas também onde nenhum se manifesta (C, D); esses nós ou elevações são todos formados pelas válvulas, que assim se mostram externamente. Se alguém pressiona o sangue para fora do espaço existente acima das válvulas, de H para O (fig. 2), e faz pressão com o dedo sobre uma veia inferior, será possível ver a ausência de fluxo de sangue de cima; a porção de veia entre o ponto do dedo e a válvula O será obliterada; ainda assim, o vaso continuará estendido suficientemente acima daquela válvula (O, G). Tendo, dessa maneira, pressionado o sangue para fora, e tendo esvaziado a veia, se pode fazer pressão com o dedo da outra mão sobre a parte distendida da veia existente acima da válvula O (fig. 3) e pressionar para baixo; nesse caso, se verá não ser possível obrigar o sangue a passar através da válvula ou para além dela; mas, independentemente do aumento da força usada, apenas se verá a porção de veia encontrada entre o dedo e a válvula tornar-se mais distendida enquanto a porção de veia existente abaixo da válvula continuará inteiramente vazia (H, O, fig. 3).

Sendo assim, pareceria que a função das válvulas presentes nas veias é a mesma daquelas três válvulas sigmóides que encontramos no começo da aorta e da artéria pulmonar, ou seja, de evitar qualquer refluxo do sangue que está passando por elas.

Diga-se ainda que, permanecendo o braço amarrado como antes, e as veias saltando cheias e distendidas, se se fizer pressão sobre uma parte do curso da veia com a ponta de um dedo (L, fig. 4) e depois, com outro dedo, se espremer o sangue para cima, para além da próxima válvula (N), se perceberá que essa parte da veia continua vazia (L, N) e que o sangue não consegue retroceder, precisamente como já havíamos visto ser o caso na fig. 2; mas, se o primeiro dedo a fazer pressão (H, fig. 2, L, fig. 4) for retirado, a veia enche-se imediatamente a partir da porção inferior e o braço volta a ter a aparência que tinha em D, C, fig. 1. Portanto, parece bastante óbvio que o sangue caminha das partes inferiores ou mais remotas para as partes superiores e na direção do coração, movimentando-se dentro desses vasos nessa direção, e não na direção contrária. E, apesar de em alguns pontos as válvulas, por não agirem com uma acuidade tão perfeita ou por haver nesses pontos apenas uma única válvula, não parecerem evitar totalmente a passagem do sangue vindo do centro, ainda assim, em sua maioria, conseguem evitar que a maior parte dele o faça; então, onde os elementos parecem formados de maneira mais negligente, compensa-se ou por meio de uma ocorrência mais freqüente ou por meio da ação mais perfeita das válvulas sucedâneas, ou de alguma outra forma; as veias, concluindo, são tanto os con-

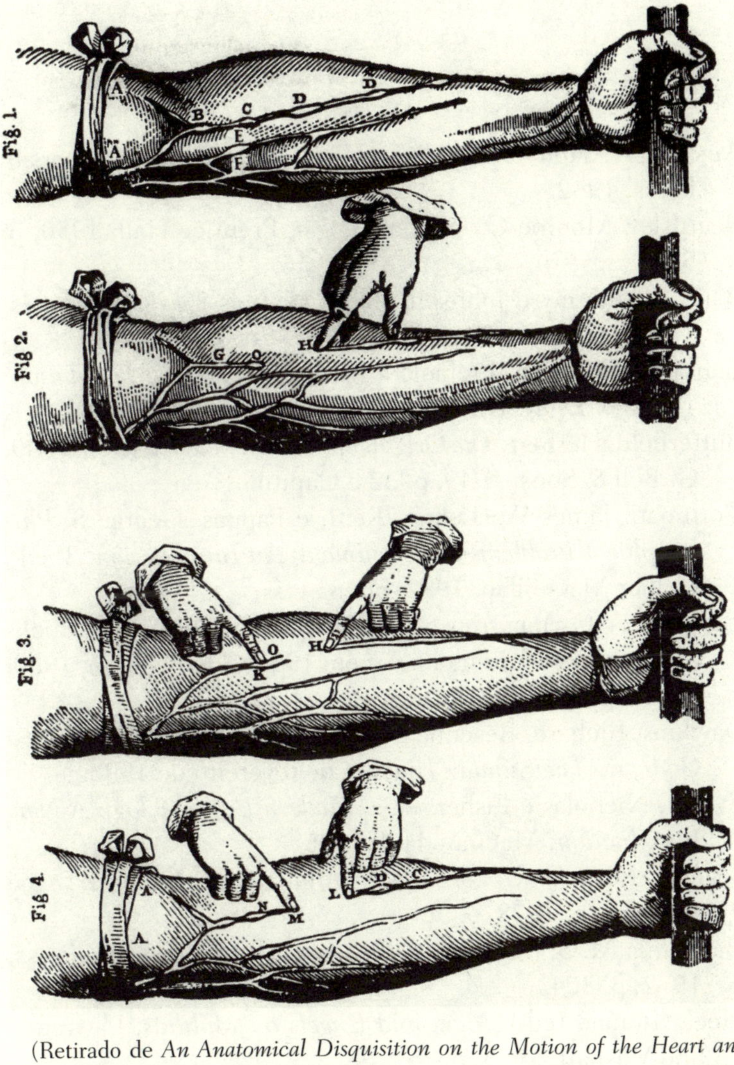

(Retirado de *An Anatomical Disquisition on the Motion of the Heart and Blood in Animals*, de William Harvey.)

dutores livres e desimpedidos do sangue que regressa *para o* coração como funcionam efetivamente para evitar que sirvam como canais de distribuição para o sangue vindo *do* coração.

Bibliografia

Austin, J. L. *How To Do Things With Words*, Oxford University Press, 1962.

Beardsley, Monroe C. *Practical Logic*, Prentice Hall, 1950, p. 558.

Blair, J. Anthony e Johnson, Ralph H. (eds.). *Informal Logic: The First International Symposium*, Edgepress, 1980.

Boulding, Kenneth. Prefácio a Malthus, Thomas. *Population: The First Essay*, University of Michigan Press, 1959.

Butterfield, Herbert. *The Origins of Modern Science 1300-1800*, G. Bell & Sons, 1949, p. 32 e Capítulo 3.

Cornman, James W., Lehrer, Keith e Pappas, George S. *Philosophical Problems and Argument: An Introduction*, 3ª ed., Collier Macmillan, 1982, pp. 85 e ss.

Crombie, A. C. *Augustine to Galileo*, Falcon Educational Books (publicado pela primeira vez em 1952), Heinemann, 1980, vol. II, pp. 221-38.

Dawkins, Richard. Resenha de Swinburne, Richard. *Is There a God?*, no *The Sunday Times*, 4 de fevereiro de 1996.

Everitt, Nicholas e Fisher, Alec. *Modern Epistemology: A New Introduction*, McGraw-Hill, 1995.

Fogelin, Roger J. *Understanding Arguments*, Harcourt Brace Jovanovich, 1978, p. 96.

Hacker, P. M. S. *Insight and Illusion*, Oxford University Press, 1972, p. 304.

Meek, Ronald (ed.). *Marx and Engels on Malthus*, Lawrence and Wishart, 1953, pp. 59, 63.

Olson, Mancur. *The Logic of Collective Action*. Harvard University Press, 1965, pp. 2, 3.

Popper, Karl. *The Logic of Scientific Discovery* (traduzido pelo autor com a colaboração do doutor Julius Freed e Lan Freed), Hutchinson & Co., 1959, Apêndice xi, pp. 442 e ss.

Putnam, Hilary. "The Corroboration of Theoris", em Schlipp, Paul A. (ed.). *The Philosophy of Karl Popper*, Open Court Publishing Co., 1974, vol. I, pp. 221-240, § 4.

Quine, W. V. e Ullian, J. S. *The Web of Belief*, Random House, 1970, p. 62.

Russell, Bertrand. *The Problems of Philosophy*, Oxford University Press, 1967, p. 63.

Samuelson, Paul A. *Economics: An Introductory Analysis*, McGraw-Hill, 1980.

Scriven, Michael. *Reasoning*, McGraw-Hill, 1976.

Strawson, P. F. *Introduction to Logical Theory*, Methuen, 1952.

Swinburne, Richard. *Is There a God?*, Oxford University Press, 1996.

Thomas, Stephen. *Practical Reasoning in Natural Language*, 2ª ed., Prentice Hall, 1981, pp. 156, 296-323.

Toulmin, Stephen. *The Uses of Argument*, Cambridge University Press, 1958.

Leitura complementar

Muita coisa se escreveu, e vem sendo escrita, a respeito da lógica informal e do pensamento crítico. A revista *Informal Logic* (Lógica Informal) é uma boa fonte para trabalhos recentes na área. (A publicação é dirigida por R. Johnson e A. Blair, da Universidade de Windsor, Ontário, Canadá.) Em meio às muitas fontes que poderiam ser recomendadas para os que desejam se aprofundar no assunto, a lista a seguir oferece um bom ponto de partida.

Blair, J. Anthony e Johnson, Ralph H. (eds). *Informal Logic: The First International Symposium*, Edgepress, 1980. [Um instrutivo apanhado de trabalhos apresentados no Primeiro Simpósio Internacional sobre a Lógica Informal.]

Fisher, Alec. *Critical Thinking: An Introduction*, Cambridge University Press, 2001.

Fogelin, Roger J. *Understanding Arguments*, Harcourt Brace Jovanovich, 1978. [Um trabalho cuidadoso que conta também com um manual prático.]

Govier, Trudy. *A Practical Study of Argument*, Wadsworth, 1985. [Uma obra de bom nível e largamente utilizada.]

McPeck, John E. *Critical Thinking and Education*, Martin Robertson, 1981. [Esse é, provavelmente, o ataque mais notável realizado até agora contra o "movimento do pensamento crítico".]

Perelman, C. e Olbrechts-Tyteca, L. *The New Rhetoric: A Treatise on Argumentation*, University of Notre Dame Press, 1969. [Um clássico da tradição retórica.]

Scriven, Michael. *Reasoning*, McGraw-Hill, 1976.

Thomas, Stephen. *Practical Reasoning in Natural Language*, 2ª ed., Prentice Hall, 1981. [Um trabalho de bom nível com uma postura desenvolvida cuidadosamente.]

Toulmin, Stephen. *The Uses of Argument*, Cambridge University Press, 1958. [Um clássico.]

Índice

Impressão e acabamento
Imprensa da Fé